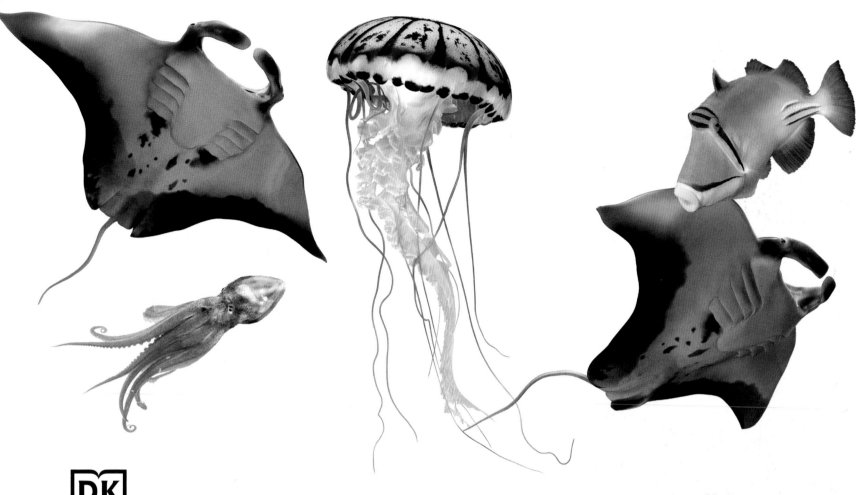

OCÉANOS

CONTENIDOS

CIENCIA DEL MAR

OCÉANO ABIERTO

AGUAS COSTERAS

LA COSTA

NOSOTROS Y EL MAR

MAPAS OCEÁNICOS

OCÉANOS POLARES

Tamaño y escala

El cuadro de datos de cada animal incluye un dibujo a escala para mostrar su tamaño. Este se basa en la altura media de una persona adulta, de la palma de su mano y del extremo de su pulgar, según lo que se indica a continuación. Las dimensiones que se dan en este libro son siempre los **máximos típicos**. Salvo que se indique otra cosa, el tamaño corresponde a la longitud del animal, desde la parte frontal de la cabeza o la punta del pico hasta el extremo posterior del cuerpo –o la punta de la cola o de los tentáculos, en su caso–. En algunos animales, la anchura del cuerpo es más relevante que su longitud, por lo que esa es la dimensión que se indica entonces.

1,8 m

18 cm

2 cm

CIENCIAS DEL MAR

Los océanos son casi tan viejos como el planeta. Se formaron hace más de 4000 millones de años y no han parado de evolucionar. Sus aguas están en constante movimiento: fluyen en forma de corrientes, van y vienen con el ciclo de las mareas y crean olas que suben y bajan, y acaban rompiendo en la orilla.

AGUAS OCEÁNICAS

La mayor parte del agua del planeta se encuentra en los océanos, llenando sus enormes cuencas hasta varios kilómetros de profundidad. El agua oceánica es salada, a diferencia del agua de ríos y lagos, que es dulce. Su temperatura varía de una parte a otra del globo: es suave en los trópicos y gélida en los polos. El agua se mueve constantemente entre los océanos, el aire y tierra firme, siguiendo el ciclo global del agua.

¿QUÉ ES EL AGUA?

El agua está compuesta de moléculas. Estas son demasiado pequeñas para que podamos verlas, incluso con el microscopio más potente. Una gota contiene miles de billones de ellas. Cada molécula de agua está compuesta por un átomo de oxígeno y dos de hidrógeno unidos por fuertes enlaces químicos.

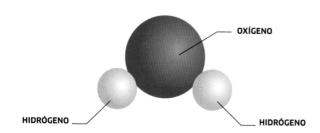

OXÍGENO

HIDRÓGENO   HIDRÓGENO

AGUA SALADA

De media, el agua del océano contiene unos 35 g de sal por litro. Dicha sal está compuesta por una mezcla de sustancias químicas. Más del 80 por ciento de la sal está compuesta por solo dos sustancias químicas, el sodio y el cloruro, que forman el cloruro sódico, es decir, la sal que usamos para condimentar los alimentos. Pero la sal del océano contiene también otras sustancias químicas en cantidades más pequeñas.

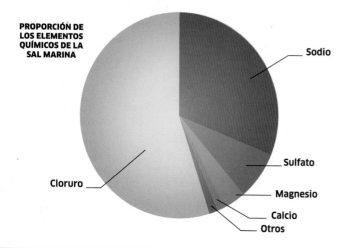

PROPORCIÓN DE LOS ELEMENTOS QUÍMICOS DE LA SAL MARINA

Sodio

Sulfato

Magnesio

Calcio

Otros

Cloruro

¿CUÁNTA AGUA?

La Tierra se conoce como planeta azul por la gran cantidad de agua que se ve desde el espacio. Más de 1300 millones de kilómetros cúbicos de agua salada cubren la superficie de la Tierra. La cuenca oceánica se extiende de media hasta una profundidad de unos 6 km. En comparación, las fuentes de agua restantes, como los ríos, los lagos y los mares interiores, contienen cantidades muy pequeñas.

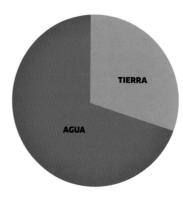

TIERRA

AGUA

AGUA DULCE

AGUA SALADA

Agua superficial
Más del 70 por ciento de la Tierra está cubierta de agua. Si juntáramos toda el agua de la superficie del planeta, esta cubriría la mayor parte del globo.

Agua salada
El 97 por ciento del agua está en los océanos. El restante 3 por ciento es el agua dulce del hielo, la subterránea y la de los lagos y los ríos.

¿POR QUÉ EL MAR ES AZUL?

El agua es incolora y transparente, por lo que la luz del Sol puede penetrar a través de ella. Pero la luz solar que percibimos como blanca en realidad es una mezcla de todos los colores del arcoíris. Cada color penetra hasta una profundidad determinada. La luz azul llega a mucha más profundidad que el resto, ya que penetra hasta 100 m, razón por la que la parte del océano iluminada por el Sol parece azul. Pero más allá no penetra nada de luz, así que a mayor profundidad el océano está oscuro.

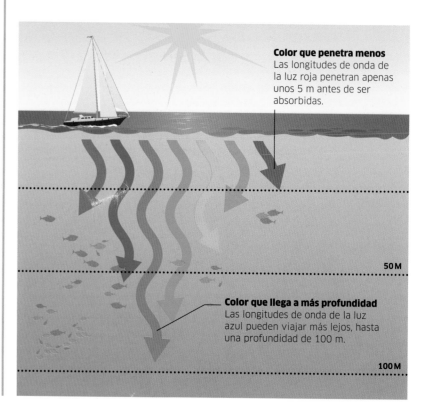

Color que penetra menos
Las longitudes de onda de la luz roja penetran apenas unos 5 m antes de ser absorbidas.

50 M

Color que llega a más profundidad
Las longitudes de onda de la luz azul pueden viajar más lejos, hasta una profundidad de 100 m.

100 M

MARES FRÍOS Y MARES CÁLIDOS

La temperatura varía de un océano a otro. El calor del Sol es más intenso cerca del ecuador, así que la superficie del océano es más cálida en esa zona y más fría cerca de los polos. Todos los océanos se vuelven más fríos a medida que aumenta la profundidad, así que en el lecho marino el agua siempre está fría, incluso en las regiones tropicales.

30°C

20°C

10°C

0°C

Cartografía térmica
Los colores del mapa muestran cómo varía la temperatura de la superficie del océano en las distintas partes del mundo. El rojo muestra el agua cálida y el azul, el agua fría.

Mares tropicales
Estas aguas cálidas cercanas al ecuador se mantienen calientes todo el año.

Mares templados
A ambos lados de las zonas ecuatoriales tropicales, estas franjas de océano siguen siendo cálidas, pero tienen estaciones en las que las temperaturas pueden variar.

Mares polares
Estos mares, los más cercanos a los polos, en el norte y el sur de la Tierra, son mucho más fríos.

EL CICLO DEL AGUA

Desde que se formó la Tierra hace 4500 millones de años, la cantidad de agua que hay en ella apenas ha variado. Esta, sin embargo, está en constante movimiento y cambia de estado continuamente, pasando de líquido a vapor gaseoso y a hielo sólido. Dicho proceso se conoce como el ciclo del agua y lo genera el Sol. El agua de la superficie del océano se evapora debido al calor del Sol y con el tiempo cae en forma de lluvia y regresa a los océanos.

El vapor de agua forma nubes
Cuando el vapor de agua se enfría, se transforma en gotas líquidas lo bastante pequeñas para permanecer en el aire en forma de nubes.

El agua cae en forma de lluvia
Con el tiempo, las gotitas se juntan unas con otras. Se vuelven grandes y pesadas y caen a la Tierra como lluvia o nieve. El 78 por ciento de dicha precipitación se produce sobre los océanos, pero una parte cae sobre tierra firme.

Tanto el agua de los ríos y los lagos, como la de los océanos, se evapora.

El agua se evapora
El calor del Sol calienta el agua del océano y hace que parte de ella cambie de estado y se convierta en gas (vapor de agua), proceso que se conoce como evaporación.

El agua llega al océano
El agua que cae sobre el suelo acaba regresando al océano, ya sea fluyendo por los ríos o penetrando en el suelo y deslizándose entre las rocas.

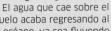

Superficie fundida
Antes de que la superficie de la Tierra se solidificara del todo, las rocas fundidas se desplazaban por ella en grandes corrientes.

Capas que se desplazan
La roca más ligera emergió hasta la superficie, y los metales pesados se hundieron para formar el núcleo de la Tierra.

1 Hace 4540 millones de años
La Tierra se formó al colisionar fragmentos de hielo y de roca del espacio, que fueron atraídos por la gravedad y formaron el planeta. La energía de estas colisiones hizo que la temperatura fuera muy elevada, por lo que al principio la superficie de la Tierra estaba cubierta de lava fundida. Los gases expulsados por los volcanes formaron una capa alrededor del planeta, que creó su atmósfera.

Cráteres
El planeta fue bombardeado por asteroides, que dejaron cráteres. Algunas teorías sugieren que la mayor parte del agua procede del impacto de los cometas.

2 Hace 4400 millones de años
A medida que la Tierra se fue enfriando, la roca fundida de la superficie se endureció y formó la corteza. Luego el vapor de agua de la atmósfera se condensó y empezó a caer en forma de lluvia torrencial. Esta llenó las cuencas rocosas de la corteza creando las primeras masas de agua, los antecesores de los océanos actuales. La roca menos pesada se asentó en el lecho oceánico y formó los primeros continentes.

Cómo se forman los océanos

Los océanos llevan miles de millones de años transformándose: el lecho marino ha cambiado, el litoral se ha modificado y los continentes se han escindido y desplazado.

La historia de los océanos empieza con la formación de la Tierra, hace más de 4500 millones de años, cuando fragmentos de roca procedentes del espacio colisionaron y se fusionaron. En esos convulsos inicios, el hielo se transformó en vapor y luego, cuando el planeta recién formado empezó a enfriarse, se condensó en forma de agua líquida. La lluvia se precipitó e inundó la tierra firme, creando los primeros mares. Estos primeros océanos sufrieron muchas modificaciones durante los siguientes miles de millones de años: crecieron y decrecieron alrededor de las nuevas masas continentales, e incluso se congelaron cuando el globo se cubrió de hielo.

El primer ser unicelular evolucionó **hace 4000 millones de años,** seguramente en el océano.

El período ardiente y convulso **en el que se formó la Tierra** se conoce como **eón Hádico, por Hades, el dios griego del inframundo.**

4375 millones de años tienen los **cristales de circón** de Australia, **los objetos más antiguos hallados en la Tierra.**

11

Nubes pasajeras
Nubes llenas de vapor de agua, parecidas a las que vemos en la actualidad, flotaban en la atmósfera.

Casquetes polares
Cerca de los polos norte y sur, había grandes extensiones cubiertas de hielo: los casquetes polares. El océano y la tierra cercana al ecuador puede que no llegara a congelarse.

3 Hace 2300 millones de años
Al aparecer el agua en el planeta, surgieron las primeras formas de vida. Algunos de estos organismos usaban la energía de la luz solar para crear alimento a partir del dióxido de carbono. Cuando el dióxido de carbono de la atmósfera disminuyó, también lo hizo la temperatura, de modo que se congelaron los océanos y la Tierra se sumió en dos glaciaciones que en total duraron casi 100 millones de años.

12 ciencia del mar ∘ **CÓMO SE FORMAN LOS OCÉANOS**

200 millones de años es la edad del
suelo oceánico más antiguo.

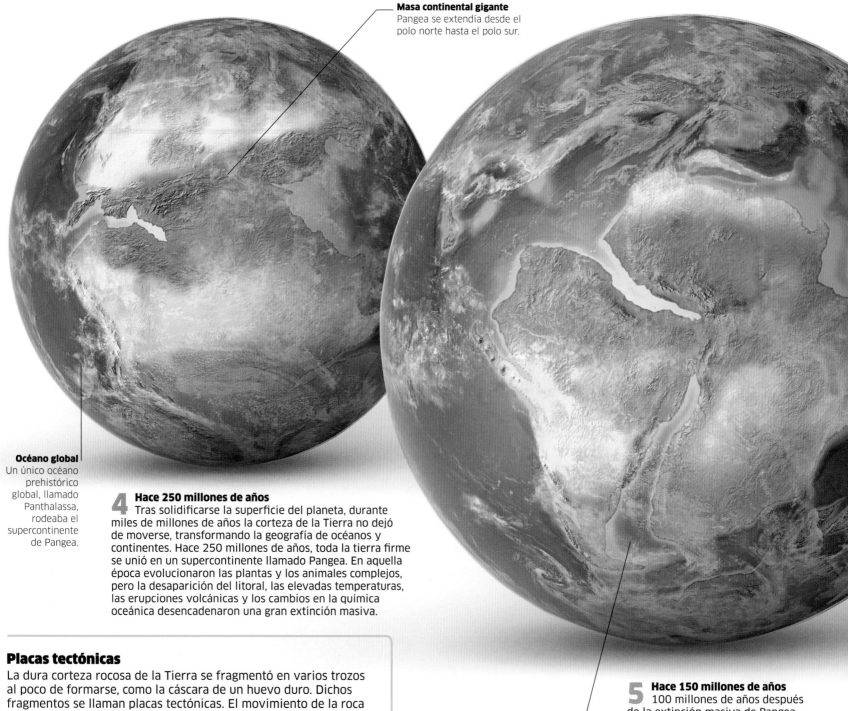

Masa continental gigante
Pangea se extendía desde el
polo norte hasta el polo sur.

Océano global
Un único océano
prehistórico
global, llamado
Panthalassa,
rodeaba el
supercontinente
de Pangea.

4 Hace 250 millones de años
Tras solidificarse la superficie del planeta, durante miles de millones de años la corteza de la Tierra no dejó de moverse, transformando la geografía de océanos y continentes. Hace 250 millones de años, toda la tierra firme se unió en un supercontinente llamado Pangea. En aquella época evolucionaron las plantas y los animales complejos, pero la desaparición del litoral, las elevadas temperaturas, las erupciones volcánicas y los cambios en la química oceánica desencadenaron una gran extinción masiva.

Placas tectónicas

La dura corteza rocosa de la Tierra se fragmentó en varios trozos al poco de formarse, como la cáscara de un huevo duro. Dichos fragmentos se llaman placas tectónicas. El movimiento de la roca pesada caliente bajo las placas hace que se desplacen, transformando los mares y los continentes.

5 Hace 150 millones de años
100 millones de años después de la extinción masiva de Pangea, la vida había resurgido y el océano se llenó de reptiles gigantes. Los continentes se dividieron, creando nuevos mares y aumentando la extensión del litoral del planeta. Eso proporcionó nuevos hábitats para la vida marina, como los arrecifes de coral.

Océano Atlántico original
A medida que los continentes
se alejaban unos de otros se
formaron nuevos océanos,
como el Atlántico, entre
América del Sur y África.

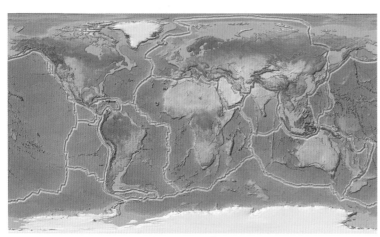

MAPA DE LAS PLACAS TECTÓNICAS ACTUALES

Los movimientos de las placas tectónicas que desplazan los continentes son lentísimos y tienen lugar a la misma velocidad a la que crecen las uñas.

Hace 200 millones de años, cuando Pangea empezó a dividirse en dos, **aparecieron las primeras aguas del océano Atlántico**.

El **95** por ciento de la vida oceánica **desapareció por una gran extinción** en tiempos de Pangea.

13

Océano Tetis
Cuando Pangea se escindió en un continente norte y un continente sur, entre ambos surgió un océano prehistórico: el océano Tetis.

Mar Mediterráneo
El mar Mediterráneo actual es lo que queda del océano prehistórico Tetis, que disminuyó de tamaño cuando los continentes se fueron desplazando al lugar que ocupan hoy.

6 Tierra actual
Cuando los continentes ocuparon sus posiciones actuales, se formaron cinco océanos modernos: el Atlántico, el Índico y el Pacífico alrededor del ecuador, y el Ártico y el Antártico, cubiertos de hielo, alrededor de los polos. Actualmente, los océanos siguen transformándose lentamente, pero la actividad humana también les afecta, ya que modifica el nivel del mar y amenaza la vida marina.

Ensanchamiento
El océano Atlántico sigue ensanchándose en la actualidad, ya que a medida que América, Europa y África se alejan lentamente, se crea más suelo marino.

14 ciencia del mar ○ EVOLUCIÓN DE LA VIDA

10 m de longitud tenía el *Dunkleosteus*, uno de los depredadores con mandíbula más grandes.

Evolución de la vida

Hace miles de millones de años, los océanos de la Tierra fueron el lugar donde nacieron las primeras formas de vida del planeta, que desde entonces no han dejado de evolucionar, originando desde diminutos organismos simples hasta mamíferos y peces gigantes.

Las primeras formas de vida del océano fueron criaturas microscópicas compuestas por una única célula. Pero de dichos ancestros tan simples surgió una diversidad enorme: los organismos evolucionaron a lo largo de millones de generaciones y produjeron algunos de los animales más grandes que han existido en la Tierra. A medida que las masas continentales y los océanos se desplazaban y las condiciones en el planeta cambiaban, la vida oceánica también se transformó. Muchos de los animales que vivían en los mares prehistóricos eran muy distintos a los que conocemos en la actualidad.

Capítulos de la evolución animal

En el océano hay formas de vida animal compleja desde hace al menos 500 millones de años, cuando tuvo lugar la explosión cámbrica. Durante cientos de millones de años, los descendientes de estas criaturas evolucionaron convirtiéndose en peces veloces, reptiles gigantes y ballenas que se alimentaban por filtración. Todos estos animales se adaptaron para poder vivir bajo el agua, dando como resultado la enorme variedad de criaturas que viven hoy en día en los océanos.

Anomalocaris
Pariente lejano de la gamba, era el depredador conocido más grande del período Cámbrico.

Plourdosteus
Los placodermos, como el *Plourdosteus*, eran peces con la piel protegida por una coraza de hueso.

1 Vida simple
Se cree que la vida surgió en los océanos hace 4000 millones de años, en forma de simples células. Los primeros animales marinos aparecieron mucho después, como indican fósiles hallados de hace unos 570 millones de años. Estas criaturas precámbricas, que vivían sobre todo en el lecho marino, tenían un cuerpo blando que solía ser circular o simétrico, o en forma de hoja.

Funisia
Algunos animales que vivieron en el período Precámbrico eran tan distintos a los actuales que a los científicos les cuesta clasificarlos. Este género podría estar relacionado con las esponjas o las anémonas.

2 Explosión de vida
Hace unos 545 millones de años, surgieron una amplia variedad de animales durante el período llamado explosión cámbrica. Entre ellos estaban los ancestros de muchos animales modernos, y buena parte de ellos eran pequeñas criaturas con caparazón duro. La mayoría vivían en el lecho marino, pero algunos nadaban en alta mar.

Ottoia
Esta criatura tenía una boca con ganchos que probablemente usaba para agarrar a otros animales del lecho marino como presas, como algunos gusanos depredadores actuales.

3 Era de los peces
Hace 400 millones de años, los océanos estaban plagados de peces de muchos tipos. Los peces acorazados prehistóricos llamados placodermos tenían una mandíbula de poderosa mordida y eran uno de los depredadores más feroces de su tiempo.

10 000 especies de **amonites se han descubierto** en el registro fósil.

75 porciento de las **especies marinas se extinguieron junto con los dinosaurios** hace unos 66 millones de años.

15

Pruebas de la vida prehistórica

Sabemos qué tipo de animales vivieron en la prehistoria gracias a los fósiles. Son las huellas o restos de sus cuerpos dejados en las rocas. Analizando las rocas que rodean el fósil, los científicos pueden estimar la edad del fósil y determinar qué animales aparecieron y desaparecieron a lo largo de la historia de la vida en la Tierra.

Fósiles de molde

Muchos de los fósiles de los mares prehistóricos procedían de amonites. Estos dejaban impresiones en el lecho marino, que se fosilizaban conservando su forma. Los amonites estaban relacionados con el calamar y el pulpo, pero vivían dentro de un caparazón duro en espiral.

Fósiles macizos

Los tiburones tienen un esqueleto de cartílago gomoso, que se descompone más fácilmente que el hueso. Pero sus dientes son más duros y se conservan bien. Este diente de megalodón es tres veces mayor que el de un gran tiburón blanco.

Eusthenopteron
Tenía aletas carnosas y estaba relacionado con animales que desarrollaron extremidades para andar.

Cretoxyrhina
Como el resto de los tiburones, su esqueleto era de cartílago, ligero y capaz de flotar. Fue uno de los principales depredadores del mar.

Toxochelys
Las tortugas gigantes aparecieron en la época de los dinosaurios. Descendían de animales terrestres.

Acrophoca
Algunos grupos de mamíferos terrestres se convirtieron en especies marinas. Las primeras focas, como esta, descienden de carnívoros parecidos a perros.

Piscobalaena
Esta ballena prehistórica usaba las barbas para alimentarse filtrando el plancton. Crecían mucho para poder tomar grandes bocados de este alimento.

Pterygotus
Esta gran criatura carnívora fue un pariente prehistórico oceánico de los escorpiones y las arañas. Contaba con unas fuertes pinzas con las que agarraba a sus presas.

4 Era de los reptiles
Hace 100 millones de años, durante el período Cretácico, prosperaban en tierra firme las plantas y los animales gigantes. Fue la época de los dinosaurios y muchos de sus parientes lejanos reptiles, como los plesiosaurios, los mosasaurios y las tortugas, vivían en el océano.

Tylosaurus
El *Tylosaurus*, uno de los reptiles oceánicos más grandes, podía alcanzar los 14 m de largo. Era un mosasaurio, un pariente lejano prehistórico de las serpientes.

5 Era de los mamíferos
Tras la desaparición de los reptiles gigantes por una extinción masiva hace 66 millones de años, los mamíferos dominaron la tierra firme. Algunos se adaptaron a vivir en el mar y se convirtieron en las primeras ballenas. Su gran tamaño les ayudó a defenderse de los tiburones gigantes, los nuevos superdepredadores del océano.

Megalodón
Este superdepredador fue un pariente gigante del gran tiburón blanco actual. Dado que la mayor parte de los fósiles encontrados son de dientes, nadie está seguro de lo grande que era, pero se cree que medía entre 10 y 18 m de largo.

16 ciencia del mar ○ **EL FONDO OCEÁNICO**

65 000 km **de longitud tienen las dorsales mediooceánicas** que se extienden por todos los océanos del mundo.

Plataforma continental
La plataforma continental tiene aguas menos profundas y es el extremo sumergido de un fragmento de corteza continental.

Talud continental
Esta pendiente pronunciada se extiende hacia la llanura abisal.

Cañón submarino
Cuando los sedimentos se desprenden de la plataforma continental, pueden formarse cañones profundos.

Arco insular
A lo largo de una fosa oceánica, se forman agrupaciones de volcanes. Algunos de ellos se elevan y pueden convertirse en nuevas islas.

Elevación continental
Una pendiente más suave, en la que se acumulan los sedimentos, se extiende en la base del talud continental. Sobresale sobre la transición entre la corteza continental y la oceánica.

Litosfera
La litosfera es la capa exterior rígida de la Tierra. Está formada por la frágil corteza exterior y la parte superior sólida del manto.

Fosas marinas
Estas profundas fosas del fondo oceánico que parecen valles pueden alcanzar una profundidad impresionante. Esta se formó al colisionar dos placas oceánicas.

Llanura abisal
Las zonas planas del fondo oceánico reciben el nombre de llanura abisal.

El fondo oceánico

Un océano es una cuenca rocosa gigante llena de agua. Sus lados y fondo no son lisos ni uniformes. En el fondo oceánico hay montañas, volcanes y fosas profundas.

La mayoría de la vida que conocemos se concentra en las aguas costeras poco profundas que rodean los continentes. Pero la mayor parte del fondo oceánico es, por lo menos, 20 veces más profundo. Formado por una corteza oceánica densa, está cubierto por una gruesa capa de barro y limo. Muchos de los elementos del fondo oceánico son consecuencia del movimiento de las placas tectónicas.

Formación de las fosas
Cuando las placas se empujan entre sí, una se desliza bajo la otra –en un proceso llamado subducción– y forman una fosa profunda en el suelo oceánico. El magma que empuja hacia arriba desde el manto hace que se forme un arco insular volcánico en la placa superior.

2 km de **altura** tienen las cimas más altas de la **dorsal mesoatlántica**.

6 km es el **grosor medio** de la **corteza oceánica**.

El **80 %** de las **erupciones volcánicas** de la Tierra **tienen lugar en el océano**.

17

Elementos del fondo

Las placas tectónicas se componen de bloques de roca dura de 100 km de grosor –la litosfera–, y se desplazan sobre roca semifundida que forma parte de una capa llamada manto. Cuando dos placas coinciden, interactúan de distintas formas, haciendo que partes del fondo oceánico se hundan creando fosas profundas y que el nuevo fondo se eleve formando cadenas montañosas submarinas llamadas dorsales. A causa de dichos procesos, el fondo oceánico se modifica constantemente.

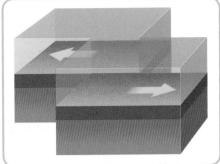

Placas móviles

Allí donde las placas se rozan entre sí al desplazarse una junto a la otra se forman enormes fracturas en la corteza de la Tierra. Son fallas, y son habituales en las cordilleras. Los movimientos repentinos a lo largo de ellas provocan seísmos.

Tipos de corteza

El grosor de la corteza de la superficie de la Tierra varía. La corteza continental es más gruesa, pero está compuesta de roca menos pesada, así que se eleva más y forma los continentes. La corteza oceánica, menos gruesa y más pesada, se hunde formando cuencas oceánicas

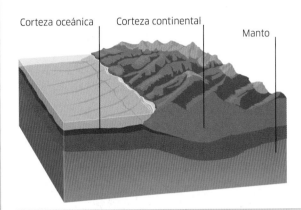

Corteza oceánica   Corteza continental   Manto

Fosa de las Marianas

Las fosas que se forman por subducción de la corteza oceánica son las partes más profundas del mar. La más profunda de todas es la fosa de las Marianas, en el Pacífico, a 11 km de la superficie, más de dos veces la profundidad media de la llanura abisal. Si metiéramos la montaña más alta del mundo, el monte Everest, en la fosa de las Marianas, su cima no llegaría a la superficie.

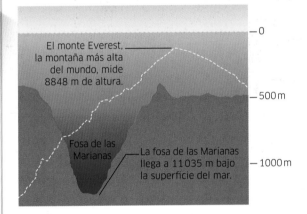

El monte Everest, la montaña más alta del mundo, mide 8848 m de altura.

—0

—500 m

Fosa de las Marianas

La fosa de las Marianas llega a 11 035 m bajo la superficie del mar.

—1000 m

Cartografía oceánica

Los científicos estudian el fondo oceánico usando el sónar. Utilizan los barcos para mandar pulsos de sonido al fondo y calcular la profundidad a partir del tiempo que tardan en recibir el eco. A partir de dichos datos se confeccionan mapas que muestran las distintas profundidades.

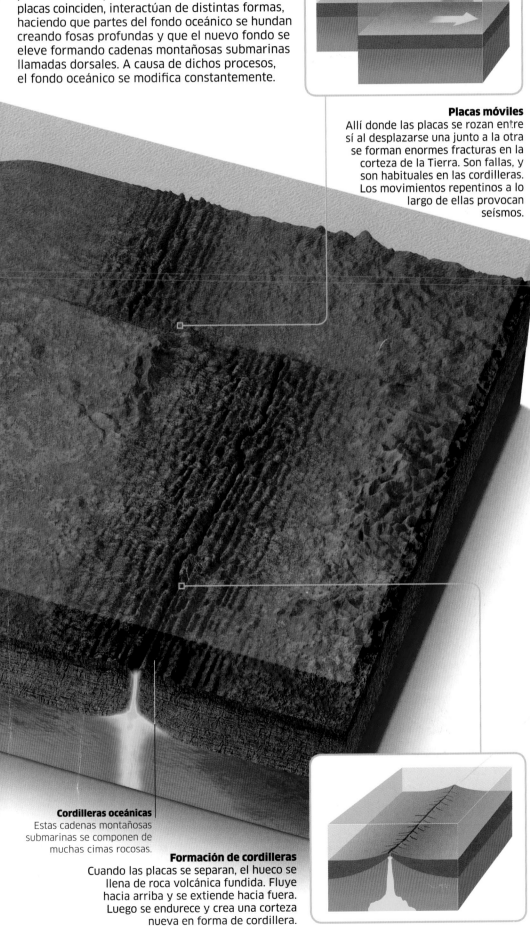

Cordilleras oceánicas

Estas cadenas montañosas submarinas se componen de muchas cimas rocosas.

Formación de cordilleras

Cuando las placas se separan, el hueco se llena de roca volcánica fundida. Fluye hacia arriba y se extiende hacia fuera. Luego se endurece y crea una corteza nueva en forma de cordillera.

Cadena de islas

La capa exterior dura de la Tierra —formada por la frágil corteza y la parte superior del grueso manto— se llama litosfera y se desplaza sobre el manto caliente y móvil de debajo. Al desplazarse sobre un punto especialmente ardiente del manto, la roca fundida que empuja hacia la superficie crea una cadena de islas en forma de cono. Durante millones de años, la corteza las va alejando del punto caliente en el que nacieron y las islas envejecen, se enfrían y se hunden.

Magma ascendente
Cuando la roca de la corteza y del manto se funde, se expande y empuja hacia arriba en forma de magma líquido. La roca fundida que sale a la superficie se llama lava.

1 Volcán activo
A medida que la columna o pluma del punto caliente se eleva, empuja la roca caliente hacia arriba, formando un volcán. A lo largo del tiempo, este entra en erupción muchas veces, escupiendo lava que luego se solidifica creando una isla rocosa recién nacida, la más joven de la cadena.

2 Isla fértil
Cuando la corteza se desplaza alejando la isla del punto caliente, el volcán se vuelve inactivo y el suelo se enfría. La isla y los mares circundantes se convierten en el hábitat de una gran variedad de especies.

Cabeza de la pluma
Al alcanzar la corteza, el punto caliente se extiende y forma la cabeza de la pluma.

Punto caliente
Un punto caliente es una columna ascendente de roca fundida que se forma en una parte del manto de la Tierra.

Atolones de coral

Los extremos de las islas oceánicas tropicales —donde la luz solar baña las cálidas aguas— son lugares perfectos para que crezcan los arrecifes de coral (ver pp. 98-99), incluso cuando la isla se sumerge bajo el agua.

El coral crece alrededor de la orilla de la isla

Cuando la isla se hunde, el coral sigue acumulándose

Queda un anillo de coral

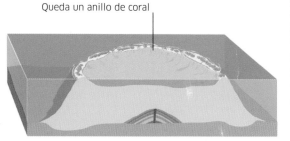

1 Arrecife periférico
El coral empieza a crecer en los lados rocosos de la isla, alrededor del litoral, en una formación llamada arrecife periférico.

2 Arrecife de barrera
A medida que el arrecife crece y la isla se erosiona, se forma un arrecife de barrera, que está separado de la isla por un canal profundo.

3 Atolón
Cuando la isla desaparece bajo el mar, deja un anillo llamado atolón de coral, con una laguna en el centro.

1000 km de ancha puede llegar a ser la **cabeza de una pluma**.

10 000 m de altura **desde el lecho marino tiene el Mauna Kea**, la montaña **más alta** del mundo y parte de la cadena de islas hawaianas.

19

Islas volcánicas

En muchos puntos del océano surgen volcanes que adquieren la forma de enormes conos de roca. Pueden llegar a ser tan altos que algunos asoman por la superficie del agua a modo de islas.

Estas islas oceánicas, si se miden desde su base en el lecho marino, son las cimas montañosas más altas de la Tierra. La más grande —el Mauna Kea— es más de 1000 m más alta que el Everest. Se forman sobre puntos calientes: lugares en los que columnas de roca fundida atraviesan el lecho marino.

Comunidades costeras
Los arrecifes de coral que crecen alrededor del litoral de la isla se convierten en un importante hábitat para la vida oceánica.

3 Isla menguante
Con el tiempo, la roca de la isla se erosiona. La acción del viento, la lluvia y las olas desgasta su superficie, y van disminuyendo su tamaño y su grosor.

Laguna resguardada
A medida que se erosiona, la isla empieza a derrumbarse por el centro, y se crea una nueva masa de agua separada del océano: una laguna.

4 Monte submarino
Con el tiempo, la superficie de la isla se desgasta tanto que esta desaparece bajo la superficie del océano. La cima sumergida que sobrevive se llama monte submarino y sigue erosionándose con el paso del tiempo.

Litosfera
La parte superior del manto y la corteza forman la litosfera.

Manto caliente
El manto es la capa de la Tierra que se encuentra entre la corteza, en la superficie, y el núcleo, en el centro. Esta parte del manto, justo debajo de la litosfera, está formada por roca caliente y móvil.

Corteza oceánica
Esta capa —que nunca supera los 10 km de grosor— es más dura que el manto de debajo, más denso. Es más fina que la corteza continental.

Desplazamiento de las placas
Las corrientes de calor del manto arrastran la litosfera, alejándola del punto caliente. Cada año se desplaza varios centímetros por la superficie del manto.

El volcán más activo del mundo es el **Kilauea, sobre un punto caliente cerca de Hawái**. Se mantuvo en erupción entre 1983 y 2018.

Las Seychelles

A diferencia de las cadenas de islas que se forman en puntos calientes submarinos, las Seychelles, en el océano Índico, son fragmentos de un antiguo supercontinente.

Las Seychelles son un grupo de 115 islas situadas al este de África. Formaban parte de una masa continental gigante que se desintegró hace millones de años, en la época de los dinosaurios, dejando fragmentos dispersos entre Madagascar y la India. Estos se fueron desgastando y se convirtieron en pequeñas islas de granito grisáceo cubiertas de exuberante vegetación. Las Seychelles incluyen algunas islas de coral con sus características playas de arena blanca.

Hundimiento del agua
Cuando el agua cálida tropical de la cinta transportadora global llega a los mares más fríos del Atlántico Norte, parte del agua se vuelve más densa y pesada y se hunde. Esta corriente de agua se desplaza hasta el fondo del océano Atlántico.

Torbellinos
El viento que sopla sobre el agua es desviado a causa de la rotación de la Tierra, lo que origina movimientos rotatorios llamados torbellinos.

La mayoría de las corrientes generadas por el viento no se extienden más de 50 m por debajo de la superficie

El agua gélida del Atlántico se junta con más agua fría procedente del océano Antártico

Las corrientes

Las aguas del océano están en constante movimiento, agitadas por corrientes que, además de dispersar nutrientes y oxígeno, influyen en el clima del planeta.

El viento que sopla sobre el océano desplaza el agua cálida de los trópicos hacia lugares más fríos, mientras que el agua gélida de los polos regresa para reemplazarla –la mayor parte discurre por el lecho marino hasta llegar allí–. Al mover el agua de este modo, las corrientes del océano evitan que los distintos climas del mundo sean demasiado fríos o demasiado tórridos. Esto se debe a que la temperatura del agua del océano influye en el aire que tiene encima. El aire templado o enfriado por el océano se desplaza por tierra firme, regulando la temperatura y el clima de todo el globo.

Corrientes globales

El agua se desplaza con corrientes de superficie y de profundidad. Las de superficie son impulsadas por el viento sobre el agua. La posición de los continentes y la rotación de la Tierra determinan su dirección, y originan movimientos circulares o torbellinos. Las de profundidad hacen circular el agua entre la superficie y el fondo, pues el agua fría se hunde y se desplaza a zonas más cálidas. Esto se conoce como cinta transportadora oceánica global.

Clave

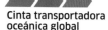

Corrientes frías de superficie   Corrientes cálidas de superficie   Cinta transportadora oceánica global

1000 años **tarda el agua oceánica** en completar todo el circuito de la cinta transportadora oceánica global.

El agua cálida se desplaza hacia el norte por la **corriente del Golfo del Atlántico Norte, que transporta 150 veces más agua** que el río Amazonas.

23

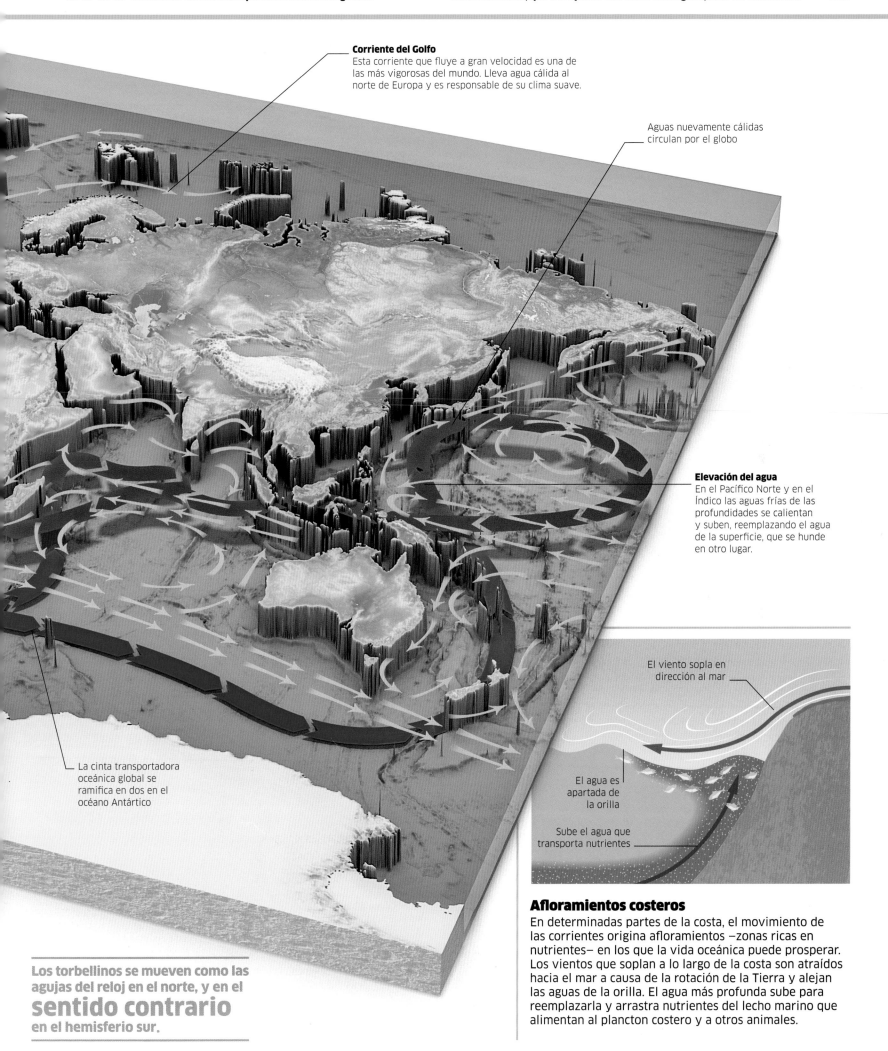

Corriente del Golfo
Esta corriente que fluye a gran velocidad es una de las más vigorosas del mundo. Lleva agua cálida al norte de Europa y es responsable de su clima suave.

Aguas nuevamente cálidas circulan por el globo

Elevación del agua
En el Pacífico Norte y en el Índico las aguas frías de las profundidades se calientan y suben, reemplazando el agua de la superficie, que se hunde en otro lugar.

La cinta transportadora oceánica global se ramifica en dos en el océano Antártico

El viento sopla en dirección al mar

El agua es apartada de la orilla

Sube el agua que transporta nutrientes

Los torbellinos se mueven como las agujas del reloj en el norte, y en el **sentido contrario** en el hemisferio sur.

Afloramientos costeros

En determinadas partes de la costa, el movimiento de las corrientes origina afloramientos –zonas ricas en nutrientes– en los que la vida oceánica puede prosperar. Los vientos que soplan a lo largo de la costa son atraídos hacia el mar a causa de la rotación de la Tierra y alejan las aguas de la orilla. El agua más profunda sube para reemplazarla y arrastra nutrientes del lecho marino que alimentan al plancton costero y a otros animales.

Estructura de la ola

El agua de la ola describe una trayectoria circular que transmite la energía hacia delante. Solo la ola –no el agua propiamente dicha– se desplaza hacia delante, por eso un objeto que flota sobre una ola se mueve arriba y abajo en el mismo sitio. La parte superior de la ola se llama cresta y la depresión entre dos crestas es el valle.

La distancia entre crestas se llama longitud de onda

Cresta

Valle

Movimiento del agua

Cresta de la ola

Fetch

La zona en la que el viento sopla sobre el mar se llama fetch. El tamaño de dicha zona, así como la fuerza del viento y el tiempo que sople determinan el tamaño de las olas.

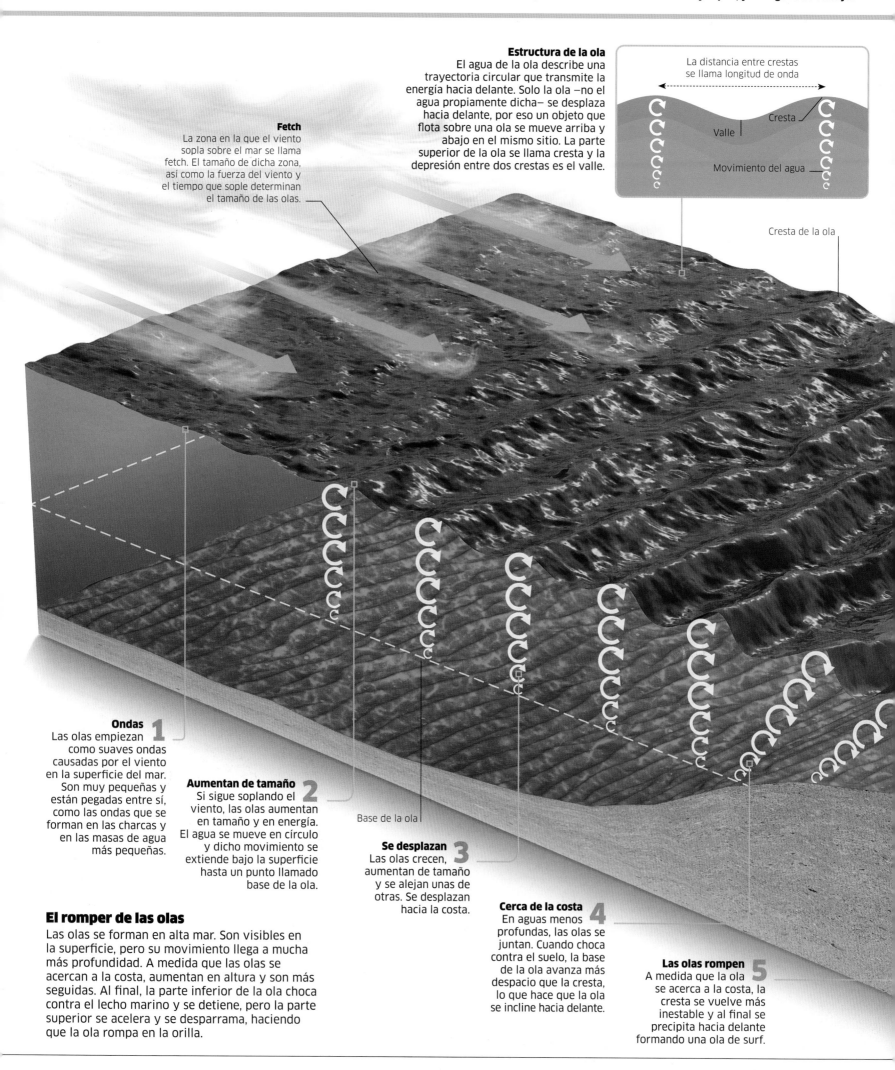

Ondas 1

Las olas empiezan como suaves ondas causadas por el viento en la superficie del mar. Son muy pequeñas y están pegadas entre sí, como las ondas que se forman en las charcas y en las masas de agua más pequeñas.

Aumentan de tamaño 2

Si sigue soplando el viento, las olas aumentan en tamaño y en energía. El agua se mueve en círculo y dicho movimiento se extiende bajo la superficie hasta un punto llamado base de la ola.

Base de la ola

Se desplazan 3

Las olas crecen, aumentan de tamaño y se alejan unas de otras. Se desplazan hacia la costa.

Cerca de la costa 4

En aguas menos profundas, las olas se juntan. Cuando choca contra el suelo, la base de la ola avanza más despacio que la cresta, lo que hace que la ola se incline hacia delante.

Las olas rompen 5

A medida que la ola se acerca a la costa, la cresta se vuelve más inestable y al final se precipita hacia delante formando una ola de surf.

El romper de las olas

Las olas se forman en alta mar. Son visibles en la superficie, pero su movimiento llega a mucha más profundidad. A medida que las olas se acercan a la costa, aumentan en altura y son más seguidas. Al final, la parte inferior de la ola choca contra el lecho marino y se detiene, pero la parte superior se acelera y se desparrama, haciendo que la ola rompa en la orilla.

24 m de altura tenía **la mayor ola que se ha surfeado**, en la costa de Portugal en 2017.

Un centro de investigación de **los Países Bajos puede crear olas artificiales de hasta 4,5 m**, que usan para comprobar la eficacia de los diques frente a las inundaciones. **25**

Las olas

Las olas oceánicas pueden generar mucha fuerza: alcanzan una altura considerable, se desplazan grandes distancias y acaban estrellándose contra el suelo al llegar a la playa.

Las olas las provoca el viento que ejerce presión contra el océano, originando ondas que crecen a causa del aire que sopla sobre la superficie. Una vez generadas, las olas pueden recorrer grandes distancias sin apenas perder nada de energía. Al final rompen en la orilla, a veces a miles de kilómetros de donde se originaron.

Olas gigantes

Las olas también pueden alcanzar una gran altura en alta mar. Cuando los fuertes vientos hacen que dos oleajes coincidan, dicho acontecimiento, que es poco frecuente, suele originar grandes olas gigantes capaces de hacer tambalearse violentamente los barcos y, en algunos casos, incluso llegar a hundirlos.

Olas crecientes
Las olas crecen a medida que se desplazan, lo que significa que las más altas han recorrido grandes distancias por el océano.

Windsurfista
En algunos deportes, como el surf y el windsurf, los participantes cabalgan las olas, usando la energía de estas para propulsarse hacia delante.

Ola rompiente
La ola rompiente empuja el agua de la orilla hacia una zona llamada zona de oleaje.

Rebalaje y resaca
Cuando una ola rompe en la orilla, el agua se extiende por la playa. Esto se llama rebalaje. Luego el agua regresa al océano atraída por la gravedad. Esto se llama resaca.

26 ciencia del mar ○ **CICLONES TROPICALES**

30 días duró el **huracán John, el ciclón sostenido más largo** que se ha registrado, que se formó en 1994.

Las bajas presiones hacen que el mar se abombe

El viento empuja la masa

Grandes olas llegan a la tierra

Marejadas ciclónicas

En una tormenta oceánica, las bajas presiones no solo atraen el aire, sino que también succionan el agua, de modo que el océano se abomba hacia arriba en una marejada ciclónica. Cuando el viento empuja esta masa hacia la playa, las mareas y las olas se vuelven más grandes de lo normal, y acaban penetrando tierra adentro.

Ciclones tropicales

Algunos de los peores fenómenos atmosféricos tienen lugar en el océano. Los ciclones tropicales, grandes tormentas en forma de espiral, se forman mar adentro y, al llegar a tierra firme, la lluvia torrencial y el viento huracanado lo devastan todo.

Estos fenómenos extremos suelen ser estacionales. Las tormentas que se dan sobre el océano a veces llegan a la costa y las aguas inundan la playa. Los seísmos que se producen en el lecho marino pueden generar otro fenómeno oceánico muy peligroso: enormes olas llamadas tsunamis que provocan inundaciones enormemente destructivas tierra adentro.

Aire caliente ascendente
El agua cálida del océano calienta el aire, que asciende a través de la tormenta.

Aire frío descendente
El aire frío desciende entre las franjas de nubes hasta la superficie del océano.

Vientos rápidos
En esta fase de la tormenta, los vientos fluctúan entre los 61 y los 120 km/h.

Crecimiento y desarrollo del ciclón

Sobre los mares cálidos de los trópicos pueden formarse pesadas nubes de tormenta. A medida que el aire húmedo es succionado hacia arriba a través de la tormenta, los vientos empiezan a girar. Un ciclón tropical es una tormenta que da vueltas. Si se produce sobre el Caribe se llama huracán y cuando lo hace sobre el sureste de Asia, tifón.

Clave

Aire caliente

Aire frío

El aire húmedo y caliente es succionado

Grandes tormentas
Grupos de tormentas eléctricas empiezan a fusionarse.

2 La tormenta crece
El aire que se eleva repleto de humedad deja una bolsa de bajas presiones debajo, llamada depresión. Más aire húmedo procedente del aire circundante, de mayor presión, penetra en dicha bolsa. Esto hace que las nubes de tormenta crezcan y se fusionen.

3 La tormenta empieza a rotar
La rotación de la Tierra contribuye a que los vientos giren y estos comienzan a realizar un amplio movimiento en espiral. Las nubes crecen y los vientos se aceleran. El sistema tormentoso pasa a ser un ciclón, que significa que da vueltas.

1 Se forman nubes de tormenta
Las altas temperaturas del océano tropical hacen que se evapore una gran cantidad de agua del mar, llenando el aire de vapor húmedo. El aire caliente al elevarse arrastra consigo el vapor, que forma nubes de tormenta y luego cae en forma de lluvia.

El tifón Tip, que se produjo en el Pacífico y que alcanzó los 2220 km de diámetro, es el ciclón más grande del mundo jamás registrado.

250 km/h es la velocidad mínima del **viento de un ciclón de categoría 5**, el de mayor grado.

80 **ciclones se forman en promedio** en el mundo anualmente.

27

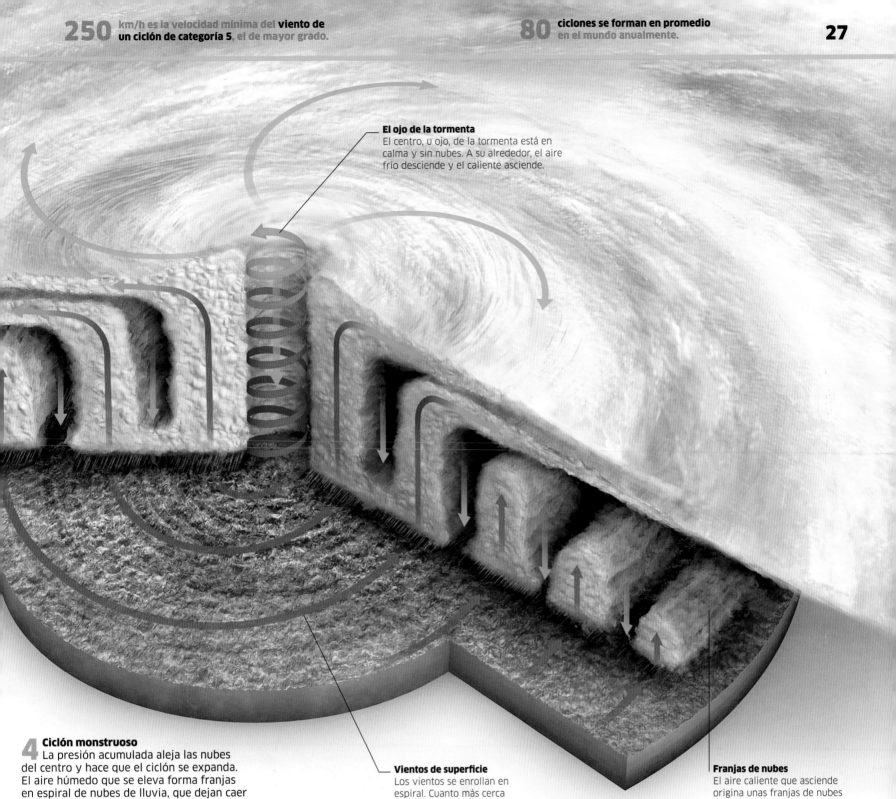

El ojo de la tormenta
El centro, u ojo, de la tormenta está en calma y sin nubes. A su alrededor, el aire frío desciende y el caliente asciende.

4 Ciclón monstruoso
La presión acumulada aleja las nubes del centro y hace que el ciclón se expanda. El aire húmedo que se eleva forma franjas en espiral de nubes de lluvia, que dejan caer aguaceros torrenciales. Entre las franjas, se cuela aire más seco, que reemplaza al que se ha elevado.

Vientos de superficie
Los vientos se enrollan en espiral. Cuanto más cerca están del centro del ciclón, más fuertes son.

Franjas de nubes
El aire caliente que asciende origina unas franjas de nubes de lluvia, largas y en espiral, dentro del huracán.

Tsunamis

Los tsunamis, otro fenómeno letal, son grandes olas provocadas por seísmos que tienen lugar en el fondo del océano. Se producen a causa de un movimiento repentino en el lecho marino, por ejemplo, cuando dos placas de la corteza de la Tierra se rozan entre sí. Una onda expansiva se extiende desde ese punto, empuja el agua y genera olas gigantes. En su camino hacia la costa, estas olas alcanzan una gran altura y si rompen en la playa pueden provocar unos destrozos devastadores.

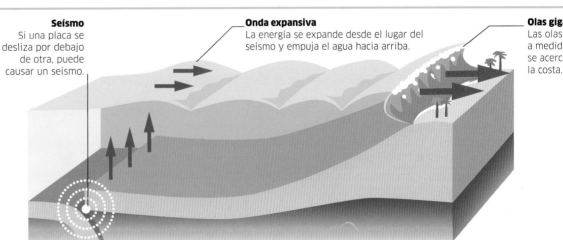

Seísmo
Si una placa se desliza por debajo de otra, puede causar un seísmo.

Onda expansiva
La energía se expande desde el lugar del seísmo y empuja el agua hacia arriba.

Olas gigantes
Las olas crecen a medida que se acercan a la costa.

28 ciencia del mar ○ **LAS MAREAS**

16,3 m fue la **oscilación máxima registrada entre una marea alta y una marea baja**, en la bahía de Fundy, en Canadá.

Las mareas

A lo largo de las costas de todo el mundo, las mareas oceánicas hacen que el nivel del agua suba y baje a diario.

Eso implica que un lugar del litoral puede estar seco a una hora determinada y sumergido bajo las aguas unas horas más tarde. En la mayoría de los lugares, se producen dos mareas altas y dos mareas bajas más o menos cada 24 horas. La causa que las produce se encuentra muy lejos de nuestro planeta: la Luna y el Sol modifican los océanos de la Tierra con su fuerza de gravedad.

La vida entre mareas

El nivel del agua sube y baja con las mareas en todos los océanos del mundo, pero el cambio en el nivel del agua solo se aprecia allí donde coinciden el agua y la tierra firme. Aquí, la marea creciente inunda la zona, así que los peces nadan por donde, unas horas antes, las aves andaban por el barro. En un litoral típico, como este en el este de Australia, los seres vivos, desde los caracoles a las algas, deben ser capaces de sobrevivir cubiertos de agua y sin agua.

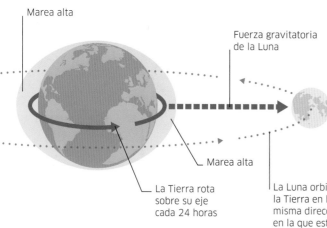

Marea alta

Fuerza gravitatoria de la Luna

Marea alta

La Tierra rota sobre su eje cada 24 horas

La Luna orbita la Tierra en la misma dirección en la que esta rota sobre su eje

La influencia de la Luna

La Tierra rota y, al hacerlo, distintas partes de su superficie miran hacia la Luna. La gravedad de la Luna atrae al océano que tiene más cerca, que se abomba hacia fuera generando una marea alta. En el lado opuesto de la Tierra, una fuerza centrífuga causada por la rotación de la Tierra aleja el agua de la Luna, creando un segundo abombamiento y una segunda marea alta. Se producen más o menos dos mareas cada 24 horas.

Percebes
Al bajar la marea, muchos animales marinos, como los percebes, unos pequeños crustáceos parientes de los cangrejos, que se adhieren a las patas de este embarcadero, dejan de alimentarse y quedan inactivos.

Lapas
Cuando baja la marea, estos caracoles acuáticos cónicos se agarran rápidamente a la madera y se esconden en sus valvas protectoras para evitar que su cuerpo blando se seque.

Ibis blanco australiano
Estas aves usan su largo pico para cazar animales invertebrados.

Pelícano australiano
Las aves grandes descansan en los barrizales entre viaje y viaje para ir de pesca.

Algas marinas
Estas algas están recubiertas de una capa viscosa que les ayuda a conservar la humedad cuando baja la marea.

Ostrero pío australiano
Las aves zancudas aprovechan la marea baja para buscar gusanos en el barro y comérselos.

MAREA BAJA

3000 gigavatios es la **energía de las mareas del mundo**, que equivale al **15 por ciento** de toda la **energía** de las centrales eléctricas.

12 horas y 25 minutos es el **tiempo medio** entre dos mareas altas en el mundo.

29

La gaviota plateada
Muchas aves, además de volar y vadear, saben nadar, así que se adaptan bien tanto a las condiciones secas como a las húmedas.

Percebes
Cuando la marea sube, los percebes extienden sus patas plumosas en el agua para atrapar el plancton, con el que se alimentan.

El pargo
Gracias a la crecida de las aguas, peces como el pargo pueden acercarse más a la orilla, donde cazan cangrejos, gambas y pequeños peces.

MAREA ALTA

Algas marinas
El agua sostiene las frondas de las algas marinas, exponiéndolas a la luz y ayudándoles a fabricar alimento mediante la fotosíntesis.

Las lapas
Las lapas y los caracoles de mar, cuando están sumergidos, se alimentan de algas y organismos que crecen en rocas y los pilones de madera.

Cuando se formó la Tierra hace más de 4500 millones de años, la Luna **estaba más cerca,** así que su fuerza gravitatoria era más fuerte y las mareas eran más altas que en la actualidad.

La influencia del Sol
El Sol se encuentra más lejos de la Tierra que la Luna, pero es mucho más grande, así que su gravedad también ejerce un efecto sobre las mareas. Cuando la Luna se alinea con el Sol, lo que ocurre dos veces al mes, las mareas son más altas y más bajas de lo habitual. Cuando el Sol y la Luna forman un ángulo recto con la Tierra, las mareas son menos extremas.

La Luna tarda unos 27 días en orbitar la Tierra

Luna llena

Sol

Luna nueva

Marea alta

Marea baja

Mareas extremas
Las mareas más extremas se producen justo después de la Luna llena y la Luna nueva, cuando el Sol y la Luna se alinean con la Tierra, reforzando mutuamente su fuerza gravitatoria. Se llaman mareas vivas.

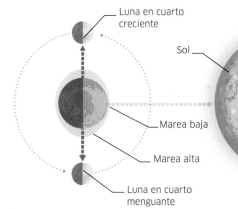

Luna en cuarto creciente

Sol

Marea baja

Marea alta

Luna en cuarto menguante

Mareas moderadas
Las mareas más suaves se producen cuando la Luna está en cuarto creciente o en cuarto menguante, momentos en que la Luna y el Sol forman un ángulo recto con la Tierra, de modo que anulan mutuamente parte de su fuerza gravitatoria. Se llaman mareas muertas.

OCÉANO ABIERTO

Más del 80 por ciento del área habitable del planeta es mar abierto, es decir, las aguas profundas alejadas de los mares costeros menos profundos. Tanto en su superficie, bañada por el Sol, como en su lecho frío y oscuro, el mar abierto alberga algunos de los animales más extraordinarios que conocemos.

EL OCÉANO ABIERTO

La mayor parte del agua del océano se extiende más allá de las aguas costeras de las plataformas continentales y hasta lo más profundo de las cuencas oceánicas, en una zona llamada océano abierto. Es el hábitat más grande de la Tierra y alberga más criaturas vivas que cualquier otro lugar del planeta. Las condiciones en la superficie, sin embargo, son muy distintas a las del fondo.

ZONAS PROFUNDAS

Los hábitats del océano abierto cambian con la profundidad. La capa superficial –llamada zona luminosa– es cálida y luminosa, y es la que contiene más oxígeno. La mayor parte de las criaturas oceánicas viven en esta zona. Debajo está la zona crepuscular, más oscura y fría, y la que contiene menos oxígeno, que se extiende hasta los 1000 m. La zona de medianoche es el hábitat más frío y oscuro, y sus moradores se han adaptado para soportar las altas presiones. Las únicas partes del océano más profundas son las fosas abisales, que constituyen la zona del hades.

CONDICIONES DEL OCÉANO

La temperatura de la superficie del océano varía: desde cálida en los trópicos hasta gélida en los polos. Pero en todo el mundo, las condiciones del océano varían drásticamente a medida que aumenta la profundidad: cambian la temperatura, la presión y los niveles de luz y de oxígeno. Los seres vivos se han adaptado a las condiciones de las distintas profundidades.

Luz
La luz del Sol que baña la superficie es un elemento vital para la mayoría de las cadenas alimentarias del océano. En las profundidades, en cambio, la luz va desapareciendo hasta que la oscuridad es absoluta.

Temperatura
El calor del Sol calienta la superficie del océano. Pero a unos 1000 m de profundidad apenas llega el calor, por lo que la temperatura cae en picado con la profundidad.

Presión
A mayor profundidad, mayor es el peso del agua sobre lo que está debajo, lo que aumenta la presión. En el fondo, la presión podría aplastar un coche.

Oxígeno
En la superficie hay mucho oxígeno, pues lo producen las algas. Luego disminuye porque los animales lo usan para respirar. En el fondo hay más porque hay menos organismos.

Zona luminosa
0-200 m
Esta capa contiene nubes de plancton, con algas que fabrican alimento con la fotosíntesis.

Zona crepuscular
200-1000 m
Las algas, que fabrican su propio alimento, no pueden sobrevivir en este nivel, pero esta zona contiene algunos animales marinos. Se han adaptado para poder desplazarse en la penumbra.

Zona de medianoche
1000 m-lecho marino
Esta capa es muy oscura, porque no recibe luz. Se extiende hasta el lecho marino, que puede estar a una profundidad de 3000-6000 m. En ella viven muy pocos animales.

Zona del hades
Hasta 10 000 m
Esta zona está formada por las fosas oceánicas del lecho marino. Estas partes del océano apenas han sido exploradas por el ser humano. Sabemos muy poco sobre los animales que viven allí.

QUIÉN VIVE DÓNDE

Las criaturas que viven en alta mar pueden agruparse según la forma de desplazarse. El plancton (ver pp. 36-37) se deja arrastrar por la corriente. Los que pueden nadar de un lugar a otro, contra corriente, se denominan necton. Los bentónicos viven justo en el fondo, arrastrándose o deslizándose por el lecho marino. Unos pocos animales llamados pleuston viven justo en la superficie.

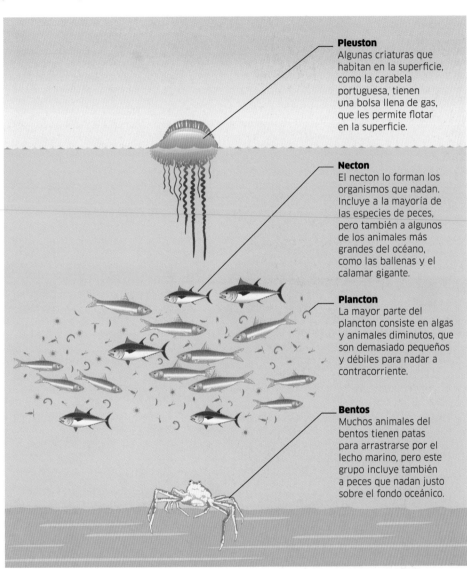

Pleuston
Algunas criaturas que habitan en la superficie, como la carabela portuguesa, tienen una bolsa llena de gas, que les permite flotar en la superficie.

Necton
El necton lo forman los organismos que nadan. Incluye a la mayoría de las especies de peces, pero también a algunos de los animales más grandes del océano, como las ballenas y el calamar gigante.

Plancton
La mayor parte del plancton consiste en algas y animales diminutos, que son demasiado pequeños y débiles para nadar a contracorriente.

Bentos
Muchos animales del bentos tienen patas para arrastrarse por el lecho marino, pero este grupo incluye también a peces que nadan justo sobre el fondo oceánico.

NO SER DETECTADO

Vivir en alta mar no es nada fácil para un animal, porque no tiene dónde esconderse. Pero muchos animales tienen un cuerpo fácil de camuflar en el mar. Un buen camuflaje permite a los depredadores acercarse a su presa sin ser vistos, pero también permite a especies más vulnerables pasar inadvertidas ante los cazadores peligrosos.

Plateado y azul
En alta mar muchos peces, como esta caballa, tienen las escamas azules o plateadas, lo que les ayuda a camuflarse en las aguas luminosas cercanas a la superficie, ya que hace que sus cuerpos sean altamente reflectantes.

Contracoloración
La contracoloración consiste en ser más oscuro por arriba que por abajo. Vista desde abajo, la parte inferior más clara se confunde con la superficie luminosa. Vista desde arriba, la parte superior se confunde con las aguas profundas, que son más oscuras.

Contraluz
Algunos animales pueden producir diminutos parches de luz en la parte inferior del cuerpo. Gracias a ello, vistos desde abajo se confunden con la superficie iluminada por el Sol.

LA VIDA EN EL FONDO OCEÁNICO

El fondo del océano es el hábitat menos explorado y menos conocido. La mayoría de los animales que viven allí son carroñeros que se alimentan de los restos muertos o en descomposición que van a parar al fondo. Pero algunos elementos del fondo oceánico, como las fuentes hidrotermales (ver pp. 64-65) y los rezumaderos fríos, pueden crear condiciones especiales para que algunos organismos fabriquen su propio alimento.

Fuentes hidrotermales
Las bacterias que viven alrededor de las fuentes hidrotermales utilizan la energía de los minerales para crecer y proporcionan alimento a muchas cadenas alimentarias.

Rezumaderos fríos
En estos puntos del lecho marino, sale gas metano del suelo oceánico. Algunas bacterias lo usan para fabricar alimento.

Criaturas muertas
Los enormes cadáveres de los animales muertos, como los de las ballenas, atraen a muchos carroñeros hambrientos.

Nieve marina
Partículas de material de desecho y de materia muerta, la llamada nieve marina, caen al fondo, y son el alimento de los carroñeros.

34 océano abierto ○ **CADENAS ALIMENTARIAS**

3 toneladas de **plancton consume al día un tiburón ballena**, el pez más grande de entre los que comen plancton.

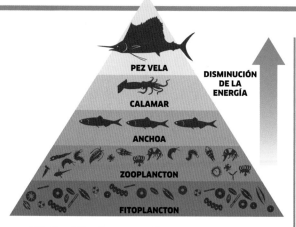

PEZ VELA

DISMINUCIÓN DE LA ENERGÍA

CALAMAR

ANCHOA

ZOOPLANCTON

FITOPLANCTON

Pirámide de energía

La cantidad de energía que pasa de un nivel a otro de una cadena alimentaria oceánica puede representarse en forma de pirámide. Cuando los animales de un nivel consumen los del nivel inferior, la energía sube en la cadena. Sin embargo, en cada nivel se pierde mucha energía alimentaria en forma de desechos y calor, de modo que en el siguiente nivel queda menos energía para ser consumida y sirve de sustento a menos animales.

Carroñeros

Las zonas más profundas están demasiado oscuras para la fotosíntesis, así que los animales que viven en ellas se alimentan de la comida que cae desde más arriba. Los carroñeros, tales como este pez bruja, se alimentan de animales muertos que van a parar al lecho marino.

Inicio en la superficie

Las cadenas alimentarias oceánicas arrancan en las capas superiores iluminadas por el Sol, donde las algas crecen gracias a la fotosíntesis. Las algas proporcionan la energía que constituye el sustento de otras criaturas que viven en alta mar, desde animales microscópicos hasta depredadores mucho más grandes que nadan a gran velocidad.

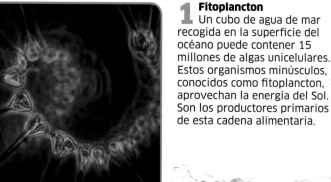

1 Fitoplancton
Un cubo de agua de mar recogida en la superficie del océano puede contener 15 millones de algas unicelulares. Estos organismos minúsculos, conocidos como fitoplancton, aprovechan la energía del Sol. Son los productores primarios de esta cadena alimentaria.

Cadenas alimentarias

Los seres vivos del océano están conectados a través de las cadenas alimentarias. Dependen unos de otros para alimentarse, y energía y nutrientes pasan de unos a otros.

En el océano, las cadenas alimentarias empiezan con las algas unicelulares microscópicas. Miles de millones de ellas flotan bajo la superficie del océano, donde llega la luz del Sol. Gracias a la fotosíntesis, las algas usan la energía de la luz para transformar el dióxido de carbono y el agua en el alimento que necesitan para crecer. Las algas, a su vez, son el alimento de pequeños animales, que son cazados por depredadores carnívoros.

5 Pez vela
Los principales depredadores son también los consumidores más grandes y veloces. El pez vela es el pez más rápido del océano. Usa su largo pico para pinchar calamares y otros peces. Solo los cazadores gigantes como las orcas cazan peces vela.

4 Calamar
Los bancos de anchoas son el alimento de depredadores que están más arriba en la cadena alimentaria. Este calamar volador de neón es un ejemplo de consumidor de tercer nivel. Es muy ágil para atrapar a los veloces pececillos.

70 m puede tener de **ancho un banco de anchoas** europeas.

El **80** por ciento del oxígeno de la Tierra lo **producen las algas del océano mediante la fotosíntesis**.

110 km/h **puede alcanzar un pez vela** para cazar a una presa.

35

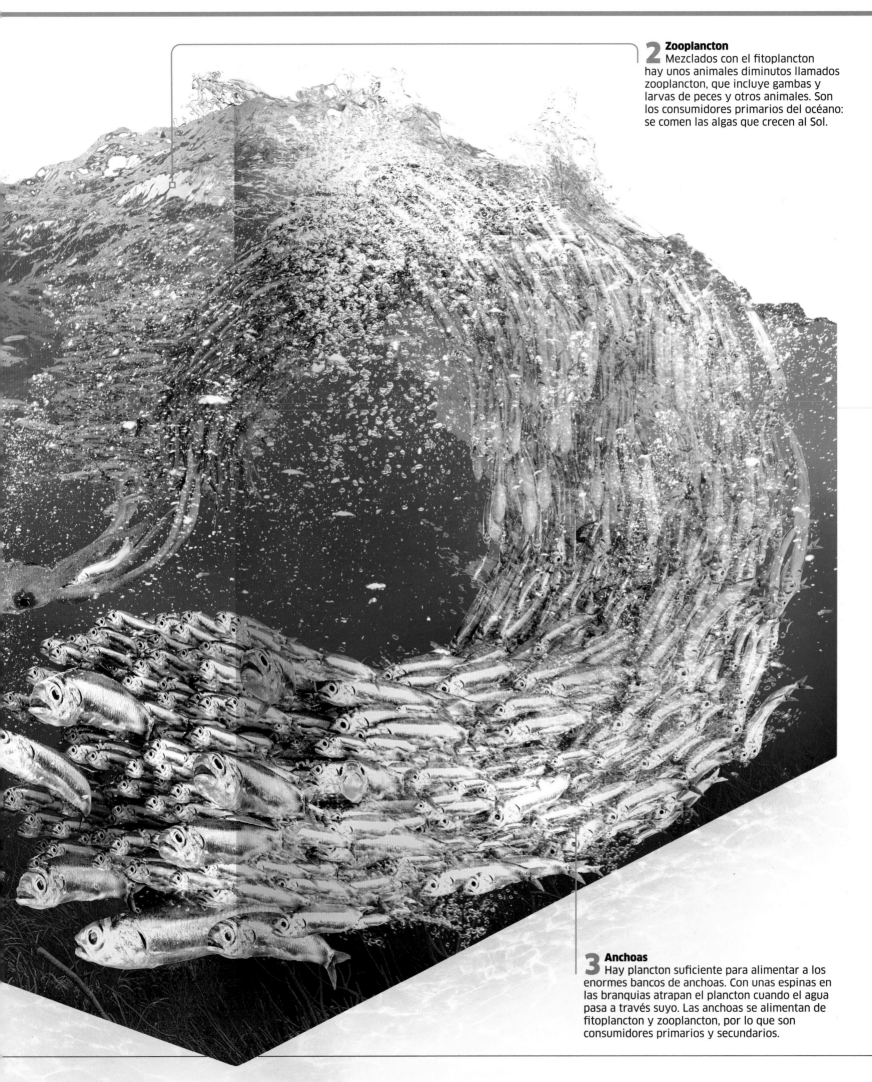

2 Zooplancton
Mezclados con el fitoplancton hay unos animales diminutos llamados zooplancton, que incluye gambas y larvas de peces y otros animales. Son los consumidores primarios del océano: se comen las algas que crecen al Sol.

3 Anchoas
Hay plancton suficiente para alimentar a los enormes bancos de anchoas. Con unas espinas en las branquias atrapan el plancton cuando el agua pasa a través suyo. Las anchoas se alimentan de fitoplancton y zooplancton, por lo que son consumidores primarios y secundarios.

Una gota en el océano

En una sola gota de agua de mar hay una gran variedad de formas de vida, desde plantas como las algas hasta los herbívoros y los cazadores más diminutos del océano.

Estos seres vivos forman el plancton: conjunto de organismos que flotan en el océano y que son arrastrados por las corrientes porque o bien son demasiado pequeños o bien demasiado débiles para nadar por sí mismos. En alta mar, hay plancton por todas partes, pero es más abundante cerca de la superficie, donde el Sol aporta la energía para que las algas fabriquen su propio alimento.

La vida en una gota

El plancton se divide en dos tipos básicos, ambos presentes en esta gota de agua de mar. Las cianobacterias y las algas, unicelulares y parecidas a las plantas, usan la energía del Sol para fabricar su propio alimento mediante un proceso llamado fotosíntesis. Constituyen el fitoplancton. Los animales del plancton, o zooplancton, se alimentan del fitoplancton como herbívoros o cazan otros animales microscópicos.

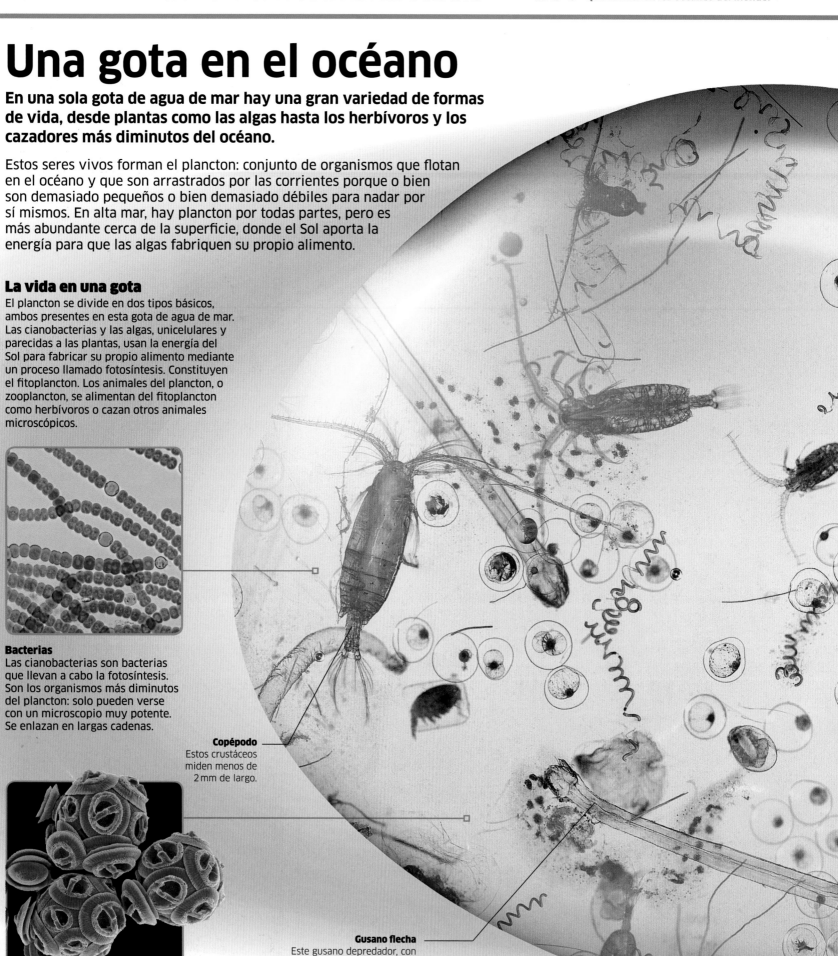

Bacterias
Las cianobacterias son bacterias que llevan a cabo la fotosíntesis. Son los organismos más diminutos del plancton: solo pueden verse con un microscopio muy potente. Se enlazan en largas cadenas.

Copépodo
Estos crustáceos miden menos de 2 mm de largo.

Gusano flecha
Este gusano depredador, con su rígido cuerpo en forma de flecha, dispone de una mandíbula con púas con la que atrapa el zooplancton.

Algas
Las aguas bañadas por el Sol pueden estar llenas de algas microscópicas unicelulares de todo tipo. Estas esféricas se llaman cocolitóforos. Están cubiertas por unas placas compuestas de caliza.

El **75** por ciento del zooplancton son **copépodos**, lo que les convierte en los animales más **abundantes del océano**.

50 000 millones de toneladas de **dióxido de carbono** usa anualmente **el fitoplancton en la fotosíntesis**.

37

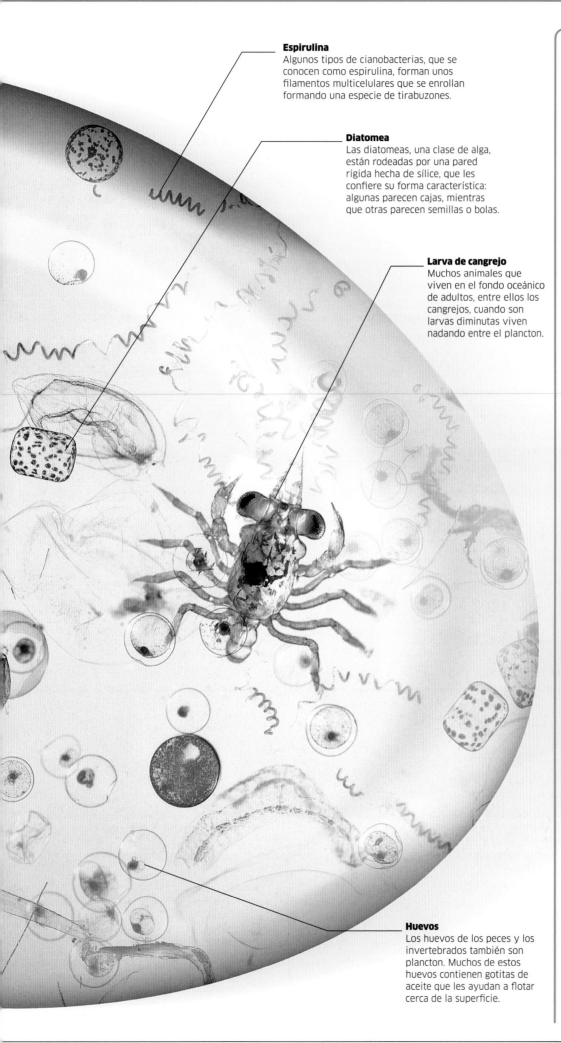

Espirulina
Algunos tipos de cianobacterias, que se conocen como espirulina, forman unos filamentos multicelulares que se enrollan formando una especie de tirabuzones.

Diatomea
Las diatomeas, una clase de alga, están rodeadas por una pared rígida hecha de sílice, que les confiere su forma característica: algunas parecen cajas, mientras que otras parecen semillas o bolas.

Larva de cangrejo
Muchos animales que viven en el fondo oceánico de adultos, entre ellos los cangrejos, cuando son larvas diminutas viven nadando entre el plancton.

Huevos
Los huevos de los peces y los invertebrados también son plancton. Muchos de estos huevos contienen gotitas de aceite que les ayudan a flotar cerca de la superficie.

Plancton gigante
El pez luna, que puede llegar a pesar una tonelada, es uno de los peces óseos más grandes del océano. La mayoría de los peces se propulsan con la cola, pero el pez luna no tiene cola y depende de sus frágiles aletas para desplazarse. Por eso se deja arrastrar por las corrientes, lo que le convierte en uno de los miembros más grandes del plancton.

Restos antiguos
Los foraminíferos son organismos unicelulares del plancton que producen unos caparazones hechos de minerales calcáreos. Cuando mueren, estos se acumulan en el suelo oceánico y, con el paso de millones de años, constituyen rocas calizas. Cada tipo tiene una forma característica, y estudiando sus restos podemos averiguar mucho sobre la edad de la roca, los climas del pasado y el entorno.

Floración de algas
De vez en cuando, las condiciones del océano hacen posible que aumente la cantidad de algas planctónicas. Los nutrientes que se filtran por el suelo o que el viento lleva hasta el mar pueden fertilizar las aguas costeras, haciendo que las algas crezcan copiosamente formando floraciones de vivos colores. Esta imagen aérea muestra las floraciones de color verde intenso del mar Báltico.

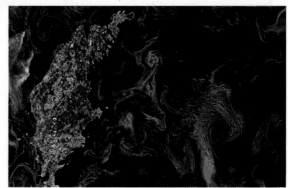

Mantas voladoras

La manta gigante pertenece a un grupo llamado mobula, cuyos miembros tienen unos comportamientos parecidos. A veces saltan fuera del agua, una tras otra. No se sabe bien por qué lo hacen. Algunas rebasan (o salen) del agua durante el ritual de cortejo. Otras lo hacen para librarse de los parásitos y otras criaturas que se pegan a su piel.

Vientre blanco
Su vientre, en contraste con su dorso oscuro, es más claro con manchas negras características.

Manta gigante

No solo los animales pequeños se alimentan de plancton. Algunas criaturas que comen plancton son enormes y, por tanto, pueden tragar cantidades enormes. Este es el caso de la manta gigante, la raya más grande del océano.

Las rayas son unos peces con aletas pectorales (hombro) que se extienden a modo de alas. La manta gigante se desplaza moviendo estas aletas arriba y abajo, empujando el agua. A diferencia de la mayoría de las rayas, que buscan su alimento básicamente en el fondo marino, la manta gigante lo busca en alta mar. Se desplaza elegantemente con la boca abierta, tragándose litros de agua y atrapando pequeñas presas.

Cola
La cola de algunas rayas tiene púas afiladas, pero la de la manta gigante es corta e inofensiva.

Cuerpo en disco
Su cuerpo plano se denomina disco. Es firme y musculoso, y con él acciona las aletas pectorales.

Gigante comeplancton

La manta gigante es el doble de ancha que de larga: de punta a punta, sus aletas miden como un autobús escolar. Surca el océano, sobre todo las aguas costeras poco profundas y ricas en nutrientes, donde hay grandes colonias de plancton con las que alimentarse.

Grandes aletas
Sus largas aletas triangulares parecen grandes alas y le sirven para impulsarse por el agua.

Alimentación por filtración

La manta gigante come mientras se desplaza con la boca abierta, de modo que un flujo constante de agua rica en alimentos penetra en su boca. El animal cuela el agua con las branquiespinas que tiene en la base de la boca, de manera que los pequeños animales quedan atrapados en ella. La manta desplaza sus presas a la parte posterior de la boca y luego se las traga.

Ojos
Sus ojos, a ambos lados de su enorme cabeza, le permiten tener un amplio campo de visión.

El plancton es recogido por las branquiespinas y luego pasa a la parte posterior de la boca

El agua de mar entra en la boca

El agua de mar sale por las agallas

El flujo concentrado de plancton se desplaza hacia la parte posterior de la garganta

De todos los peces, la manta gigante es la que tiene el cerebro más grande y se cree que es muy inteligente.

3000 kg es el **peso máximo registrado** de una manta gigante.

39

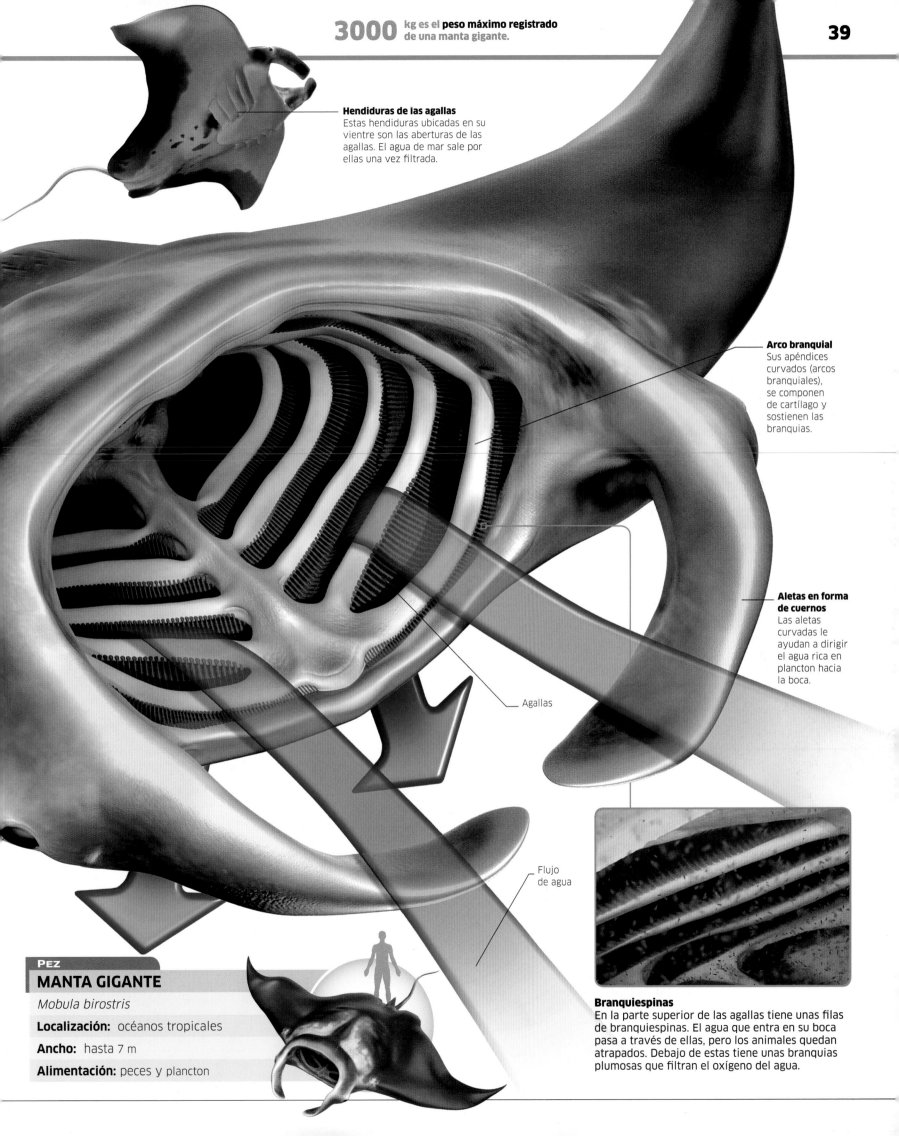

Hendiduras de las agallas
Estas hendiduras ubicadas en su vientre son las aberturas de las agallas. El agua de mar sale por ellas una vez filtrada.

Arco branquial
Sus apéndices curvados (arcos branquiales), se componen de cartílago y sostienen las branquias.

Aletas en forma de cuernos
Las aletas curvadas le ayudan a dirigir el agua rica en plancton hacia la boca.

Agallas

Flujo de agua

PEZ
MANTA GIGANTE

Mobula birostris

Localización: océanos tropicales

Ancho: hasta 7 m

Alimentación: peces y plancton

Branquiespinas
En la parte superior de las agallas tiene unas filas de branquiespinas. El agua que entra en su boca pasa a través de ellas, pero los animales quedan atrapados. Debajo de estas tiene unas branquias plumosas que filtran el oxígeno del agua.

40   océano abierto ○ **MEDUSA RAYADA PÚRPURA**

La tortuga baula y el pez luna son los principales **depredadores** de la medusa rayada púrpura.

Medusa rayada púrpura

A pesar de no tener ni cabeza ni cerebro, las medusas son unos depredadores mortíferos, capaces de producir dolorosas picaduras paralizantes con sus largos tentáculos.

Las medusas, circulares, no tienen parte delantera ni trasera, sino parte superior e inferior. Se dejan llevar por las corrientes, hacen vibrar su blanda campana en forma de sombrilla para propulsarse hacia arriba y luego, cuando se relajan, se hunden lentamente. Bajo la campana se encuentra la boca, que se traga cualquier presa tras aturdirla y dejarla paralizada con los tentáculos. Empieza siendo una mota diminuta en el lecho marino, para luego flotar en alta mar, donde pasan el resto de su vida.

Ciclo vital de la medusa

El macho y la hembra liberan respectivamente el esperma y los óvulos en el agua, donde se unen formando óvulos fertilizados. Estos se convierten en larvas microscópicas que se asientan en el lecho marino, donde se transforman en un animal diminuto llamado pólipo. Permanece en esta fase de su ciclo vital durante cierto tiempo. Luego se abren y liberan muchas medusas pequeñas.

5 Medusa madura
En alta mar, la joven medusa crece rápidamente, y se alimenta del plancton que agarra con sus largos tentáculos. Aumenta de tamaño espectacularmente y, a medida que se hace mayor, las rayas púrpuras de su campana se vuelven más oscuras e intensas.

4 Éfira
Cada cría de medusa que sale del pólipo maduro se llama éfira. Miden solo 3 mm de ancho, pero ya pueden usar la campana para desplazarse y los tentáculos para cazar presas.

1 Larva
El óvulo fertilizado se convierte en una larva plana y oval que mide apenas 1 mm. Está cubierta de unos pelos microscópicos que laten y le ayudan a desplazarse como parte de las nubes de plancton.

2 Pólipo
Cuando la larva se asienta en el lecho marino o en un afloramiento rocoso, se transforma en un pólipo y le salen unos tentáculos cortos que eleva hacia arriba para atrapar el alimento en el agua que tiene encima.

3 Estróbila
Cuando el pólipo alcanza su altura máxima se llama estróbila. Se divide en una pila de pequeños discos. Con el tiempo, cada disco se separa de la pila para convertirse en una nueva medusa.

Base fija
El pólipo está fijado al lecho marino.

Tentáculos

Torre diminuta
El pólipo completamente desarrollado, o estróbila, no mide más de 5 mm de alto.

Medusa diminuta en ciernes

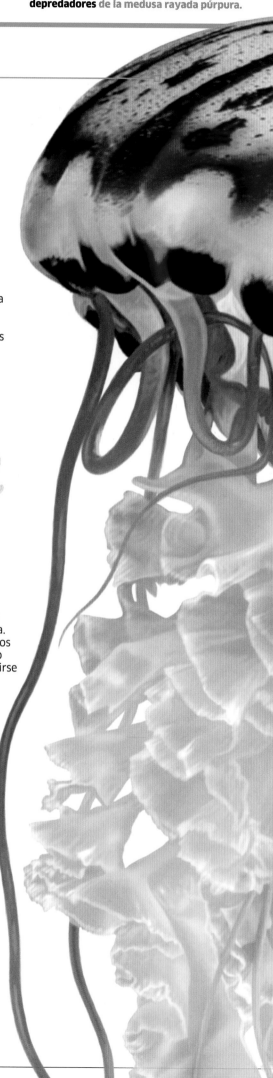

3 años **como máximo vive** una medusa rayada púrpura.

Hay una especie de medusa, la ***Turritopsis dohrnii***, que al enfermar o envejecer **puede volver a la etapa de pólipo**. Se la conoce como la **medusa inmortal**.

41

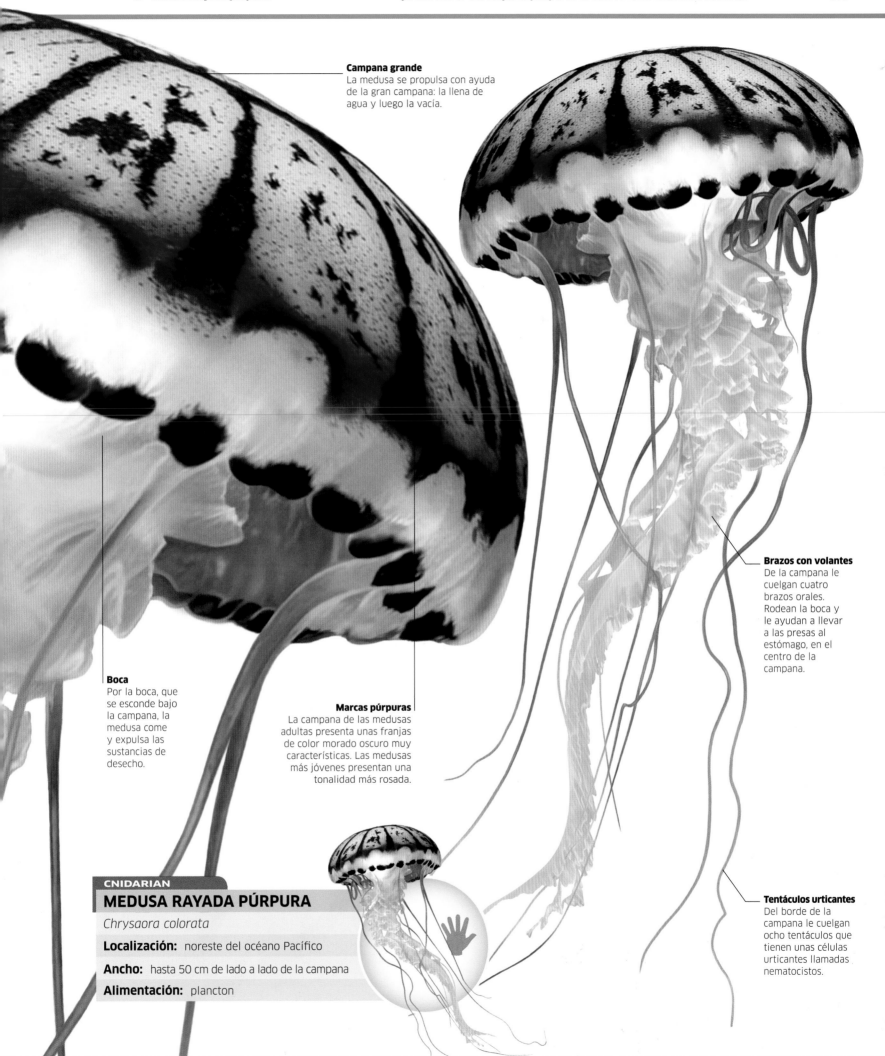

Campana grande
La medusa se propulsa con ayuda de la gran campana: la llena de agua y luego la vacía.

Brazos con volantes
De la campana le cuelgan cuatro brazos orales. Rodean la boca y le ayudan a llevar a las presas al estómago, en el centro de la campana.

Boca
Por la boca, que se esconde bajo la campana, la medusa come y expulsa las sustancias de desecho.

Marcas púrpuras
La campana de las medusas adultas presenta unas franjas de color morado oscuro muy características. Las medusas más jóvenes presentan una tonalidad más rosada.

Tentáculos urticantes
Del borde de la campana le cuelgan ocho tentáculos que tienen unas células urticantes llamadas nematocistos.

CNIDARIAN

MEDUSA RAYADA PÚRPURA

Chrysaora colorata

Localización: noreste del océano Pacífico

Ancho: hasta 50 cm de lado a lado de la campana

Alimentación: plancton

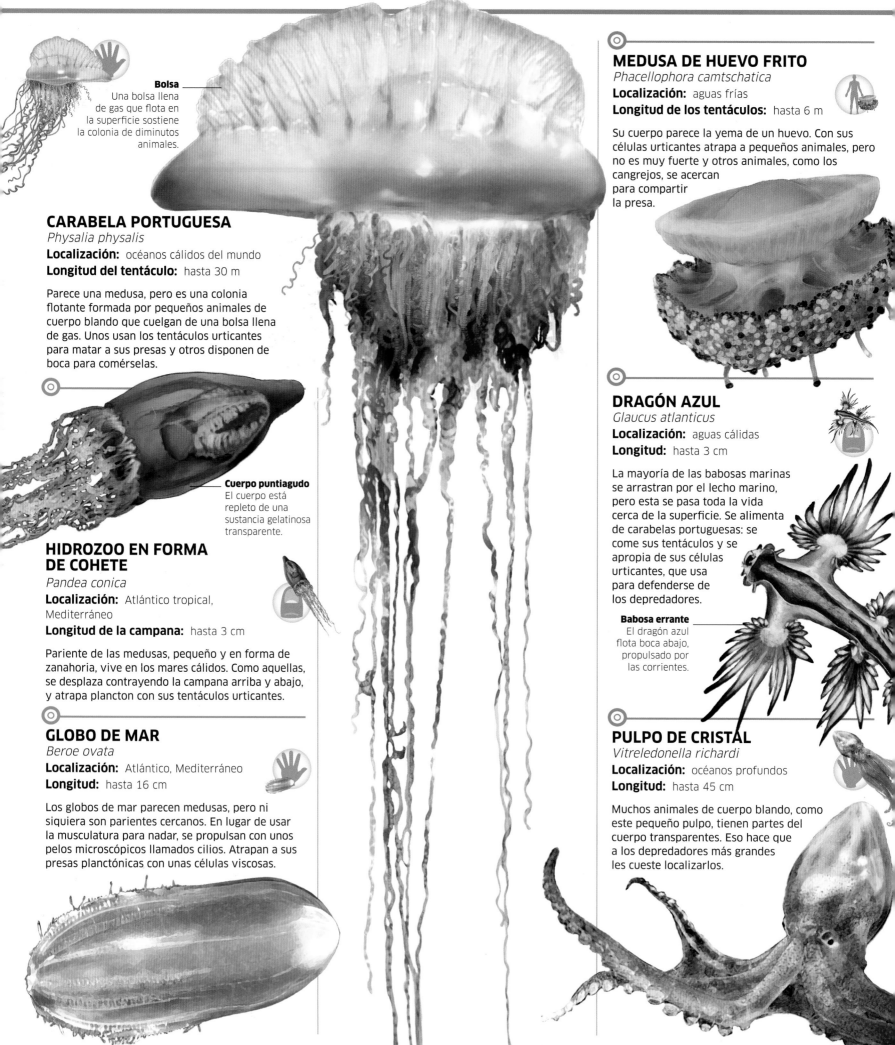

Bolsa
Una bolsa llena de gas que flota en la superficie sostiene la colonia de diminutos animales.

CARABELA PORTUGUESA
Physalia physalis
Localización: océanos cálidos del mundo
Longitud del tentáculo: hasta 30 m

Parece una medusa, pero es una colonia flotante formada por pequeños animales de cuerpo blando que cuelgan de una bolsa llena de gas. Unos usan los tentáculos urticantes para matar a sus presas y otros disponen de boca para comérselas.

Cuerpo puntiagudo
El cuerpo está repleto de una sustancia gelatinosa transparente.

HIDROZOO EN FORMA DE COHETE
Pandea conica
Localización: Atlántico tropical, Mediterráneo
Longitud de la campana: hasta 3 cm

Pariente de las medusas, pequeño y en forma de zanahoria, vive en los mares cálidos. Como aquellas, se desplaza contrayendo la campana arriba y abajo, y atrapa plancton con sus tentáculos urticantes.

GLOBO DE MAR
Beroe ovata
Localización: Atlántico, Mediterráneo
Longitud: hasta 16 cm

Los globos de mar parecen medusas, pero ni siquiera son parientes cercanos. En lugar de usar la musculatura para nadar, se propulsan con unos pelos microscópicos llamados cilios. Atrapan a sus presas planctónicas con unas células viscosas.

MEDUSA DE HUEVO FRITO
Phacellophora camtschatica
Localización: aguas frías
Longitud de los tentáculos: hasta 6 m

Su cuerpo parece la yema de un huevo. Con sus células urticantes atrapa a pequeños animales, pero no es muy fuerte y otros animales, como los cangrejos, se acercan para compartir la presa.

DRAGÓN AZUL
Glaucus atlanticus
Localización: aguas cálidas
Longitud: hasta 3 cm

La mayoría de las babosas marinas se arrastran por el lecho marino, pero esta se pasa toda la vida cerca de la superficie. Se alimenta de carabelas portuguesas: se come sus tentáculos y se apropia de sus células urticantes, que usa para defenderse de los depredadores.

Babosa errante
El dragón azul flota boca abajo, propulsado por las corrientes.

PULPO DE CRISTAL
Vitreledonella richardi
Localización: océanos profundos
Longitud: hasta 45 cm

Muchos animales de cuerpo blando, como este pequeño pulpo, tienen partes del cuerpo transparentes. Eso hace que a los depredadores más grandes les cueste localizarlos.

200 kg **pesa una medusa nomura** del océano Pacífico, una de las **medusas más grandes** del mundo.

43

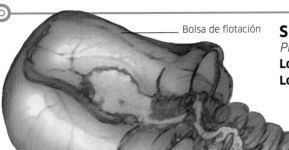

Bolsa de flotación

SIFONÓFORO GIGANTE
Praya dubia
Localización: en todo el mundo
Longitud: hasta 50 m

Azul incandescente
Cada una de las criaturas del sifonóforo puede emitir luz.

El sifonóforo gigante serpentea por el océano como una cadena resplandeciente, pero en realidad es una colonia de animales diminutos. Puede llegar a ser más largo que una ballena azul, lo que le convierte en una de las criaturas más largas del océano. Vive cerca de la superficie y controla la profundidad ajustando el gas de su bolsa de flotación.

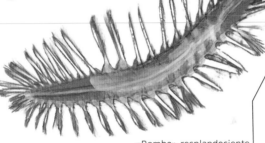

«Bomba» resplandeciente

GUSANO VERDE BOMBARDERO
Swima bombiviridis
Localización: océano Pacífico
Longitud: hasta 3 cm

Este gusano marino de vivos colores tiene branquias plumosas que brillan con una luz verde en la oscuridad de las profundidades oceánicas. Si un depredador lo amenaza, le distrae despegando partes diminutas de sus branquias y lanzándolas como si fueran «bombas» resplandecientes.

SALPA ENCADENADA
Pegea confoederata
Localización: en todo el mundo
Longitud: encadenada, hasta 13 cm

Las salpas son una clase de tunicados marinos. La mayoría de los tunicados viven en el lecho marino y tienen un cuerpo carnoso en forma de bolsa. Las salpas, sin embargo, viven en alta mar y se propulsan bombeando agua y encadenándose entre ellas para formar grandes colonias.

De cuerpo blando

Muchos animales marinos tienen un cuerpo blando y fofo con el que no podrían desplazarse fuera del agua, pero que está perfectamente adaptado para vivir bajo las olas.

Hay una gran variedad de animales marinos que pesan poco y tienen un cuerpo flexible, entre ellos las medusas, los ctenóforos y otros muchos animales marinos. Estos invertebrados (criaturas sin columna vertebral), en vez de sostenerse con partes duras, como los huesos, lo hacen gracias al agua que les rodea. Sus cuerpos son gelatinosos porque sus tejidos están llenos de agua, que se mueve y circula, pero no puede comprimirse. Por eso no cambian de forma ni siquiera bajo las altas presiones de las profundidades.

PIROSOMA GIGANTE
Pyrostremma spinosum
Localización: en todo el mundo
Longitud: hasta 30 m

Los pirosomas, como otras criaturas de cuerpo blando, no son un solo animal, sino enormes colonias tubulares formadas por animales diminutos. Los pirosomas gigantes son bioluminiscentes: producen una luz brillante incandescente.

PEPINO DE MAR NADADOR
Enypniastes eximia
Localización: océanos profundos
Longitud: hasta 20 cm

Los pepinos de mar suelen ser animales con forma de salchicha que viven en el lecho marino, pero este dispone de un tejido con volantes que mueve para propulsarse hacia arriba. Por su insólito aspecto se le conoce como pez pollo sin cabeza.

Cubomedusa

En los mares poco profundos de Sudáfrica, un grupo de cubomedusas nada en las aguas bañadas por la luz del sol, justo sobre el lecho marino.

Aunque no es lo habitual en muchas medusas, las cubomedusas tienen unos ojos complejos que se ven atraídos hacia la luz y que incluso les ayudan a sortear obstáculos. A pesar de su aspecto frágil, son unos depredadores formidables y el veneno de sus tentáculos es más potente que el de las cobras. Paraliza a los peces, sus presas naturales, y también puede ser peligroso para las personas, a las que causa un intenso dolor y, a veces, fallos cardíacos.

La gran barracuda

Estas barracudas son unas cazadoras oceánicas muy veloces. Son esbeltas y poderosas, y tienen una enorme mandíbula que sobresale y unos dientes que parecen colmillos. La gran barracuda es la especie más grande de esta familia de temibles depredadores.

Suelen buscar presas en solitario, justo bajo la superficie del océano, pero a veces cazan en pequeños grupos. Sus afilados dientes, fuertemente anclados en la mandíbula, muerden con fuerza. Su forma aerodinámica le permite surcar las aguas como un torpedo, pero no es lo bastante flexible para girar de manera brusca. Así que prefiere sorprender a sus presas, en vez de perseguirlas largas distancias. Selecciona un blanco, se acerca y luego acelera de golpe y se abalanza sobre él.

Aletas dorsales
Las aletas dorsales verticales, una en la parte de delante y otra más atrás, evitan que el pez se voltee de un lado a otro.

Ojos para cazar
Los grandes ojos absorben mucha luz, permitiéndole localizar las presas bajo el agua.

Aletas pectorales
Las aletas pectorales controlan la posición del pez en el agua y le ayudan a mantener el rumbo.

Aletas pélvicas
Estas aletas trabajan conjuntamente con las aletas pectorales para mantener al pez horizontal en el agua.

Dos filas de dientes
Una fila adicional de dientes más pequeños, que rodean los enormes dientes afilados interiores, le ayudan a desgarrar la carne.

Numerosos filamentos

El agua entra en la boca

Las branquias absorben el oxígeno

Mandíbula puntiaguda
La mandíbula inferior sobresale más que la superior, de modo que puede agarrar presas pesadas.

Branquias llenas de sangre
Como el resto de los peces, las barracudas respiran por unos finos filamentos llenos de sangre, las branquias. El agua que entra en su boca da oxígeno a la sangre de las branquias y el dióxido de carbono, que producen los músculos y los órganos, se elimina por las hendiduras de las branquias que tiene a ambos lados de la cabeza.

58 km/h es la **velocidad máxima estimada** de la gran barracuda.

50 kg **puede llegar a pesar** una gran barracuda.

47

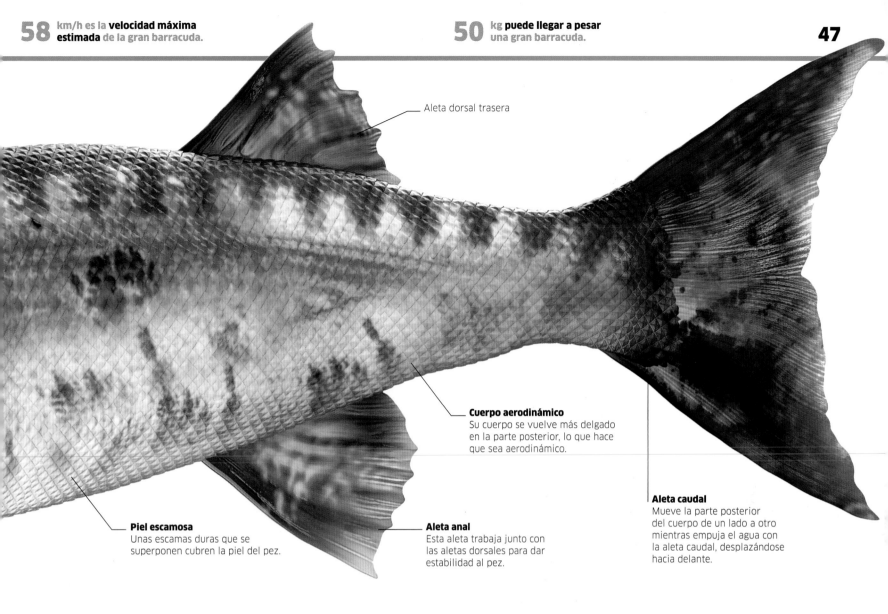

Aleta dorsal trasera

Cuerpo aerodinámico
Su cuerpo se vuelve más delgado en la parte posterior, lo que hace que sea aerodinámico.

Aleta caudal
Mueve la parte posterior del cuerpo de un lado a otro mientras empuja el agua con la aleta caudal, desplazándose hacia delante.

Piel escamosa
Unas escamas duras que se superponen cubren la piel del pez.

Aleta anal
Esta aleta trabaja junto con las aletas dorsales para dar estabilidad al pez.

Asesina dentuda

La gran barracuda es un pez óseo, es decir, tiene un esqueleto compuesto mayoritariamente por hueso (en vez de cartílago). Pasa la mayor parte de su vida en alta mar. Las crías crecen al abrigo de los estuarios costeros, los manglares y los arrecifes. A medida que crecen, empiezan a alejarse hasta aventurarse en mar abierto. Aquí, tienen que enfrentarse con corrientes más fuertes, pero pueden encontrar grandes presas para satisfacer su apetito.

PEZ

GRAN BARRACUDA

Sphyraena barracuda

Localización: océano tropical y subtropical

Longitud: hasta 2 m

Alimentación: peces, calamares, pulpos gambas

Técnica natatoria

Muchos peces nadan moviendo el cuerpo en forma de S, de una manera parecida a como serpentean las serpientes. Así nadan peces como las anguilas, que mueven todo su cuerpo. Los nadadores más veloces, sin embargo, entre ellos las barracudas, concentran el movimiento en la parte posterior del cuerpo. Mueven la cola adelante y atrás, mientras mantienen la parte delantera bien recta, de modo que surcan el agua a toda velocidad.

Vejiga natatoria

Como la mayoría de los peces óseos, la barracuda dispone de una vejiga natatoria llena de gas que le ayuda a flotar en el agua. Cuando el pez se sumerge hacia abajo, la mayor presión del agua hace que la vejiga se contraiga. Para que el pez se mantenga a flote, se añade a la vejiga gas de la sangre, para que esta se mantenga dilatada. Cuando nada hacia arriba, la presión es menor y la vejiga se expande, así que parte del gas pasa de nuevo a la sangre.

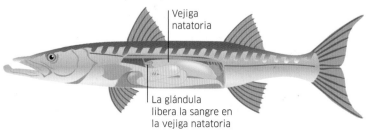

Vejiga natatoria

La glándula libera la sangre en la vejiga natatoria

PEZ VOLADOR ATLÁNTICO
Cheilopogon melanurus

Localización: océano Atlántico tropical

Longitud: hasta 32 cm

El pez volador escapa de los depredadores marinos saltando fuera del agua. Mueve rápidamente la cola, generando el impulso suficiente como para salir despedido fuera del agua. Luego usa las aletas a modo de alas para planear largas distancias, de unos 50 m.

Peces de alta mar

Lejos del abrigo de rocas y arrecifes, los peces que viven en alta mar están completamente expuestos. Hay más peces cerca de la costa que en alta mar, pero, aun así, esta gran extensión azul es el hábitat más grande de la Tierra.

Para sobrevivir, los peces tienen que ser grandes o rápidos, o tener alguna otra táctica para mantener el peligro a raya. Así pues, el océano alberga algunos de los nadadores más rápidos del planeta, que utilizan su velocidad para atrapar a sus presas o para evitar ser devorados. Otros peces se protegen con su camuflaje: son azules para confundirse con el océano o más oscuros por arriba y más claros por abajo para confundirse con el cielo y con la oscuridad de las profundidades.

Aletas voladoras
Extiende sus amplias aletas usándolas a modo de alas, lo que le permite desplazarse por el aire.

Cola motora
Puede sumergir de nuevo la cola y luego dar un coletazo para darse otro impulso y acelerar todavía más cuando lo persiguen.

LAMPREA MARINA
Petromyzon marinus

Localización: océano Atlántico norte

Longitud: hasta 1 m

La lamprea de aspecto terrorífico en realidad es un pez que no tiene mandíbula. De larva vive en ríos de agua dulce y se alimenta por filtración, y de adulta migra al mar. Aquí usa su boca en forma de ventosa para sujetarse a otro pez y chuparle la sangre, de la que se alimenta.

Dientes afilados
La lamprea tiene dientes afilados y corniformes con los que desgarra a su víctima.

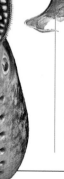

PEZ ELEFANTE
Callorhinchus milii

Localización: suroeste del océano Pacífico

Longitud: hasta 1,5

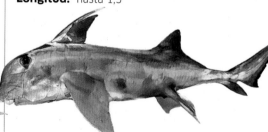

Al igual que sus parientes, los tiburones y las rayas, tienen un esqueleto compuesto de cartílago gomoso, y no de hueso duro. El pez elefante usa su original hocico para inspeccionar el lecho marino en busca de comida. Luego aplasta a su presa con las duras placas que tiene en lugar de dientes.

RAYA NORUEGA
Dipturus batis

Localización: Noroeste del océano Atlántico

Longitud: hasta 1,5 m

Al igual que otras rayas, la raya noruega tiene unas amplias aletas que se extienden desde la cabeza hasta la cola. Las agita como si fueran alas para desplazarse por el agua, pero pasa mucho tiempo descansando en el fondo del océano.

Color marrón
El color marrón oscuros de su dorso le ayuda a ocultarse en el fondo del océano.

19 m de longitud **tenía un tiburón ballena,** el pez más grande de alta mar.

300 millones de huevos pone el pez sol, **la mayor cantidad puesta por un pez** que vive en alta mar.

49

CELACANTO DE COMORES
Latimeria chalumnae
Localización: oeste del océano Índico
Longitud: hasta 2 m

Este extraño pez, con sus gruesas aletas carnosas, es pariente de un pez prehistórico cuyas aletas evolucionaron convirtiéndose en extremidades para andar por tierra firme. El celacanto moderno vive en las profundidades, entre grutas y salientes rocosos, a los pies de las islas tropicales.

PEZ REMO GIGANTE
Regalecus glesne
Localización: océanos del mundo
Longitud: hasta 8 m

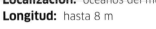

El pez remo gigante es el pez óseo (con esqueleto de hueso duro) más largo. Su cuerpo tiene forma de cinta y lo mueve como una serpiente, lo que posiblemente inspiró historias sobre serpientes marinas míticas, pero no suele dejarse ver.

DORADO-DELFÍN
Coryphaena hippurus
Localización: océanos tropicales de todo el mundo
Longitud: hasta 2 m

Vive en alta mar y es muy veloz. Debe su nombre a que su cabeza se parece a la de un delfín y a su tono dorado. Nada en bancos cerca de la superficie, donde se alimenta de otros peces y de plancton.

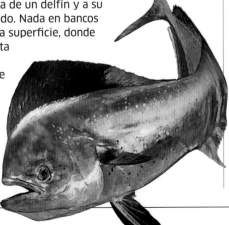

RÉMORA RAYADA
Echeneis naucrates
Localización: aguas tropicales del mundo
Longitud: hasta 1 m

La aleta dorsal de la rémora rayada está modificada para que funcione como una gran ventosa. Puede sujetarse a la parte inferior de un pez más grande, como un tiburón, e incluso a una ballena o un barco, lo que le permite ir a remolque de un lado a otro.

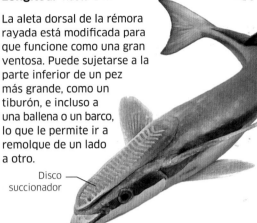

Disco succionador

PEZ MEDUSA
Nomeus gronovii
Localización: océano Atlántico tropical oriental, océanos Índico y Pacífico
Longitud: hasta 1,5 m

Este pez se pasa la vida entre los tentáculos urticantes de la carabela portuguesa, un pariente de la medusa que flota en la superficie oceánica. Se alimenta de sus tentáculos y tiene una piel resistente a sus picaduras, que le protege mientras nada entre ellas.

Piel azul
Su color le ayuda a pasar desapercibido entre los tentáculos azules de la carabela portuguesa.

ATÚN DE ALETA AMARILLA
Thunnus albacares
Localización: océanos tropicales de todo el mundo
Longitud: hasta 1,5 m

El atún, uno de los peces más veloces del océano, combina unos músculos potentes y un cuerpo aerodinámico para surcar las aguas y cazar peces más pequeños. Puede alcanzar velocidades de hasta 75 km/h.

Amplia cola
El atún mueve la cola para ganar velocidad.

OPAH
Lampris guttatus
Localización: océanos de todo el mundo
Longitud: hasta 2 m

El enorme opah tiene el cuerpo en forma de disco y come calamares, pulpos y gambas. A diferencia de la mayoría de los peces, puede mantener la temperatura de su cuerpo ligeramente más elevada que la de su entorno, lo que le permite nadar más rápido cuando persigue a una presa.

Vivos colores
Sus aletas suelen ser de color rojo intenso.

ARENQUE DEL ATLÁNTICO
Clupea harengus
Localización: océano Atlántico norte
Longitud: hasta 45 cm

Escamas resplandecientes
Gracias a su cuerpo plateado pasa fácilmente inadvertido.

Mientras nada por el océano, unas estructuras especiales que tiene en las branquias cuelan el diminuto plancton del agua, que pasa a su boca. Esta especie forma grandes bancos, lo que reduce las posibilidades de que los depredadores atrapen a uno de ellos.

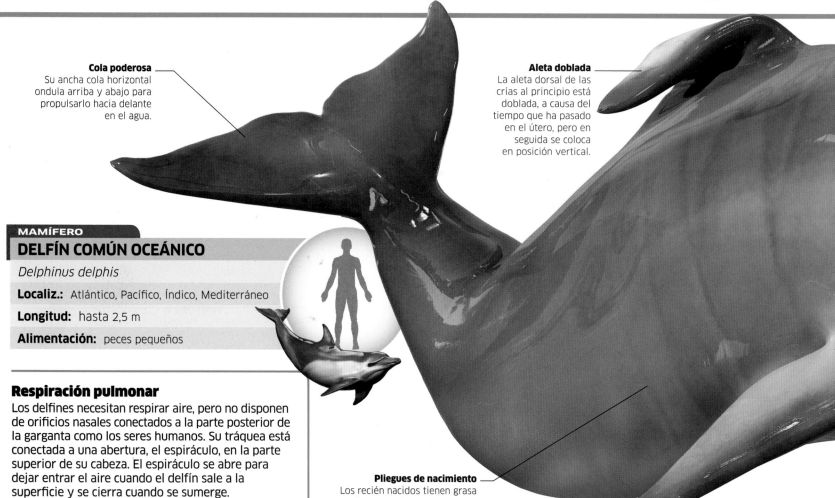

Cola poderosa
Su ancha cola horizontal ondula arriba y abajo para propulsarlo hacia delante en el agua.

Aleta doblada
La aleta dorsal de las crías al principio está doblada, a causa del tiempo que ha pasado en el útero, pero en seguida se coloca en posición vertical.

MAMÍFERO

DELFÍN COMÚN OCEÁNICO

Delphinus delphis

Localiz.: Atlántico, Pacífico, Índico, Mediterráneo

Longitud: hasta 2,5 m

Alimentación: peces pequeños

Pliegues de nacimiento
Los recién nacidos tienen grasa y pliegues en la piel de cuando estaban enroscados en el útero. Desaparecen al poco de nacer.

Respiración pulmonar

Los delfines necesitan respirar aire, pero no disponen de orificios nasales conectados a la parte posterior de la garganta como los seres humanos. Su tráquea está conectada a una abertura, el espiráculo, en la parte superior de su cabeza. El espiráculo se abre para dejar entrar el aire cuando el delfín sale a la superficie y se cierra cuando se sumerge.

Espiráculo

Pulmón · Tráquea

Comunicación

Los delfines son criaturas sociales y viven en manadas. Se comunican entre ellos con una serie de silbidos y chasquidos, y pueden identificarse unos a otros mediante pautas de sonidos. Silban más cuando están excitados o estresados.

Delfín común oceánico

La vida en el océano supone todo un desafío para un mamífero que respira, sobre todo en el caso del delfín, que caza, socializa y da a luz en el agua.

El delfín común oceánico, o de aletas cortas, vive en alta mar, donde encuentra sabrosos bancos de peces con los que alimentarse. Estos inteligentes animales suelen reunirse en grupos, a veces surcan las olas miles de ellos, haciendo cabriolas en el aire. Al igual que otros mamíferos, respiran aire y dan a luz a sus crías. Tras la gestación, que dura casi un año, las hembras paren a sus crías, a veces con la ayuda de otros miembros del grupo.

Primera respiración

Un delfín recién nacido puede nadar en cuanto se libera del cordón umbilical que lo une a su madre. Lo primero que hace es salir a la superficie y tomar una bocanada de aire a través del espiráculo. Su madre, u otra hembra adulta, ayuda al recién nacido a subir, empujándolo suavemente con el morro.

Mancha más clara
Los delfines adultos tienen unas manchas terrosas a ambos lados del cuerpo.

90 cm de largo **mide** un delfín común oceánico **recién nacido**.

10 000 **delfines comunes oceánicos** se han llegado a ver juntos en una **manada**.

260 m es la **profundidad máxima** a la que se sumerge un delfín.

51

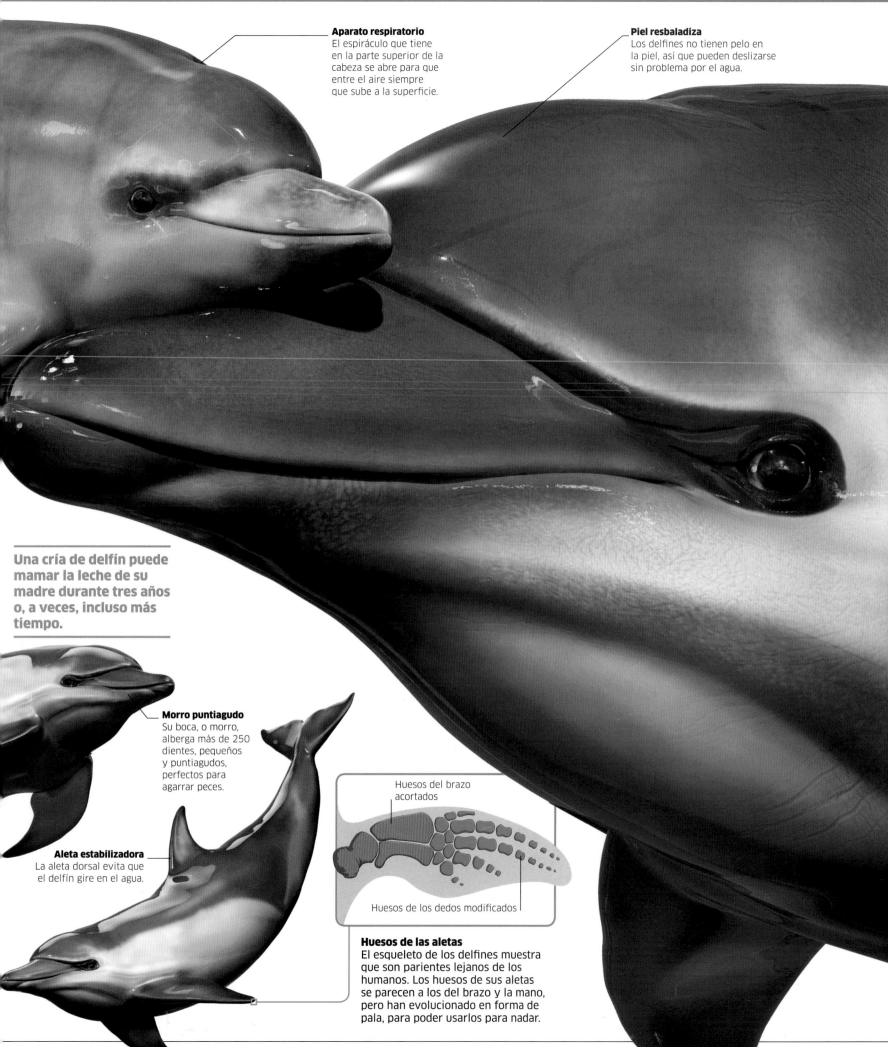

Aparato respiratorio
El espiráculo que tiene en la parte superior de la cabeza se abre para que entre el aire siempre que sube a la superficie.

Piel resbaladiza
Los delfines no tienen pelo en la piel, así que pueden deslizarse sin problema por el agua.

Una cría de delfín puede mamar la leche de su madre durante tres años o, a veces, incluso más tiempo.

Morro puntiagudo
Su boca, o morro, alberga más de 250 dientes, pequeños y puntiagudos, perfectos para agarrar peces.

Aleta estabilizadora
La aleta dorsal evita que el delfín gire en el agua.

Huesos del brazo acortados

Huesos de los dedos modificados

Huesos de las aletas
El esqueleto de los delfines muestra que son parientes lejanos de los humanos. Los huesos de sus aletas se parecen a los del brazo y la mano, pero han evolucionado en forma de pala, para poder usarlos para nadar.

Cetáceos

Los animales marinos más grandes, rápidos e inteligentes son un grupo de mamíferos llamados cetáceos. Incluye a las ballenas, los delfines y las marsopas. La mayoría de las especies viven en alta mar.

Los cetáceos, como los mamíferos, respiran aire y amamantan a sus crías con leche. Provienen de animales terrestres de cuatro patas, pero desarrollaron aletas en vez de pies, una piel lisa para poder nadar sin problemas y una cola horizontal para propulsarse. La mayoría tienen dientes y comen peces, pero las ballenas más grandes tienen unos filtros en la boca llamados barbas, con los que atrapan el plancton.

DELFÍN CRUZADO
Lagenorhynchus cruciger
Localización: océano Antártico
Longitud: hasta 2 m

Este acróbata oceánico nada por las gélidas aguas de la Antártida surfeando las olas, saltando y haciendo cabriolas. Se desplazan en grupos de una docena de individuos y a menudo siguen la estela de los barcos, a veces hasta media hora.

Aletas
Le ayudan a controlar la posición del cuerpo y a reducir la velocidad cuando nada.

Esponja protectora
La esponja protege el morro del delfín mientras escarba en busca de comida en el lecho marino.

Forma de la aleta de un macho

DELFÍN NARIZ DE BOTELLA
Tursiops truncatus
Localización: océanos tropicales y templados
Longitud: hasta 4 m

El delfín nariz de botella, uno de los cetáceos más conocidos, es inteligente y sociable. En Australia, las hembras han aprendido a usar las esponjas para protegerse cuando buscan presas en el lecho del mar, una habilidad que transmiten a sus hijas.

MARSOPA DE ANTEOJOS
Phocoena dioptrica
Localización: Atlántico sur, Índico y Pacífico
Longitud: hasta 2 m

Este cetáceo sigiloso y amante de las aguas gélidas no es fácil de ver a pesar de su llamativo diseño, ya que no suele saltar fuera del agua. La aleta dorsal (en el lomo) es puntiaguda en el caso de las hembras, y más grande y ovalada en el caso de los machos.

MARSOPA DE DALL
Phocoenoides dalli
Localización: Pacífico norte
Longitud: hasta 2,5 m

Esta inquieta marsopa podría ser el cetáceo más rápido de todos. A veces alcanza una velocidad de 55 km/h durante breves aceleraciones. La marsopa de Dall no suele saltar fuera del agua, pero es fácil de reconocer por el llamativo chorro en forma de V que lanza por el espiráculo cuando sale a la superficie.

490 Número total de ballenas francas glaciales, una de las **especies de ballena más amenazadas.**

2992 m es la **profundidad máxima** a la que se sumerge un cetáceo, el **ballenato de Cuvier**.

53

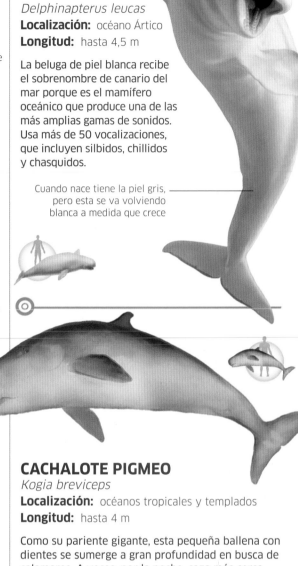

Cabeza grande y combada

BELUGA
Delphinapterus leucas
Localización: océano Ártico
Longitud: hasta 4,5 m

La beluga de piel blanca recibe el sobrenombre de canario del mar porque es el mamífero oceánico que produce una de las más amplias gamas de sonidos. Usa más de 50 vocalizaciones, que incluyen silbidos, chillidos y chasquidos.

Cuando nace tiene la piel gris, pero esta se va volviendo blanca a medida que crece

BALLENA PILOTO DE ALETA LARGA
Globicephala melas
Localización: Atlántico, Índico meridional y Pacífico meridional
Longitud: hasta 7 m

Este tipo de delfín gigante caza calamares por la noche, sumergiéndose a veces más de 1000 m. Al amanecer, suelen reunirse en grupos más cerca de la superficie para socializar mientras descansan.

Sus largas aletas se doblan hacia atrás por su inconfundible codo

BALLENATO DE CUVIER
Ziphius cavirostris
Localización: océanos tropicales y templados
Longitud: hasta 7 m

Los ballenatos no tienen barbas y disponen de muy pocos dientes. Los machos tienen solo dos en la punta de su mandíbula inferior, que sobresalen como si fueran dos minicolmillos. A las hembras no se les ven los dientes. Se alimentan de calamares.

CACHALOTE PIGMEO
Kogia breviceps
Localización: océanos tropicales y templados
Longitud: hasta 4 m

Como su pariente gigante, esta pequeña ballena con dientes se sumerge a gran profundidad en busca de calamares. A veces, por la noche, caza más cerca de la superficie. Su morro puntiagudo, su mandíbula inferior colgante y sus dientes largos vueltos hacia atrás hacen que se parezca a un tiburón, lo que debe de disuadir a los depredadores más grandes.

BALLENA FRANCA GLACIAL
Eubalaena glacialis
Localización: Atlántico norte
Longitud: hasta 16,5 m

Se desplaza por las nubes de plancton con la boca abierta y atrapa a sus presas con las barbas. Luego cierra la boca para deshacerse del agua y se zampa la presa. Suele moverse despacio y se pasa mucho tiempo descansando cerca de la superficie.

BALLENA FRANCA PIGMEA
Caperea marginata
Localización: Pacífico, Índico y Atlántico meridional
Longitud: hasta 6,5 m

Es la más pequeña de todas las ballenas barbadas sin dientes. No son fáciles de ver, pero a veces se reúnen en grupos en las aguas ricas en nutrientes, sobre las plataformas continentales y los montes submarinos.

BALLENA JOROBADA
Megaptera novaeangliae
Localización: en todo el mundo
Longitud: hasta 17 m

Esta ballena jorobada, uno de los cetáceos más extendidos, migra grandes distancias: desde las zonas donde se alimenta cercanas a los polos, de aguas gélidas, hasta las aguas de cría, cercanas al ecuador. Un grupo fue seguido durante más de 8300 km, desde Costa Rica, en América Central, hasta la Antártida.

En busca de calamares

Los albatros cuentan con un gran sentido del olfato, algo poco habitual entre las aves. Usan esa cualidad para localizar bancos de peces o calamares. Atrapan a la mayor parte de sus presas en la superficie, pero a veces tienen que zambullirse un poco para pillarlas. Los albatros suelen seguir a los barcos de pesca y las ballenas para hacerse con los restos.

Alas largas y estrechas
Para batir sus enormes alas precisa mucha energía, así que lo evita siempre que puede y aprovecha el viento para mantenerse arriba.

Albatros viajero

Pocas aves pasan tanto tiempo en el mar como el albatros viajero. Se pasa varios meses seguidos sobrevolando las olas y solo baja a tierra firme para reproducirse.

Con una envergadura del tamaño de un coche pequeño, una de las más grandes entre las aves, el albatros está perfectamente equipado para surcar las corrientes de aire. Sube y baja mientras planea, bajando en picado entre las olas gigantes. Con esta técnica, puede cubrir grandes distancias sin siquiera batir las alas, es capaz de recorrer casi 1000 km en un día.

Pico ganchudo
Para cazar calamares y peces hace falta un pico grande y fuerte. Tiene los orificios nasales salidos, lo que le ayuda a captar los olores.

Plumaje níveo
Las plumas del albatros adulto son blancas. Las crías tienen la cara blanca, pero son de color parduzco. Se van volviendo blancas a medida que crecen.

Orificios nasales
Los albatros y otras aves marinas consumen mucha sal marina junto con sus presas. Para evitar que se acumule en su cuerpo, tienen unas glándulas en la cabeza que filtran el exceso de sal de la sangre, que luego el pájaro elimina por los orificios nasales.

Calamar gigante verrugoso
Este calamar, una de las presas favoritas del albatros, puede medir 1 m de largo, pero el pájaro escoge a especímenes más pequeños.

Glándula nasal salina

Conducto

Secreción salina

Orificio nasal

55 km/h es la **velocidad máxima de remonte** del albatros viajero.

55

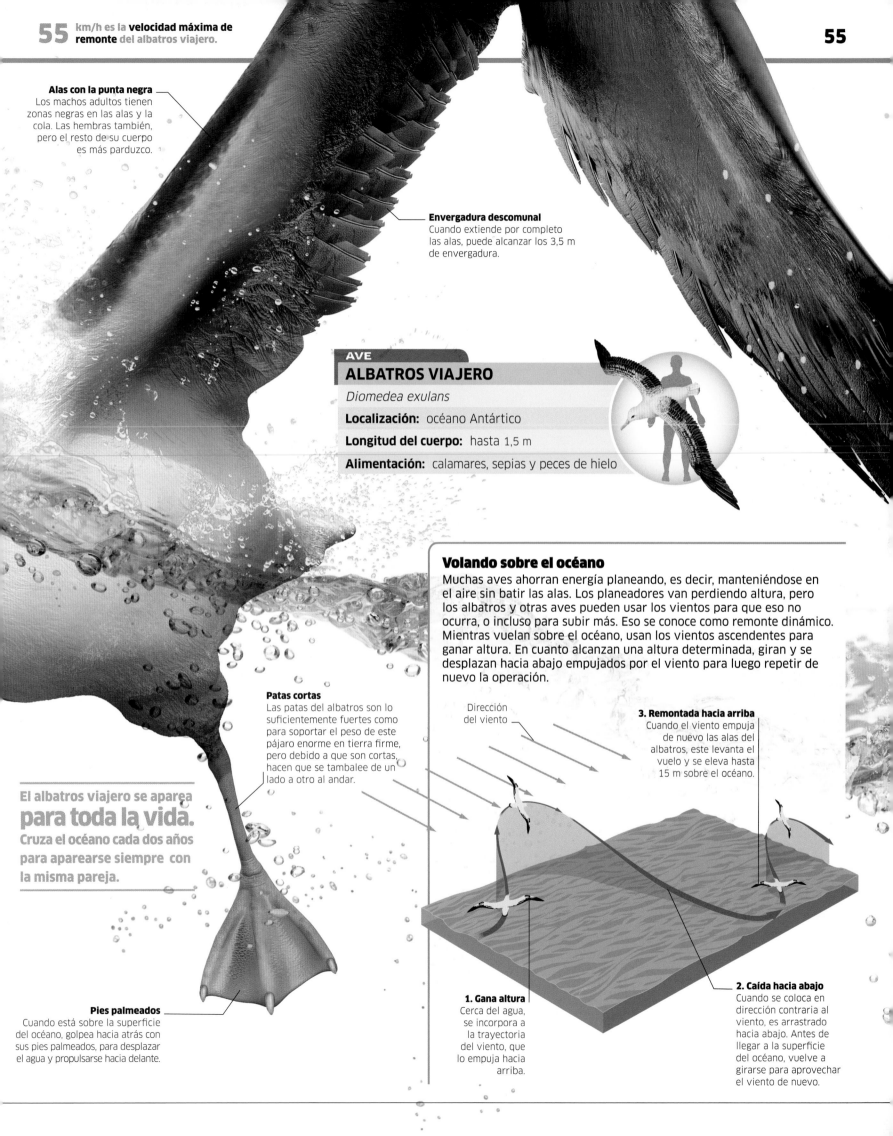

Alas con la punta negra
Los machos adultos tienen zonas negras en las alas y la cola. Las hembras también, pero el resto de su cuerpo es más parduzco.

Envergadura descomunal
Cuando extiende por completo las alas, puede alcanzar los 3,5 m de envergadura.

AVE

ALBATROS VIAJERO

Diomedea exulans

Localización: océano Antártico

Longitud del cuerpo: hasta 1,5 m

Alimentación: calamares, sepias y peces de hielo

El albatros viajero se aparea
para toda la vida.
Cruza el océano cada dos años para aparearse siempre con la misma pareja.

Patas cortas
Las patas del albatros son lo suficientemente fuertes como para soportar el peso de este pájaro enorme en tierra firme, pero debido a que son cortas, hacen que se tambalee de un lado a otro al andar.

Pies palmeados
Cuando está sobre la superficie del océano, golpea hacia atrás con sus pies palmeados, para desplazar el agua y propulsarse hacia delante.

Volando sobre el océano

Muchas aves ahorran energía planeando, es decir, manteniéndose en el aire sin batir las alas. Los planeadores van perdiendo altura, pero los albatros y otras aves pueden usar los vientos para que eso no ocurra, o incluso para subir más. Eso se conoce como remonte dinámico. Mientras vuelan sobre el océano, usan los vientos ascendentes para ganar altura. En cuanto alcanzan una altura determinada, giran y se desplazan hacia abajo empujados por el viento para luego repetir de nuevo la operación.

Dirección del viento

3. Remontada hacia arriba
Cuando el viento empuja de nuevo las alas del albatros, este levanta el vuelo y se eleva hasta 15 m sobre el océano.

1. Gana altura
Cerca del agua, se incorpora a la trayectoria del viento, que lo empuja hacia arriba.

2. Caída hacia abajo
Cuando se coloca en dirección contraria al viento, es arrastrado hacia abajo. Antes de llegar a la superficie del océano, vuelve a girarse para aprovechar el viento de nuevo.

Mar de los Sargazos

En el Atlántico norte hay una gran extensión de agua que se conoce como mar de los Sargazos, cuyas aguas están extrañamente tranquilas.

El mar de los Sargazos está en el sosegado centro de un remolino de corrientes. Este mar dentro de un océano, del tamaño del Caribe, está rodeado de agitadas olas, en vez de tierra firme. Lo cubre un alga flotante llamada sargazo, que da refugio y alimento a muchos animales marinos, desde peces y crías de tortuga, hasta ballenas jorobadas y aves marinas.

58 océano abierto ○ **ZONA CREPUSCULAR**

1 % Porcentaje de la luz solar que llega a la parte superior de la zona crepuscular, a unos 200 m de la superficie.

Movimientos precisos
Con un simple movimiento del cuerpo, el pez víbora se propulsa hacia delante y se abalanza rápidamente sobre la presa en medio de la penumbra.

Atraer a la presa
Al pez víbora le sale una espina alargada de la aleta dorsal (lomo), que tiene un señuelo luminoso para atraer a las presas en la punta.

Mandíbula enorme
Puede abrir la mandíbula más de 120 grados, lo que le permite zamparse presas que miden más de la mitad que él.

Zona crepuscular

A cierta profundidad, es demasiado oscuro para que crezcan las algas, pero si el agua es transparente, pasa la luz necesaria para que los animales puedan ver.

Es la zona crepuscular, un área que se extiende desde los 200 hasta los 1000 m de profundidad. Sin algas que fabriquen nutrientes con la fotosíntesis, los peces dependen de la comida que cae desde arriba. Muchas de las criaturas que viven en esta zona han tenido que adaptarse para poder sobrevivir en un entorno con tan poca luz.

Pez víbora

Este pez letal usa su señuelo luminiscente (que emite luz) para atraer a las desprevenidas presas. Pero los depredadores que cazan en la oscuridad tienen que asegurarse de que las presas, una vez capturadas, no puedan escaparse. Cuando el pez víbora cierra su enorme mandíbula, sus largos colmillos atrapan a su presa como si la boca fuera una jaula, así que no puede huir.

Dientes terroríficos
El pez víbora es el pez que tiene los dientes más largos en proporción al tamaño de su cuerpo. Parecen colmillos y cuando el pez cierra la boca, quedan por fuera de esta y le llegan hasta los ojos.

Uso de la bioluminiscencia

El fenómeno por el que un ser vivo produce luz se conoce como bioluminiscencia. La luz se debe a una reacción química que a menudo controlan bacterias que viven en la piel del animal o en unas cápsulas especiales, como el señuelo de un rape abisal. Algunos animales usan la luz para comunicarse con los de su propia especie, pero muchos recurren a ella también cuando cazan a sus presas o para defenderse de los depredadores.

ATAQUE

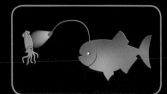

Señuelo
La reacción lumínica de algunos peces abisales se produce dentro de una pequeña cápsula que actúa a modo de señuelo para atraer a las presas.

Aturdimiento
El fogonazo luminoso en medio de la oscuridad de la zona crepuscular deja a la presa aturdida, confusa y más vulnerable frente a los ataques.

DEFENSA

Cortina de humo
Algunos animales liberan una nube de sustancias químicas que emiten luz, tras la que se ocultan mientras escapan de los depredadores.

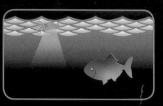

A contraluz
Concentrando la luz en la parte inferior, los animales pueden ocultar su sombra, de modo que son más difíciles de ver.

500 billones de **bocas erizadas se estima que viven** en la zona crepuscular. Este pez puede considerarse **el vertebrado más abundante del mundo**.

95 % Proporción del **peso de los peces** que se encuentran en la zona crepuscular.

59

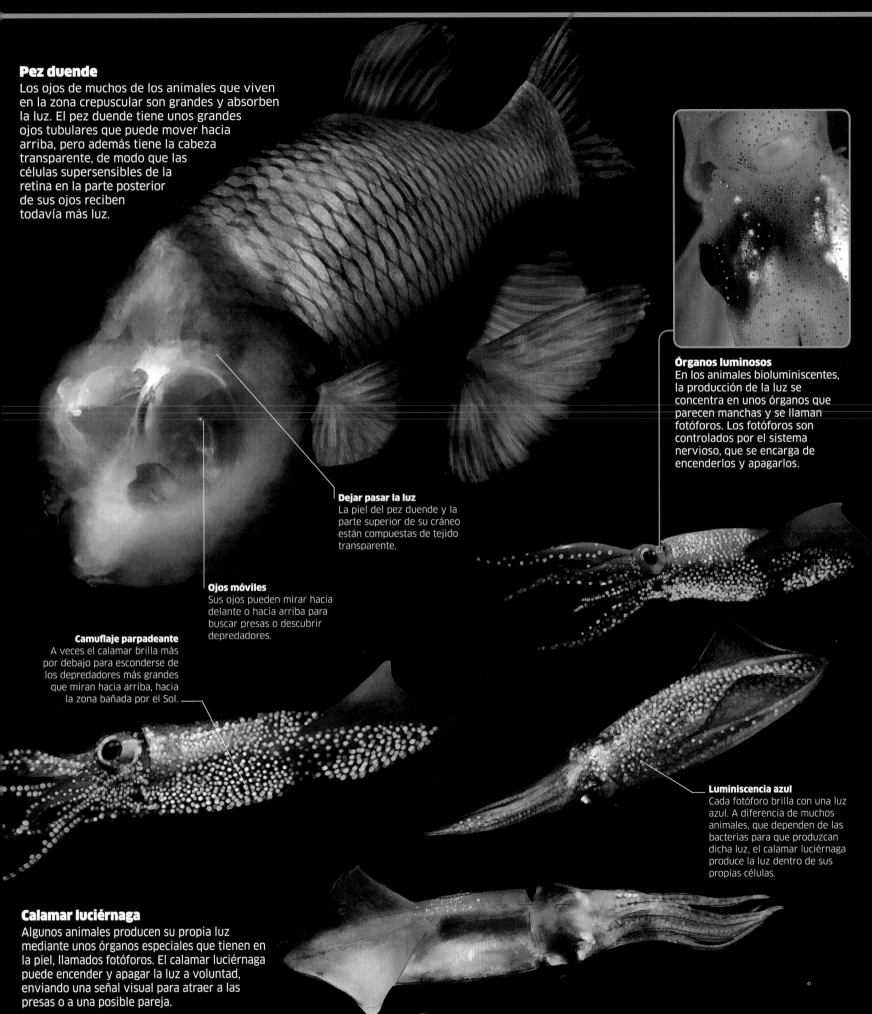

Pez duende

Los ojos de muchos de los animales que viven en la zona crepuscular son grandes y absorben la luz. El pez duende tiene unos grandes ojos tubulares que puede mover hacia arriba, pero además tiene la cabeza transparente, de modo que las células supersensibles de la retina en la parte posterior de sus ojos reciben todavía más luz.

Órganos luminosos
En los animales bioluminiscentes, la producción de la luz se concentra en unos órganos que parecen manchas y se llaman fotóforos. Los fotóforos son controlados por el sistema nervioso, que se encarga de encenderlos y apagarlos.

Dejar pasar la luz
La piel del pez duende y la parte superior de su cráneo están compuestas de tejido transparente.

Ojos móviles
Sus ojos pueden mirar hacia delante o hacia arriba para buscar presas o descubrir depredadores.

Camuflaje parpadeante
A veces el calamar brilla más por debajo para esconderse de los depredadores más grandes que miran hacia arriba, hacia la zona bañada por el Sol.

Luminiscencia azul
Cada fotóforo brilla con una luz azul. A diferencia de muchos animales, que dependen de las bacterias para que produzcan dicha luz, el calamar luciérnaga produce la luz dentro de sus propias células.

Calamar luciérnaga

Algunos animales producen su propia luz mediante unos órganos especiales que tienen en la piel, llamados fotóforos. El calamar luciérnaga puede encender y apagar la luz a voluntad, enviando una señal visual para atraer a las presas o a una posible pareja.

8 kg pesa el cerebro de un cachalote, el cerebro animal más grande que existe.

Gigantes del océano

El depredador dentado más grande del mundo es una ballena gigante que se sumerge en las profundidades del océano en busca de un calamar que puede alcanzar la longitud de un autobús.

El cachalote aguanta la respiración durante una hora o más y baja a la zona oscura. Cuando deja de ver, utiliza el sonido para localizar a su presa y a veces se encuentra con un premio formidable: el calamar colosal. Este gran molusco es el invertebrado más grande que existe. Se defiende con sus tentáculos armados con ganchos y ventosas.

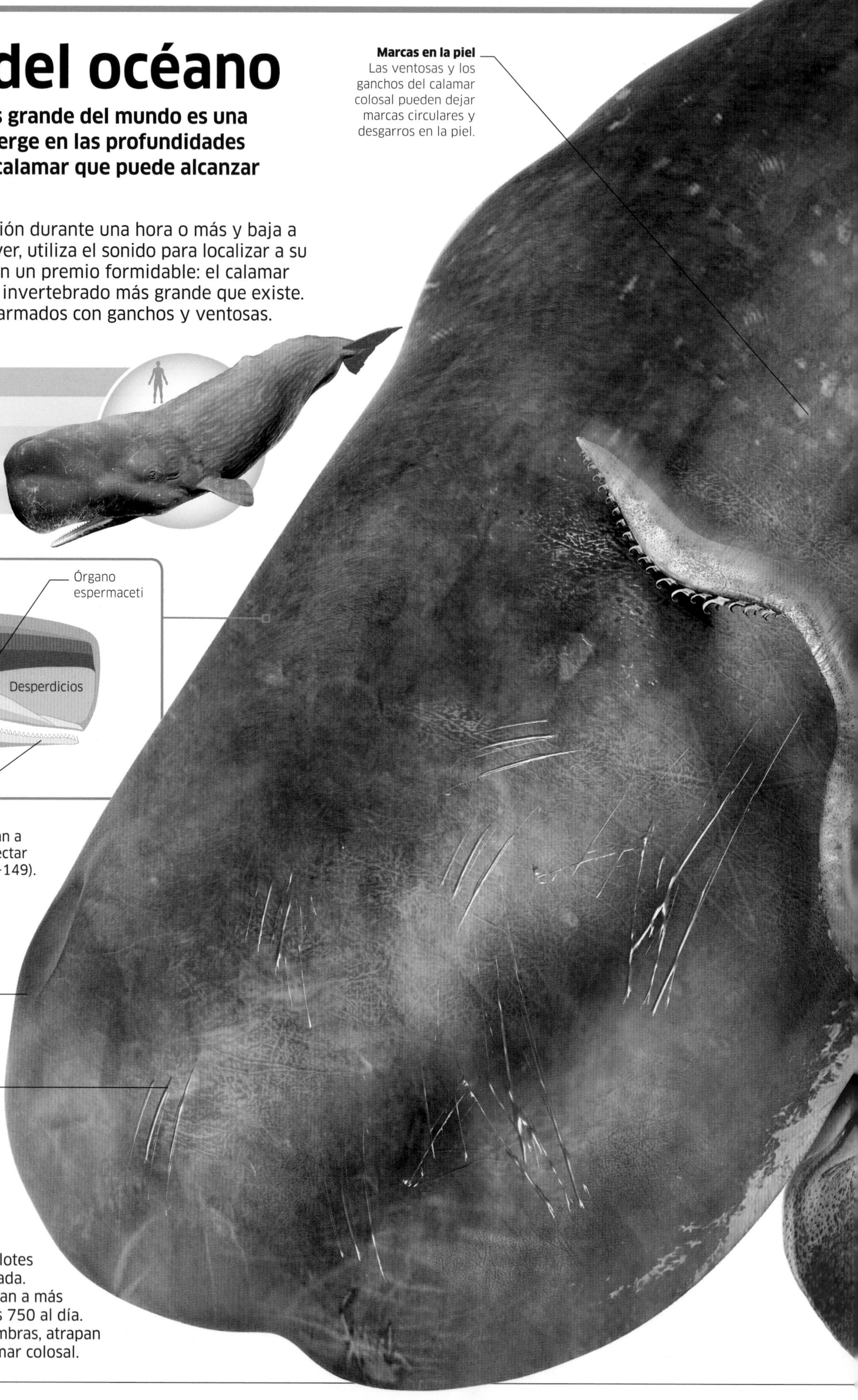

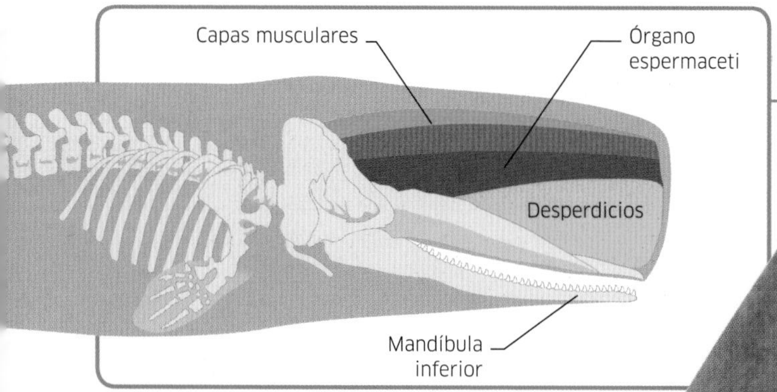

Marcas en la piel
Las ventosas y los ganchos del calamar colosal pueden dejar marcas circulares y desgarros en la piel.

MAMÍFERO

CACHALOTE

Physeter macrocephalus

Localización: océanos del mundo

Longitud: hasta 19 m

Alimentación: calamares y peces

Capas musculares
Órgano espermaceti
Desperdicios
Mandíbula inferior

Generador de sonido
Su nariz cuenta con partes que le ayudan a comunicarse con otras ballenas y a detectar presas por ecolocalización (ver pp. 148-149). Los chasquidos que produce la ballena rebotan en el órgano espermaceti y acaban convirtiéndose en una especie de haz en el océano.

Morro abultado
Su nariz gigantesca mide como una tercera parte de su longitud total.

Cicatrices de guerra
Las marcas que tiene en la cabeza son el resultado de enfrentarse con otros machos por el territorio.

Cachalote

Muchas ballenas usan su boca para filtrar los pequeños animales que contiene el agua, pero los cachalotes disponen de una gran mordida dentada. Su presa preferida es el calamar. Cazan a más de 30 de una sola zambullida y unos 750 al día. Los machos, más grandes que las hembras, atrapan a especies enormes, como este calamar colosal.

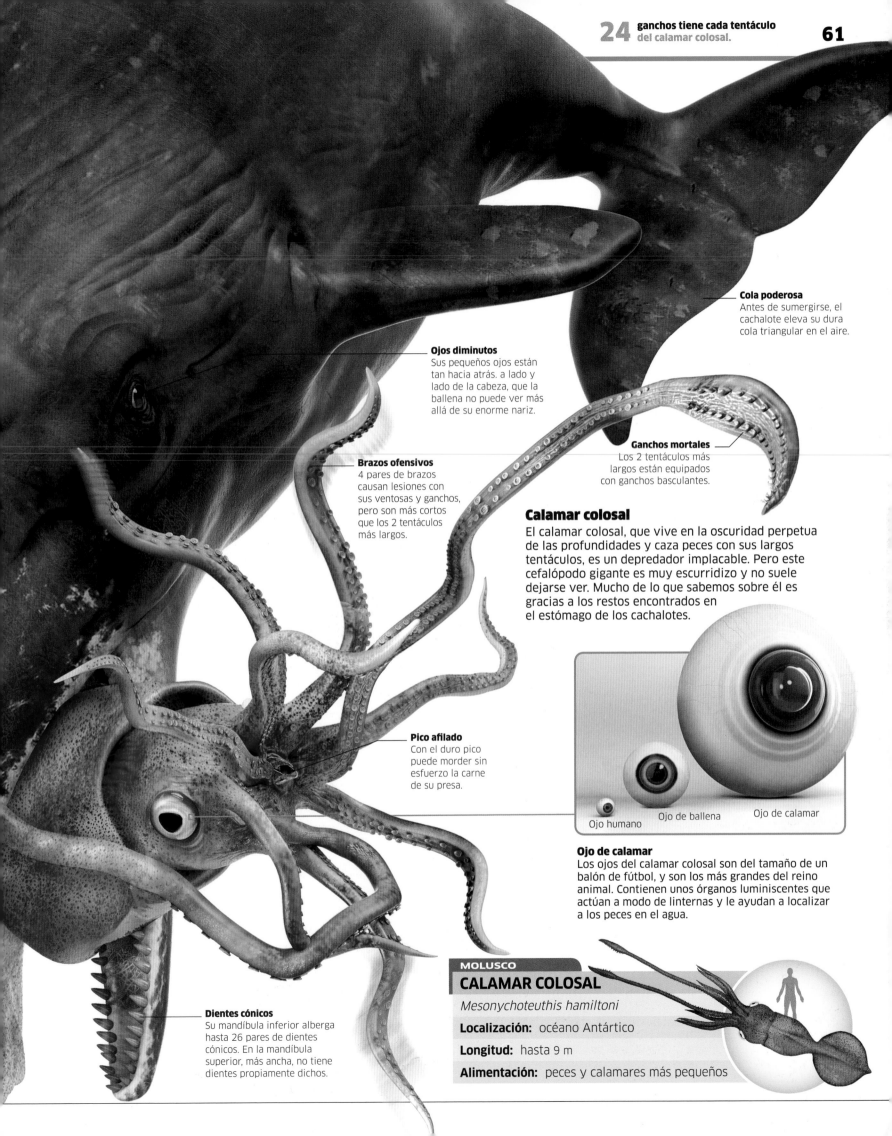

Cola poderosa
Antes de sumergirse, el
cachalote eleva su dura
cola triangular en el aire.

Ojos diminutos
Sus pequeños ojos están
tan hacia atrás. a lado y
lado de la cabeza, que la
ballena no puede ver más
allá de su enorme nariz.

Ganchos mortales
Los 2 tentáculos más
largos están equipados
con ganchos basculantes.

Brazos ofensivos
4 pares de brazos
causan lesiones con
sus ventosas y ganchos,
pero son más cortos
que los 2 tentáculos
más largos.

Calamar colosal

El calamar colosal, que vive en la oscuridad perpetua
de las profundidades y caza peces con sus largos
tentáculos, es un depredador implacable. Pero este
cefalópodo gigante es muy escurridizo y no suele
dejarse ver. Mucho de lo que sabemos sobre él es
gracias a los restos encontrados en
el estómago de los cachalotes.

Pico afilado
Con el duro pico
puede morder sin
esfuerzo la carne
de su presa.

Ojo humano   Ojo de ballena   Ojo de calamar

Ojo de calamar
Los ojos del calamar colosal son del tamaño de un
balón de fútbol, y son los más grandes del reino
animal. Contienen unos órganos luminiscentes que
actúan a modo de linternas y le ayudan a localizar
a los peces en el agua.

Dientes cónicos
Su mandíbula inferior alberga
hasta 26 pares de dientes
cónicos. En la mandíbula
superior, más ancha, no tiene
dientes propiamente dichos.

MOLUSCO
CALAMAR COLOSAL
Mesonychoteuthis hamiltoni

Localización: océano Antártico

Longitud: hasta 9 m

Alimentación: peces y calamares más pequeños

62 océano abierto ○ **ZONA DE MEDIANOCHE**

17000 especies animales se han registrado en la zona de medianoche hasta hoy.

Zona de medianoche

La luz del Sol no puede penetrar a más de 1 km de la superficie del mar, así que en las profundidades del océano está tan oscuro como a medianoche. En ese extraño mundo viven algunos de los animales más raros del planeta.

La vida es todo un desafío en las profundidades. Cerca del lecho marino, la presión del agua es tan alta que aplastaría un coche y la temperatura se desploma en picado. En este hábitat oscuro y gélido la comida escasea, así que los animales aprovechan al máximo lo que encuentran y pueden pasarse largos períodos sin comer.

PEZ PELÍCANO
Eurypharynx pelecanoides
Localización: océanos profundos
Longitud: hasta 75 cm

Se desplaza con su gran boca abierta para poder atrapar muchos animales pequeños a la vez. Elimina el exceso de agua por sus branquias, a ambos lados de la cabeza.

Mandíbula flexible
La articulación flexible de la mandíbula le permite abrir la boca de par en par para atrapar la mayor cantidad posible de presas.

Estómago expansible
Su piel y su revestimiento estomacal, ambos elásticos, le permiten consumir presas que miden el doble de su longitud.

Dientes de sierra
Sus dientes afilados y girados hacia atrás evitan que la presa se escape una vez que cierra la boca.

ENGULLIDOR NEGRO
Chiasmodon niger
Localización: Atlántico norte
Longitud: hasta 33 cm

Haciendo honor a su nombre, **este esbelto pez** tiene un estómago que puede expandirse de forma considerable para que quepan presas mucho más grandes que el propio engullidor.

ISÓPODO GIGANTE
Bathynomus giganteus
Localización: Caribe y Atlántico occidental
Longitud: hasta 50 cm

El isópodo gigante es pariente de la cochinilla, pero tiene el tamaño de un perro pequeño. Pese a su aspecto fiero, es un carroñero inofensivo que se dedica a escarbar el lecho marino en busca de comida.

DEMONIO MARINO BARBUDO
Linophryne densiramus
Localización: Atlántico y Pacífico
Longitud: hasta 9 cm

Este pez usa un señuelo luminoso para atraer a las presas curiosas, que luego atrapa con su enorme boca. La luz del señuelo la producen unas bacterias que viven en la carne del pez y también pueden encontrarse en su resplandeciente barba.

Señuelo luminoso
Un bulbo carnoso contiene una cápsula con bacterias productoras de luz.

90 por ciento: agua **oceánica** en la **zona de medianoche**.

167 especies de **peces teleósteos**, el grupo más grande de **peces abisales**.

8000 m: **profundidad** a la que se ha visto un **pez caracol de las Marianas**.

63

PEZ LUMINOSO BICOLOR
Cyclothone pallida
Localización: océanos profundos
Longitud: hasta 7 cm

Este pez tiene unos órganos luminiscentes en sus costados que le sirven para comunicarse con otros peces en las aguas oscuras. También produce unas fragancias químicas llamadas feromonas para atraer al sexo contrario.

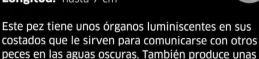

CALAMAR VAMPIRO
Vampyroteuthis infernalis
Localización: océanos profundos
Longitud: hasta 30 cm

El calamar vampiro, con forma de sombrilla, debe su nombre a su color rojo sangre. Se desliza por las profundidades comiendo otros invertebrados y los restos de plantas y animales muertos. Utiliza la punta en forma de ventosa de sus brazos para llevarse la comida a la boca.

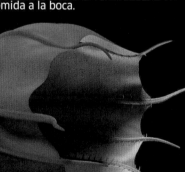

CERDO MARINO
Scotoplanes globosa
Localización: océanos profundos
Longitud: hasta 10 cm

El cerdo marino es un carroñero pariente de la estrella de mar. Pertenece a un grupo de animales de cuerpo blando llamados pepinos de mar y usa sus pies en forma de ventosa para arrastrarse por el lecho marino, a veces en grandes manadas.

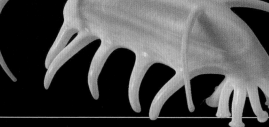

PULPO DUMBO
Grimpoteuthis sp.
Localización: Pacífico y Atlántico norte
Longitud: hasta 48 cm

Como otros pulpos, se desplaza propulsándose con un chorro que sale a través de un sifón. Tiene aletas en forma de oreja que le ayudan a controlar su posición mientras se desplaza sobre el suelo en busca de presas, como gusanos y gambas.

Aletas carnosas
El pulpo mueve las aletas arriba y abajo para controlar su posición en el agua.

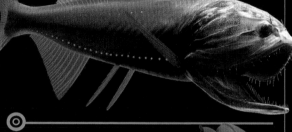

GUSANO COMEHUESOS
Osedax priapus
Localización: Pacífico
Longitud: hasta 1,5 cm

Este gusano diminuto escarba en los huesos de las ballenas muertas y se alimenta de la grasa de su interior. En vez de estómago, tiene una especie de raíces con bacterias que le ayudan a digerir.

Hueso de ballena

MEDUSA DEL CASCO
Periphylla periphylla
Localización: océanos profundos
Diámetro (campana): hasta 15 cm

Esta medusa puede encender unos órganos que emiten luz en su campana vidriosa cuando capta algo que la perturba. Se cree que lo hace para ahuyentar a las gambas y peces depredadores.

Trípode de tres patas
Las extensiones óseas de las aletas sostienen el peso del pez en reposo.

PEZ TRÍPODE
Bathypterois grallator
Localización: Atlántico y Pacífico oriental e Índico occidental
Longitud: hasta 40 cm

El pez trípode usa las extensiones de sus dos aletas y su cola para descansar en el fondo oceánico. Así puede ahorrar energía mientras espera que se acerquen diminutas presas planctónicas.

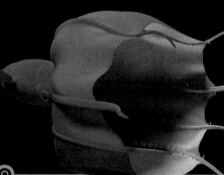

64 océano abierto ○ **FUENTES HIDROTERMALES**

500 campos de fuentes hidrotermales
se encuentran en los océanos.

Fuentes hidrotermales

En el fondo del océano hay fisuras por las que el agua sale a presión a través del lecho oceánico. Son fuentes hidrotermales y forman chimeneas rocosas que albergan algunas de las cadenas alimentarias más insólitas del planeta.

Un chorro de agua caliente procedente del lecho marino sale de chimeneas en forma de nubes de humo blanco o negro. Dicha agua procede de debajo de la corteza oceánica, donde alcanza temperaturas de 400 °C. Tanto el agua como las chimeneas contienen multitud de sustancias químicas y minerales procedentes del interior de la Tierra, que constituyen una importante fuente de energía para las criaturas que viven en estas grandes profundidades sin luz solar.

Cadena alimentaria volcánica

Las bacterias, que crecen en las paredes de las chimeneas, pueden transformar el dióxido de carbono en alimento –como hacen las plantas–, pero en vez de usar la energía del Sol, obtienen la energía de reacciones químicas. En este hábitat único, las bacterias constituyen la base de extensas cadenas alimentarias formadas por animales que viven completamente ajenos a la luz solar: mejillones, gusanos, cangrejos e incluso algún pez.

Formación de las fuentes hidrotermales

La fría agua oceánica puede filtrarse por las grietas que hay en la roca del lecho marino. A medida que alcanza mayor profundidad, el magma (roca fundida) la calienta. Minerales procedentes de la corteza rocosa se disuelven en el agua caliente. Con el tiempo, la presión aumenta, haciendo que el agua vuelva a subir. En cuanto esta alcanza el agua gélida del lecho marino, los minerales se solidifican y se van amontonando formando chimeneas. Por ellas sale el agua, en forma de columnas de humo.

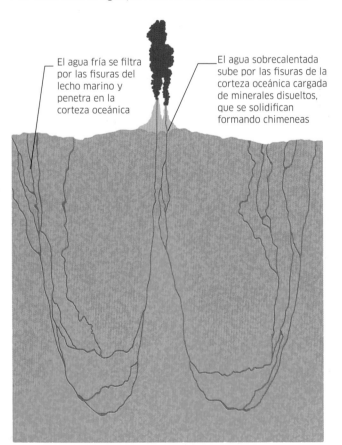

El agua fría se filtra por las fisuras del lecho marino y penetra en la corteza oceánica

El agua sobrecalentada sube por las fisuras de la corteza oceánica cargada de minerales disueltos, que se solidifican formando chimeneas

Sifonóforo zooide
Este pariente de la carabela portuguesa tiene el cuerpo en forma de flor y se desplaza alrededor de las fuentes hidrotermales para atrapar pequeños animales.

Gusano de Pompeya
Estos gusanos de tubo llamados gusanos de Pompeya, con sus tentáculos en forma de estrella, toleran el calor extremo y viven en las chimeneas.

Chimenea
Las chimeneas están compuestas de minerales como el sulfuro de hierro, que procede del agua caliente que sale del lecho marino y que con el tiempo forma elevadas torres.

Agua rica en nutrientes
El agua que sale disparada por la fuente contiene ácido sulfhídrico, un gas que huele a huevos podridos y que las bacterias utilizan como fuente de energía para fabricar alimento.

Agua caliente
El agua que sale por la fuente en el suelo oceánico está como mínimo a 60 °C y normalmente está mucho más caliente.

5000 m de profundidad tiene la **fosa de las Caimán**, en el mar Caribe, donde están las **fuentes hidrotermales más profundas** que se conocen.

60 m **de altura** puede alcanzar una chimenea.

65

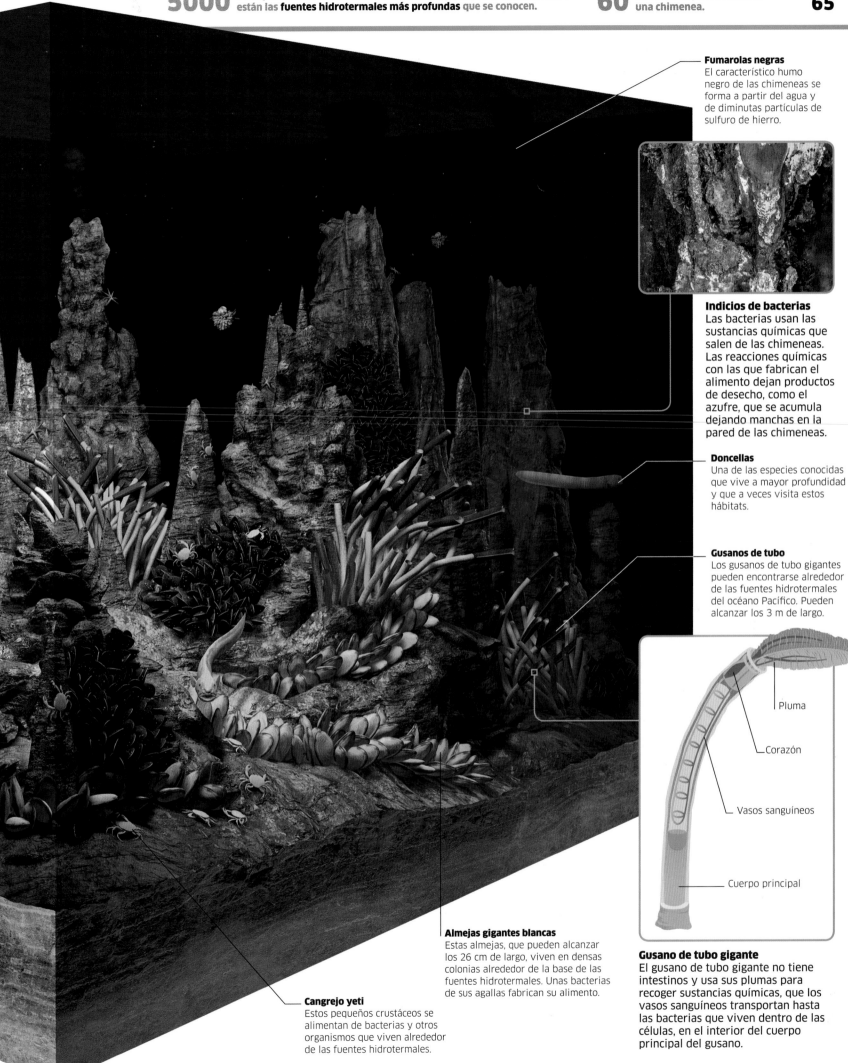

Fumarolas negras
El característico humo negro de las chimeneas se forma a partir del agua y de diminutas partículas de sulfuro de hierro.

Indicios de bacterias
Las bacterias usan las sustancias químicas que salen de las chimeneas. Las reacciones químicas con las que fabrican el alimento dejan productos de desecho, como el azufre, que se acumula dejando manchas en la pared de las chimeneas.

Doncellas
Una de las especies conocidas que vive a mayor profundidad y que a veces visita estos hábitats.

Gusanos de tubo
Los gusanos de tubo gigantes pueden encontrarse alrededor de las fuentes hidrotermales del océano Pacífico. Pueden alcanzar los 3 m de largo.

Pluma

Corazón

Vasos sanguíneos

Cuerpo principal

Gusano de tubo gigante
El gusano de tubo gigante no tiene intestinos y usa sus plumas para recoger sustancias químicas, que los vasos sanguíneos transportan hasta las bacterias que viven dentro de las células, en el interior del cuerpo principal del gusano.

Almejas gigantes blancas
Estas almejas, que pueden alcanzar los 26 cm de largo, viven en densas colonias alrededor de la base de las fuentes hidrotermales. Unas bacterias de sus agallas fabrican su alimento.

Cangrejo yeti
Estos pequeños crustáceos se alimentan de bacterias y otros organismos que viven alrededor de las fuentes hidrotermales.

66 océano abierto • **EXPLORAR EL OCÉANO**

68 especies nuevas se identificaron gracias a la misión del *Deepsea Challenger*.

Explorar el océano

Las partes más profundas del océano, con sus elevadas presiones y sus aguas gélidas y oscuras, son realmente inhóspitas, pero los humanos han explorado ese extraño mundo gracias a unos vehículos submarinos especiales: los sumergibles.

Un ser humano sin ningún equipamiento especial solo puede llegar a unos 100 m de profundidad. Los trajes especiales le permiten llegar un poco más abajo, pero para sumergirse más, necesita ir en un vehículo submarino. Los submarinos, con comida, combustible y oxígeno suficientes, pueden transportar a una tripulación durante meses. Los sumergibles más pequeños precisan el apoyo de un barco en la superficie, pero están diseñados para sumergirse a una profundidad mucho mayor: hasta las fosas que constituyen las partes más profundas del océano.

Mayores inmersiones

El *Deepsea Challenger* es uno de los sumergibles que se han construido para explorar el océano. Los vehículos diseñados para alcanzar las mayores profundidades deben soportar las grandes presiones y llevar una fuente de oxígeno. El *Trieste* fue el primero que descendió por la fosa oceánica más profunda, en 1960, pero en 2019, el explorador americano Victor Vescovo batió todos los récords con el *DSV Limiting Factor* al alcanzar los 10 928 m.

Profundidad máxima buceando: 332 m

Inmersión en submarino (*Seawolf SSN*): 490 m

Mamífero que se sumerge a más profundidad (ballenato de Cuvier): 2992 m

Submarino tripulado *Jiaolong*: 7200 m

Deepsea Challenger: 10908 m

Trieste: 10914 m

DSV Limiting Factor: 10928 m

Deepsea Challenger

Este sumergible en forma de bala se diseñó para viajar a la parte más profunda del océano, el abismo Challenger, justo en el fondo de la fosa de las Marianas, en el océano Pacífico. En marzo de 2012, el director de cine canadiense James Cameron pilotó el sumergible y se convirtió en el primer explorador en solitario del Challenger. Pasó tres horas en el suelo oceánico y recogió muestras de rocas y animales, para que los científicos las analizaran.

Reflectores
Un panel de reflectores ilumina las oscuras aguas de las profundidades. Su luz puede penetrar hasta 30 m si el agua es clara.

Cuerpo del sumergible
El cuerpo principal de un sumergible está hecho con una espuma compuesta de cuentas de cristal incrustadas en una resina. Este material está diseñado para resistir las altas presiones de las profundidades del océano.

Acumuladores
Un total de 70 acumuladores distribuidos en tres grupos accionan el sumergible. En caso de emergencia, puede seguir funcionando con solo uno de los grupos.

Foco
Un largo poste metálico sostiene un foco que el piloto puede orientar para iluminar a las criaturas del lecho marino.

Propulsores
El sumergible cuenta con dos tipos de propulsores: unos propulsan el sumergible de un lado a otro, y otros, arriba y abajo.

7,3 m es la **altura total** del sumergible *Deepsea Challenger*.

56 horas **puede respirar el piloto** usando las dos botellas de oxígeno del *Deepsea Challenger*.

67

Mandos

El piloto tiene acceso a una serie de instrumentos, entre ellos una pantalla táctil y unos mandos para controlar los 12 propulsores del sumergible.

Cámara

Un segundo poste sostiene una cámara de alta definición, una de las 8 que lleva en total, que están repartidas entre el interior y el exterior del sumergible.

Brazo colector

Esta herramienta, pensada para recoger muestras, funciona como una aspiradora: succiona muestras de formas de vida, sedimentos o rocas.

Almacenamiento de las muestras

Las muestras recogidas para el estudio científico se meten en una caja de plástico instalada en la parte delantera del sumergible.

El Deepsea Challenger tardó unas

dos horas y media

en llegar al fondo del abismo Challenger.

Cabina

En la esfera del piloto, o cabina, viaja una sola persona. Tiene una ventana de observación resistente a la presión.

Piloto

En este sumergible solo cabe un piloto humano, y no tiene espacio para estirar los brazos y las piernas. Controla y hace funcionar los brazos exteriores de la embarcación.

Pesos

Unos lastres de acero que pesan más de 450 kg empujan el sumergible hacia abajo, para que se hunda. Para que vuelva a la superficie, se sueltan los lastres.

Muelle de carga

La parte del sumergible que queda debajo de la cabina del piloto es el muelle de carga. Se usa para recoger muestras de las profundidades.

Aleta estabilizadora

Camuflaje
El plumaje blanco le permite camuflarse en la nieve de los hábitats polares.

En vuelo
Sus alas largas y estrechas son perfectas para planear por el aire y luego sumergirse a por peces, así como para dejarse llevar por la brisa marina.

Control de vuelo
El charrán ártico usa su ancha cola, con plumas de vuelo exteriores, para controlar la posición de las alas, así como para frenar cuando va a aterrizar.

Migraciones

Los animales que migran cruzando los océanos, ya sea nadando bajo la superficie del agua o volando sobre ellos, realizan algunos de los viajes más largos del reino animal.

Las migraciones se producen cuando un grupo grande de animales se desplazan juntos a la vez de un lugar a otro, para regresar luego en una rutina predecible. Algunos animales realizan migraciones cortas y frecuentes, como el plancton, que migra diariamente entre aguas menos profundas y aguas más profundas, o los invertebrados, que se desplazan con las mareas. Pero muchos animales de alta mar llevan a cabo viajes anuales en los que recorren grandes distancias para ir desde las zonas de alimentación a las zonas de cría.

La distancia total que puede recorrer un charrán ártico en toda su vida equivale a **tres o cuatro viajes de ida y vuelta a la Luna**.

Migrador rey
Ningún animal migra tan lejos como el charrán ártico. Tras criar en el Ártico, este pájaro viaja hasta el Antártico, en el otro extremo del planeta, para alimentarse. Ajusta sus viajes para poder coincidir con los dos veranos polares, lo que significa que probablemente es la especie que disfruta de más horas diurnas.

20 500 km es la **distancia** que recorren las **tortugas baulas para ir de una zona de forrajeo a otra** en el Pacífico.

96 000 km **al año recorre el charrán ártico** durante su migración.

69

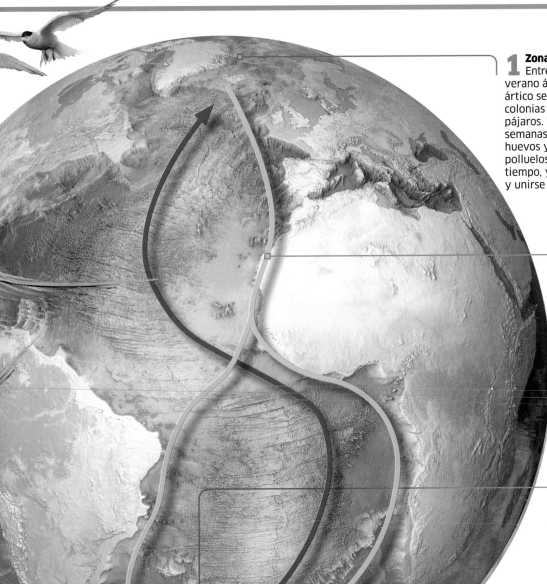

1 Zonas de cría
Entre mayo y julio, el verano ártico, el charrán ártico se reproduce en colonias de hasta 300 pájaros. Tarda seis semanas en incubar los huevos y criar a sus polluelos. Pasado ese tiempo, ya pueden volar y unirse a la migración.

2 Vuelo hacia el Antártico
Cuando cruzan el Atlántico volando hacia el sur, los charranes árticos pueden seguir dos rutas: la primera sigue la costa de África y la segunda, la costa de Sudamérica.

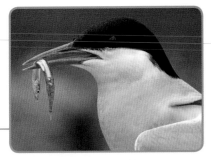

3 Zonas de alimentación
En noviembre empieza el invierno en el Ártico y el verano en el Antártico. Los charranes llegan a la Antártida, donde descansan y se alimentan. En el punto álgido de los veranos polares, el Sol no se pone, así que durante la mayor parte del año estos pájaros no saben lo que es una noche oscura.

4 Vuelo hacia el Ártico
Cuando vuelan hacia el norte, siguen una ruta más alejada de la costa, en alta mar.

Migración al final de su vida

Al final de su vida, las anguilas europeas viajan desde el agua dulce del mar de los Sargazos al océano Atlántico, donde desovan y luego mueren. Las crías de anguila (en la imagen) migran de vuelta a Europa y alcanzan la edad adulta viviendo en ríos.

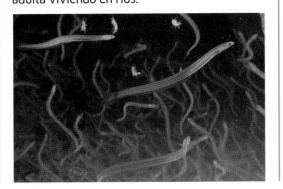

Migración por las mareas

Cuando sube la marea cubriendo la playa, los animales sumergidos siguen el agua para alimentarse en la zona recién inundada. Cuando la marea baja, las aves del litoral se dedican a cazar los invertebrados que se esconden en el barro de la playa.

Migración vertical

Los diminutos animales planctónicos suben a la superficie por la noche para alimentarse, pero durante el día se sumergen para evitar a los depredadores. Hay tanto plancton que su peso total podría convertir esta migración diaria en la mayor del planeta.

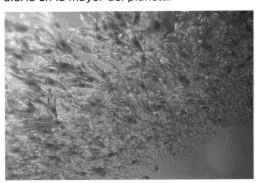

AGUAS COSTERAS

Las zonas del océano que se encuentran entre la orilla y el mar abierto son poco profundas. Solo ocupan el 8 por ciento de la superficie de la Tierra, pero en ellas son abundantes tanto la luz como la comida, y sus fértiles aguas albergan una gran cantidad de especies animales y vegetales.

MARES SOLEADOS

Los continentes están rodeados por una plataforma de terreno sumergido bajo el océano que se conoce como plataforma continental. Estas plataformas originan mares poco profundos, de no más de 200 m de profundidad, que suelen ser más cálidos que el océano abierto, y más ricos en nutrientes y oxígeno. La luz penetra hasta el lecho marino de estas aguas costeras, a menos que sean muy lodosas, y como consecuencia suelen estar rebosantes de vida.

ZONA LUMINOSA

La capa superior del océano, bañada por el Sol, se conoce como zona luminosa. Toda el agua de la plataforma continental está dentro de esta zona. Los organismos que obtienen la energía del Sol, gracias a la fotosíntesis, viven aquí. En los mares poco profundos, entre dichos organismos se incluyen las praderas marinas, las algas que viven en el interior de los pólipos coralinos, así como otras algas y fitoplancton microscópico que forman un primer eslabón abundante e importante de la cadena alimentaria, ya que constituyen el alimento de otros animales situados más arriba en la cadena (ver pp. 34–35).

Criaderos
Las praderas marinas y los arrecifes de coral son un refugio para muchas especies.

Luz
En las aguas cristalinas, la luz del Sol llega hasta el lecho marino, incluso a 200 m de profundidad.

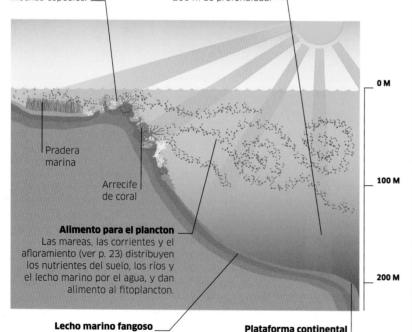

Pradera marina

Arrecife de coral

0 M

100 M

200 M

Alimento para el plancton
Las mareas, las corrientes y el afloramiento (ver p. 23) distribuyen los nutrientes del suelo, los ríos y el lecho marino por el agua, y dan alimento al fitoplancton.

Lecho marino fangoso
Los sedimentos cubren la mayor parte de la plataforma continental. Las praderas marinas y las algas no crecen más allá de los 100 m.

Plataforma continental
Su profundidad y anchura varían. Por el borde, el lecho marino desciende bruscamente hacia las profundidades del océano abierto.

MARES TROPICALES Y TEMPLADOS

En las regiones polares hay algún mar poco profundo, pero la mayoría están en las zonas templadas o tropicales (ver p. 9). Los tropicales se caracterizan por sus aguas cristalinas y cálidas, sus corales, sus peces de colores y su arena blanca. Los templados, por sus aguas más frías y turbias, en las que crecen bosques de algas y nadan peces plateados o parduzcos.

Aguas templadas

Entre las gélidas regiones polares y los cálidos trópicos se encuentran las zonas oceánicas templadas del hemisferio norte y el hemisferio sur. Aquí la temperatura del agua fluctúa con las estaciones, y oscila entre los 10 y los 20 °C. Muchas especies llevan a cabo migraciones estacionales cuando las temperaturas cambian.

Excelente presa
Las especies comercialmente más apreciadas, como el bacalao y la caballa, están en mares templados.

Agua turbia
El agua fría suele estar repleta de fitoplancton, que hace que parezca más turbia.

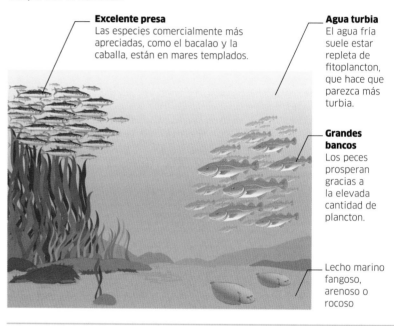

Grandes bancos
Los peces prosperan gracias a la elevada cantidad de plancton.

Lecho marino fangoso, arenoso o rocoso

Aguas tropicales

Las regiones de los océanos Atlántico, Pacífico e Índico que bordean el ecuador son mares tropicales. En ellos la temperatura del agua permanece relativamente constante, a 20-25 °C. Dado que hay menos estaciones y que son menos marcadas, las especies tropicales se guían por otros elementos, como los ciclos lunares, para aparearse y desovar. En las aguas tropicales, la diversidad y la cantidad de especies es enorme.

Agua cristalina
Las aguas son cristalinas debido a la poca cantidad de nutrientes y plancton.

Colores vivos
Los peces tropicales suelen ser de colores vistosos, como los arrecifes de coral.

Arrecifes concurridos
Muchas especies han desarrollado comportamientos o formas corporales que les permiten vivir juntos en el arrecife.

HÁBITAT DE LOS MARES POCO PROFUNDOS

Los mares poco profundos se clasifican según el aspecto de su lecho marino: duro y rocoso, blando y lodoso, o cubierto de estructuras vivas como los corales. La mayoría de las especies comen, se refugian y se aparean en el lecho marino, así que el entorno marca qué organismos viven en él.

Lecho marino rocoso
Los hábitats rocosos tienen muchas grietas y recovecos en los que pueden vivir las especies marinas, especialmente aquellas que pueden pegarse a una superficie dura.

Arrecife de coral
Los arrecifes de coral, presentes sobre todo en las aguas tropicales, ofrecen un hábitat estable y protector a miles de especies invertebradas y de peces tropicales.

Llanuras arenosas
Este entorno, que las olas y las corrientes remodelan constantemente, constituye un refugio ideal para aquellas especies que pueden excavar en la arena.

Praderas marinas
Las praderas dan alimento a las criaturas marinas que pastan y sirven de criadero y refugio a muchas especies más pequeñas.

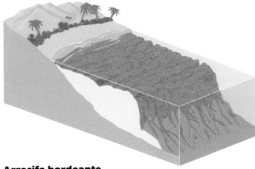

Arrecife bordeante
Estos arrecifes se forman alrededor de los bordes de las islas y los continentes, y se extienden desde la orilla.

Arrecife de barrera
Los arrecifes de barrera también se forman en paralelo con la costa, pero más alejados, con aguas profundas entre medio.

SONIDOS DEL ARRECIFE

Los arrecifes de coral no destacan solo por sus vivos colores, sino también porque están llenos de sonidos. Las especies del arrecife emiten muchos ruidos distintos: al comer, aparearse, mostrarse agresivos o comunicarse unos con otros. Con los modernos equipos de grabación, los buzos pueden reunir todos esos sonidos para que los científicos puedan estudiarlos.

CORAL BLANDO Y DURO

Los corales se agrupan en dos tipos básicos: duros y blandos. Los pólipos de los corales duros segregan un esqueleto a base de calcio que forma los arrecifes (ver p. 99), mientras que los corales blandos contienen unas estructuras espinosas dentro de sus tejidos flexibles, que sirven para sostenerlos y para ahuyentar a los depredadores.

Coral duro
Las especies de coral duro se encargan de construir el arrecife. Los pólipos vivos añaden capas nuevas a los esqueletos muertos de corales más viejos.

Coral blando
Los corales blandos aportan menos a la estructura del arrecife. Muchas especies parecen plantas de vivos colores, delicados abanicos o hierbas.

ARRECIFES DE CORAL

Los arrecifes de coral se dividen en tres tipos básicos. El más común es el arrecife bordeante, que resigue la costa. Algunos de los arrecifes más icónicos son los que forman una barrera más alejada de la costa, como la Gran Barrera de Coral y la Barrera del Arrecife de Belice. El tercer tipo es el arrecife de atolón. Los atolones, circulares u ovalados, son lo que queda de una isla volcánica cuando esta se hunde (ver p. 18).

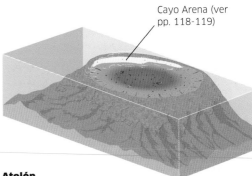

Cayo Arena (ver pp. 118-119)

Atolón
Los arrecifes bordeantes que rodean las islas volcánicas se convierten en atolones cuando la isla se hunde.

Bosque de algas

En las aguas costeras frías y transparentes de todo el mundo crecen unos espectaculares bosques de algas gigantes que constituyen el sustento de una gran variedad de animales, entre ellos las nutrias de mar, las focas e incluso las ballenas.

Unas enormes algas llamadas kelp crecen en los mares costeros poco profundos de todos los océanos fríos. En muchos casos forman tupidos lechos de algas que se extienden lejos de la orilla, escondidos bajo las olas. Pero en algunas costas crecen ejemplares muy altos de kelp gigante que llegan hasta la superficie y crean bosques sumergidos que dan alimento y refugio a un grupo de criaturas marinas.

Recogida de kelp

El kelp se recoge en todo el mundo para elaborar unas sustancias químicas especiales llamadas alginatos, que se usan para producir alimentos, ropa y papel. También se emplean en la cocina japonesa y coreana. Además, cada vez hay más interés por usar el kelp como biocombustible. Cada año se recogen miles de toneladas de kelp.

Tipos de algas

En el océano, existen tres tipos básicos de algas, clasificadas por colores. Todas viven absorbiendo la energía de la luz del Sol y usándola para fabricar alimento mediante la fotosíntesis.

Alga verde
Estas algas suelen ser delicadas y tienen frondas verdes que parecen las hojas de una planta terrestre, como la lechuga.

Alga roja
Entre las algas rojas, que suelen encontrarse en aguas más sombrías y pozas sombreadas, están las algas coralinas, que contribuyen a construir los arrecifes de coral.

Alga parda
Las algas pardas incluyen todas las especies más grandes, como el kelp, y suelen tener frondas más anchas.

Bahía de Monterrey

Al sur de San Francisco, Estados Unidos, las aguas resguardadas de la bahía de Monterrey esconden una selva submarina de kelps gigantes. Anclado al lecho marino por los zarcillos en forma de garra, el kelp forma un bosque de tallos verticales que alcanzan los 50 m o más, para que sus hojas lleguen a la superficie bañada por el Sol.

Foca común
Las focas comunes cazan los muchos tipos de peces que comen y se refugian entre las frondas de las algas.

Pez de roca
Los peces de roca con aletas espinosas cazan pececillos y diminutos animales como camarones bajo las frondas de kelp.

Crecimiento rápido
El kelp gigante puede crecer a una gran velocidad, unos 60 cm al día, para alcanzar la superficie soleada lo antes posible.

Erizo de mar
Los erizos de mar llenos de espinas se comen el kelp, y pueden destrozarlo por completo si no hay nutrias que los mantengan a raya.

Soporte para dormir
Cuando descansan, las nutrias se atan con el kelp para evitar que las arrastre la corriente.

Nutria de mar
Las nutrias de mar viven y duermen en la superficie del mar, sobre los bosques de algas. Constituyen parte importante del ecosistema, ya que se alimentan de erizos de mar, uno de los principales consumidores de kelp.

Bolsas que parecen globos
El aire de las vejigas es una mezcla de oxígeno, nitrógeno y dióxido de carbono.

Vejigas
Unas vejigas llenas de gas ubicadas en la base de las hojas hacen que la punta de cada filamento flote cerca de la superficie. De ese modo el kelp puede absorber la luz vital del Sol que necesita.

Presa espinosa
Las espinas en forma de aguja de los erizos de mar no les sirven para defenderse de las nutrias de mar, que usan piedras para partir su cáscara.

Zarcillos
En la base de cada tallo, un zarcillo que parece una raíz se fija a una roca u otro objeto sólido para evitar que la corriente arrastre el alga.

76 · aguas costeras o **PRADERAS MARINAS**

10 litros de **oxígeno puede producir** 1 m² de **pradera marina al día**.

Praderas marinas

Las hierbas marinas son plantas con flores que se han ido adaptando para vivir en el océano. Forman extensas praderas, unos hábitats muy importantes que actualmente están en peligro de extinción.

Las praderas marinas dan refugio a muchos animales en lo que, de lo contrario, sería un paisaje arenoso e inhóspito. El sedimento y la materia en descomposición atrapados por las raíces de las hierbas marinas proporcionan nutrientes a muchos invertebrados. Los peces alevines que se esconden tras las frondas verdes cazan a los invertebrados y, a su vez, atraen a peces más grandes, de modo que en torno a la pradera se forma una gran comunidad. Muchas de ellas han desaparecido a causa de la contaminación y la urbanización de la costa.

Luz
La hierba marina, como todas las plantas, necesita la luz, por lo que solo puede crecer en aguas transparentes y poco profundas, en las que esta abunda.

Tortuga verde
La hierba de las praderas es el principal alimento de la tortuga verde. Un ejemplar adulto come 2 kg al día.

Hierba de tortuga
La hierba de tortuga, la preferida de la tortuga verde, tiene unas frondas que parecen cintas y pueden alcanzar 35 cm de largo, y un extenso sistema radicular.

Caracol rosado
Estos caracoles marinos gigantes, que miden unos 30 cm de largo, son los limpiadores de las praderas marinas, ya que se comen la hierba muerta.

CAPTURA DE CARBONO

La hierba marina absorbe el CO₂ (un gas de efecto invernadero)

Hierba marina

Vegetación muerta

Raíces

O₂

O₂

O₂

Libera oxígeno

C C C C C C C C

Carbono atrapado

Contra el cambio climático

La hierba marina utiliza la luz del Sol para fabricar alimento. En este proceso de fotosíntesis, absorbe dióxido de carbono y libera oxígeno. El carbono se encuentra en el interior del tejido vegetal. Cuando una planta muere, queda sepultada en el lecho marino, y con ella el carbono que contiene. Eso hace que la pradera marina sea un eficiente transformador del dióxido de carbono, uno de los gases responsables del cambio climático.

Anguila de cola afilada
Este pez, que a menudo se confunde con una serpiente marina porque no tiene aletas, usa su morro puntiagudo para escarbar en la arena.

Caballito de mar
Los caballitos de mar no saben nadar contra las fuertes corrientes, así que se sujetan enrollando la cola alrededor de las hierbas.

2 campos de fútbol de pradera marina **se pierden cada hora** a causa del impacto de la **actividad humana.**

4500 km² ocupa la **zona de praderas marinas más extensa del mundo,** en Australia.

77

Corvina pinta
Es una de las muchas especies de peces que pasa su vida de alevín entre las praderas marinas, donde el alimento y el refugio son muy abundantes.

Manatí
Los manatíes, conocidos como vacas marinas, son unos mamíferos marinos de gran tamaño. Se pasan una cuarta parte de su vida comiendo: pastan día y noche a unos 2 m de profundidad.

Pradera submarina soleada

Existen muchas especies diferentes de hierba marina, pero todas ellas son plantas verdes que necesitan la luz del sol para crecer. En esta pradera marina de la costa de Florida, Estados Unidos, hay dos especies que proporcionan nutritivos pastos a los manatíes y las tortugas verdes. También se acerca otra serie de animales en busca de alimento, refugio o presas.

Echar raíces
Parte del tallo se extiende bajo tierra y forma una red que mantiene el sedimento en su sitio. Esta, que se llama rizoma, produce nuevos brotes y raíces de anclaje.

Cría mamando
Una cría de manatí se alimenta de las mamas que su madre tiene en el dorso de las aletas. La cría se desteta alrededor del año, pero permanece cerca de la madre los dos primeros años de vida.

Estrella de mar de cojín rojo
La estrella de mar de cojín rojo se desplaza por el lecho marino alimentándose de algas, esponjas y pequeños invertebrados. Las praderas marinas le proporcionan el refugio perfecto mientras la larva se transforma en una estrella adulta de cinco puntas.

Hierba de manatí
Esta especie de hierba se llama así porque a los manatíes les encanta. Las frondas cilíndricas pueden alcanzar los 50 cm de largo.

Refugio del chupapiedra esmeralda
Las aletas pélvicas de este diminuto chupapiedra esmeralda tienen un disco succionador que le permite aferrarse a las frondas de las hierbas, ocultándose de la mayoría de los depredadores.

3 corazones bombean **sangre verde azulada** por el cuerpo y las branquias de la sepia.

Aleta
La musculosa aleta puede desplazarla en cualquier dirección.

Cabeza

Manto
Todo lo que queda por detrás de la cabeza de la sepia se conoce como manto. Contiene el jibión, la cavidad llena de agua y todos los órganos excepto el cerebro.

Ojos
Los ojos son muy grandes en proporción al cuerpo. Tienen una pupila característica en forma de W. Pueden ver aspectos de la luz que no son visibles para el ojo humano.

Piel que cambia de color

Su piel combina tres tipos de células –rojas, amarillas y marrones– que le hacen cambiar de color. La sepia puede ensanchar ciertas células rápidamente, de un modo parecido a cuando se infla un globo, para que algunos colores destaquen más. De este modo puede cambiar de color en un abrir y cerrar de ojos.

Boca
Su boca, parecida al pico de un loro, puede romper el caparazón de sus presas y le sirve para defenderse de los depredadores.

Sifón
La sepia expulsa agua por el sifón para escapar de los depredadores. Por el sifón también lanza tinta, que produce en un saco interno, para confundir aún más a los atacantes.

Sepia común

Las sepias pertenecen al mismo grupo de moluscos que los calamares y los pulpos. Todos tienen varios brazos, pero la sepia tiene un cuerpo ancho y robusto, que contiene un jibión, y se mueve más despacio.

La sepia común está especialmente activa por la noche, mientras que durante el día se pasa la mayor parte del tiempo semienterrada en el arenoso lecho marino. Como el resto de las sepias, esta especie es conocida por lo bien que se camufla: cambia el color de su piel e incluso su textura para confundirse con el entorno.

2 años es la **longevidad máxima** de una sepia común.

4000 huevos pone la **hembra** de la sepia común como **máximo** antes de **morir**.

79

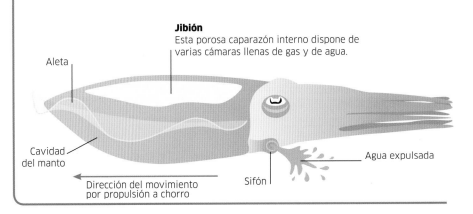

Se mueve en todas direcciones

Mueve las aletas para desplazarse lentamente hacia delante o hacia atrás. Para escapar rápidamente usa la propulsión a chorro: llena de agua la cavidad del manto y la lanza rápidamente hacia fuera a través del sifón. Para subir y bajar, aumenta o disminuye la cantidad de gas del jibión.

Jibión
Esta porosa caparazón interno dispone de varias cámaras llenas de gas y de agua.

Aleta

Cavidad del manto

Agua expulsada

Sifón

Dirección del movimiento por propulsión a chorro

Cazador de cangrejos

La sepia común adopta colores vivos y mueve los brazos para confundir al cangrejo. Cuando el cangrejo está a su alcance, despliega los tentáculos y se los lanza. Las ventosas que tiene en los extremos de los tentáculos se fijan en el caparazón del cangrejo. Luego, con los ocho brazos lo agarra y se lo lleva hacia la boca, con la que rompe el caparazón.

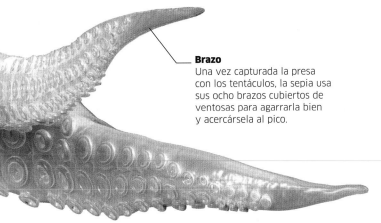

Brazo
Una vez capturada la presa con los tentáculos, la sepia usa sus ocho brazos cubiertos de ventosas para agarrarla bien y acercársela al pico.

MOLUSCO

SEPIA COMÚN

Sepia officinalis

Localización: Atlántico noreste, Báltico, Mediterráneo

Longitud del manto: hasta 49 cm

Alimentación: moluscos, gambas, gusanos, peces

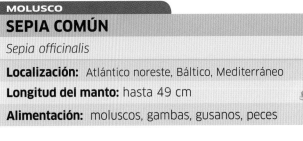

Tentáculos
Las sepias tienen dos tentáculos que salen disparados de una bolsa que tiene en la base de los brazos y que usan para capturar a las presas.

Ventosas
Los grupos de ventosas de distintos tamaños que tiene en los extremos de los tentáculos le sirven para atrapar a las presas.

Presas
Los crustáceos, como esta centolla europea, son sus presas preferidas, aunque las sepias más grandes prefieren los peces.

PULPO GIGANTE
Enteroctopus dofleini
Localización: Pacífico norte
Longitud total: más de 3 m

El pulpo gigante, el pulpo más grande y más largo del mundo, se alimenta básicamente de cangrejos, gambas, vieiras, almejas y langostas. Se lleva la comida a su guarida. Una vez allí, se la come y lanza los caparazones fuera.

Manto
El manto es una funda que rodea el cuerpo y contiene los órganos.

Moluscos

Los moluscos son el grupo con más especies del océano y constituyen una cuarta parte de todos los animales marinos. Incluyen desde el calamar colosal hasta las diminutas babosas de mar, y varían mucho en tamaño, hábitat y costumbres.

Todos los moluscos tienen el cuerpo blando y un pie musculoso, una cabeza y un manto carnoso. Muchos tienen cobertura dura, pero algunos la han perdido, por lo que han podido crecer más y moverse más rápido. Algunos son filtradores, otros pastan algas o esponjas, y muchos son depredadores.

Cabeza

Cazador
El pulpo puede cazar pequeños tiburones, como esta mielga.

Ventosas
Unas 280 ventosas recubren cada uno de sus largos brazos.

Brazos del pulpo
Todos los pulpos tienen 8 brazos muy fuertes. A diferencia del calamar y la sepia, no disponen de 2 tentáculos más largos independientes (ver p. 79).

MEJILLÓN DE LABIOS VERDES DE NUEVA ZELANDA
Perna canaliculus
Localización: Nueva Zelanda
Longitud de las valvas: hasta 26 cm

Estos mejillones comen algas microscópicas y plancton que filtran del agua. Antes de quedarse en un lugar fijo como adultos, se llaman semillas y se desplazan gracias a un pie musculoso.

VIEIRA REINA
Aequipecten opercularis
Localización: Atlántico nororiental
Longitud de las valvas: hasta 9 cm

El color de las valvas de la vieira reina pueden variar. Viven adheridas al lecho marino hasta que alcanzan unos 2 cm de diámetro; a partir de ese momento se dedican a nadar libremente.

Muchos ojos rodean el borde de la valva

BABOSA DE MAR
Hypselodoris infucata
Localización: Indopacífico
Longitud: hasta 5 cm

Come esponjas, pero las sustancias químicas con las que se defienden las esponjas no les hacen daño. De hecho, incorporan dichas sustancias tóxicas a su propio cuerpo, de manera que los depredadores las encuentran repugnantes.

Branquias para respirar

85 000 especies de molusco se estima que existen, **dos terceras partes** de las cuales viven en el océano.

1180 huevos puede llegar a poner una hembra de calamar de arrecife **de una vez.**

81

SEPIA OSTENTOSA
Metasepia pfefferi
Localización: Indopacífico
Longitud del manto: hasta 6 cm

Esta sepia, pequeña y de vivos colores, es enormemente tóxica. Tal vez por eso es una de las pocas especies de sepia que se muestra activa durante el día, cazando peces, cangrejos y gambas.

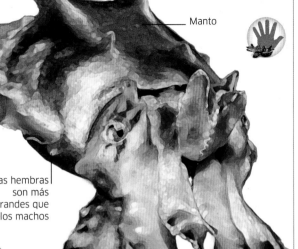

Manto

Las hembras son más grandes que los machos

MACHO

HEMBRA

NAUTILO DE PALAOS
Nautilus belauensis
Localización: Palaos (Pacífico noroeste)
Diámetro del caparazón: hasta 23 cm

Como la mayoría de los nautilos, migra a aguas menos profundas por la noche para alimentarse de gambas, peces y cangrejos. Durante el día, se sumerge a mayor profundidad para evitar convertirse en el bocado de otros.

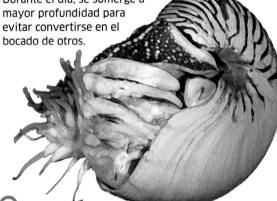

PULPO MIMÉTICO
Thaumoctopus mimicus
Localización: Indopacífico
Longitud total: más de 48 cm

Este pulpo, que debe su nombre a su habilidad para mimetizarse con otras especies, puede adoptar la forma de un pez león, una serpiente de mar, una medusa, un pez plano (en la imagen) y otros muchos animales marinos.

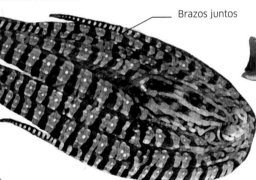

Brazos juntos

CALAMAR DE ARRECIFE
Sepioteuthis lessoniana
Localización: Indopacífico
Longitud del manto: hasta 33 cm

El calamar de arrecife tiene una aleta grande que se extiende a lo largo del manto. Crece muy rápido, pero vive menos de un año y pasa los primeros días de vida en grandes bancos. Como el resto de los calamares, sepias y pulpos, lanzan tinta como arma defensiva.

Chorro de tinta

CALAMAR PIJAMA DE RAYAS
Sepioloidea lineolata
Localización: Australia
Longitud del manto: hasta 5 cm

El calamar pijama de rayas es pequeño y rechoncho. Pasa gran parte del tiempo sepultado bajo la arena hasta los ojos en el fondo de mares poco profundos, con los brazos metidos hacia dentro, esperando para abalanzarse sobre una gamba o un pez, dos de sus presas favoritas.

TIGRE COWRIE
Cypraea tigris
Localización: Indopacífico
Longitud de la caracola: hasta 15 cm

Este gran caracol marino omnívoro puede extender la parte carnosa de su cuerpo (el manto) y cubrir el caparazón por completo. Esconde el manto dentro cuando se ve amenazado por algún depredador.

Manto

PEINE DE VENUS
Murex pecten
Localización: Indopacífico
Longitud de la caracola:
hasta 15 cm

Un montón de espinas protegen al caracol de los depredadores, pero también evitan que se hunda en el barro, donde caza almejas y otros moluscos. Para desplazarse usa su fuerte pie: separa la caracola del suelo y la desliza.

Se desplaza con la punta mirando hacia delante

Pie

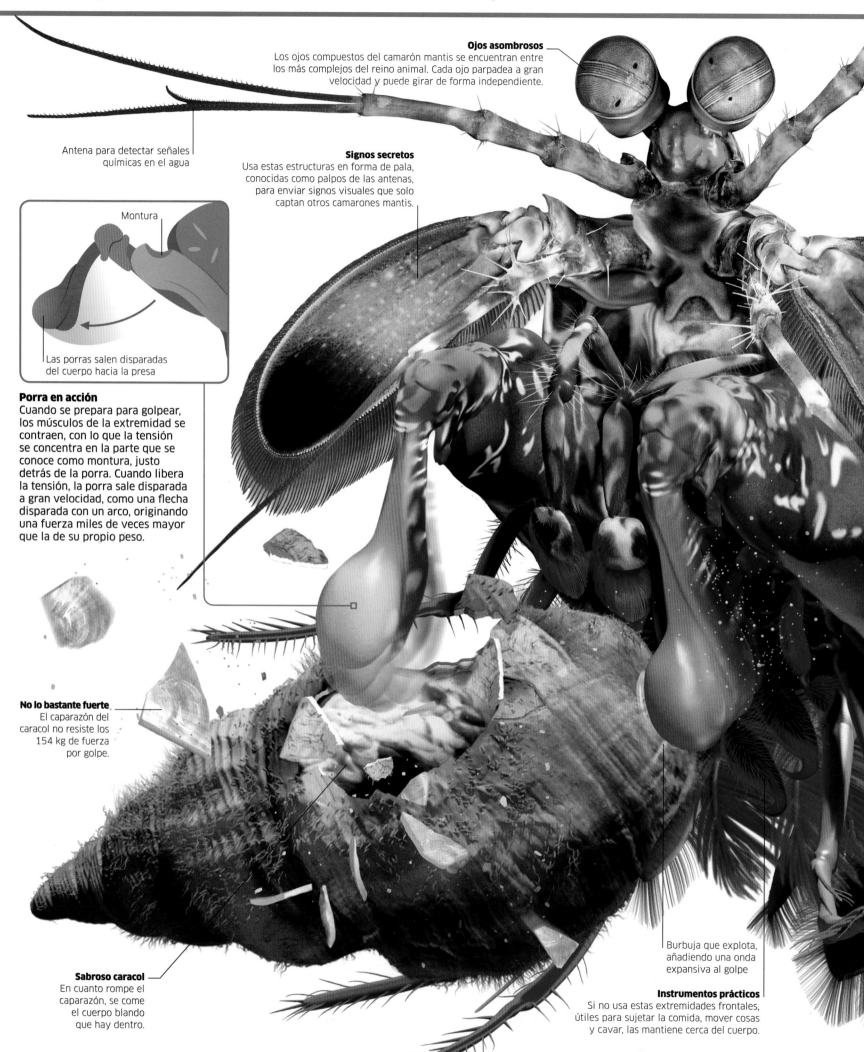

Ojos asombrosos
Los ojos compuestos del camarón mantis se encuentran entre los más complejos del reino animal. Cada ojo parpadea a gran velocidad y puede girar de forma independiente.

Antena para detectar señales químicas en el agua

Signos secretos
Usa estas estructuras en forma de pala, conocidas como palpos de las antenas, para enviar signos visuales que solo captan otros camarones mantis.

Montura

Las porras salen disparadas del cuerpo hacia la presa

Porra en acción
Cuando se prepara para golpear, los músculos de la extremidad se contraen, con lo que la tensión se concentra en la parte que se conoce como montura, justo detrás de la porra. Cuando libera la tensión, la porra sale disparada a gran velocidad, como una flecha disparada con un arco, originando una fuerza miles de veces mayor que la de su propio peso.

No lo bastante fuerte
El caparazón del caracol no resiste los 154 kg de fuerza por golpe.

Sabroso caracol
En cuanto rompe el caparazón, se come el cuerpo blando que hay dentro.

Burbuja que explota, añadiendo una onda expansiva al golpe

Instrumentos prácticos
Si no usa estas extremidades frontales, útiles para sujetar la comida, mover cosas y cavar, las mantiene cerca del cuerpo.

80 km/h es la **velocidad** a la que las **porras salen disparadas** del cuerpo del camarón mantis.

16 **fotorreceptores distintos** tiene el ojo de un camarón mantis; el **humano** tiene **3**.

83

Camarón mantis arlequín

Este crustáceo marino de vivos colores, que vive en aguas tropicales, puede que tenga un aspecto un tanto cómico, con sus ojos basculantes y sus repentinos movimientos, pero puede propinar un golpe mortal.

Hay distintas especies de camarón mantis, que se dividen en dos grupos según la forma de sus «armas», una serie de extremidades frontales que usa para matar a sus presas. El camarón mantis arlequín pertenece al grupo de los trituradores, que tienen dos extremidades en forma de porra con las que golpean los caparazones duros y los exoesqueletos de sus presas. El otro grupo de camarones mantis son los perforadores, que usan sus extremidades en forma de lanza para ensartar peces y gusanos. El camarón mantis arlequín vive en cuevas o en las grietas de las rocas. Mantiene su casa limpia y a veces oculta la entrada con trozos de corales y piedras. Puede vivir más de 20 años.

Cena aplastada

El camarón mantis arlequín usa los tacones en forma de porra de su segundo par de extremidades como martillos para romper los caparazones. Cuando golpea, la porra se mueve tan rápido por el agua que parte de esta se evapora, creando una burbuja que implosiona acto seguido. Esta genera una onda expansiva que también golpea el caparazón, añadiéndose al impacto inicial.

CRUSTÁCEO

CAMARÓN MANTIS ARLEQUÍN

Odontodactylus scyllarus

Localización: Indopacífico

Longitud: 17 cm

Alimentación: gambas, cangrejos, caracoles

Visión del mantis

El camarón mantis tiene unos ojos compuestos formados por miles de pequeñas unidades que disponen de córnea, cristalino, células de pigmento y fotorreceptores. Las distintas unidades trabajan conjuntamente, ofreciendo una visión panorámica de lo que tiene alrededor. El espectro de longitudes de onda que el ojo del camarón mantis puede detectar, que va desde la luz ultravioleta hasta cerca de la luz infrarroja, supera ampliamente la del ojo humano.

La córnea transparente forma una capa protectora y, junto con el cristalino, refracta (cambia de dirección) la luz

Cristalino

Las células de pigmento ayudan a dirigir la luz hacia los fotorreceptores

El fotorreceptor transforma la luz en signos que el cerebro procesa

Los nervios ópticos mandan señales eléctricas al cerebro

OJO COMPUESTO DE UN CAMARÓN MANTIS

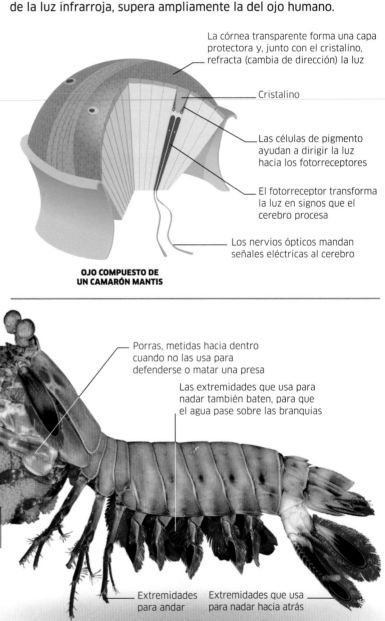

Extremidades para limpiarse los ojos y el cuerpo

Extremidades frontales

Una hembra usa las extremidades frontales para sostener sus numerosos huevos

Porras, metidas hacia dentro cuando no las usa para defenderse o matar una presa

Las extremidades que usa para nadar también baten, para que el agua pase sobre las branquias

Extremidades para andar

Extremidades que usa para nadar hacia atrás

Patas para cualquier situación

El camarón mantis tiene muchos tipos de extremidades, llamadas apéndices. Además de las dos en forma de porra, disponen de un par para limpiarse, tres pares para sujetar y cavar, tres pares para andar, cinco pares para nadar y un par en forma de pala para nadar hacia atrás.

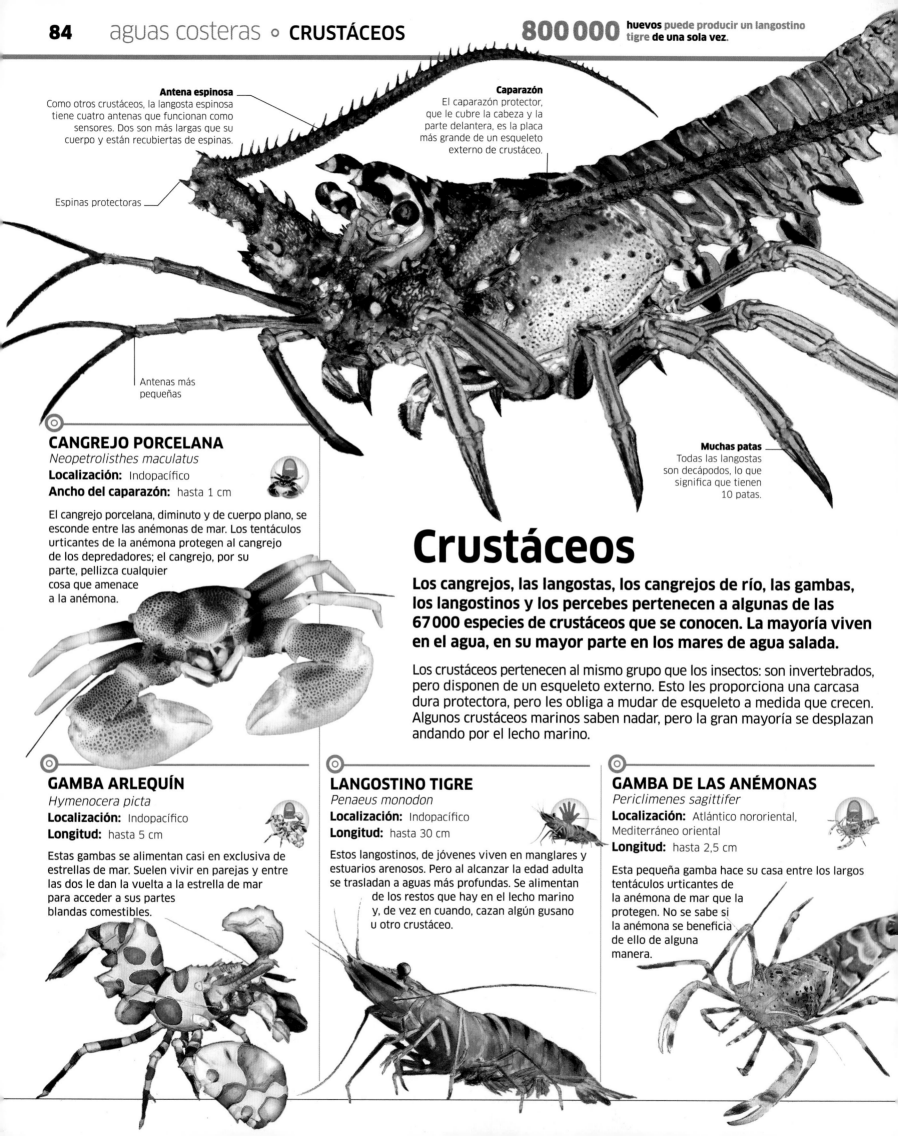

Antena espinosa
Como otros crustáceos, la langosta espinosa tiene cuatro antenas que funcionan como sensores. Dos son más largas que su cuerpo y están recubiertas de espinas.

Caparazón
El caparazón protector, que le cubre la cabeza y la parte delantera, es la placa más grande de un esqueleto externo de crustáceo.

Espinas protectoras

Antenas más pequeñas

Muchas patas
Todas las langostas son decápodos, lo que significa que tienen 10 patas.

CANGREJO PORCELANA

Neopetrolisthes maculatus

Localización: Indopacífico
Ancho del caparazón: hasta 1 cm

El cangrejo porcelana, diminuto y de cuerpo plano, se esconde entre las anémonas de mar. Los tentáculos urticantes de la anémona protegen al cangrejo de los depredadores; el cangrejo, por su parte, pellizca cualquier cosa que amenace a la anémona.

Crustáceos

Los cangrejos, las langostas, los cangrejos de río, las gambas, los langostinos y los percebes pertenecen a algunas de las 67 000 especies de crustáceos que se conocen. La mayoría viven en el agua, en su mayor parte en los mares de agua salada.

Los crustáceos pertenecen al mismo grupo que los insectos: son invertebrados, pero disponen de un esqueleto externo. Esto les proporciona una carcasa dura protectora, pero les obliga a mudar de esqueleto a medida que crecen. Algunos crustáceos marinos saben nadar, pero la gran mayoría se desplazan andando por el lecho marino.

GAMBA ARLEQUÍN

Hymenocera picta

Localización: Indopacífico
Longitud: hasta 5 cm

Estas gambas se alimentan casi en exclusiva de estrellas de mar. Suelen vivir en parejas y entre las dos le dan la vuelta a la estrella de mar para acceder a sus partes blandas comestibles.

LANGOSTINO TIGRE

Penaeus monodon

Localización: Indopacífico
Longitud: hasta 30 cm

Estos langostinos, de jóvenes viven en manglares y estuarios arenosos. Pero al alcanzar la edad adulta se trasladan a aguas más profundas. Se alimentan de los restos que hay en el lecho marino y, de vez en cuando, cazan algún gusano u otro crustáceo.

GAMBA DE LAS ANÉMONAS

Periclimenes sagittifer

Localización: Atlántico nororiental, Mediterráneo oriental
Longitud: hasta 2,5 cm

Esta pequeña gamba hace su casa entre los largos tentáculos urticantes de la anémona de mar que la protegen. No se sabe si la anémona se beneficia de ello de alguna manera.

LANGOSTA COMÚN DEL CARIBE
Panulirus argus

Localización: Atlántico, Caribe, golfo de México
Longitud: hasta 60 cm

Las langostas espinosas, a diferencia de otras, no tienen pinzas grandes. Comen caracoles y un pequeño molusco llamado chitón, además de animales muertos que encuentran en el lecho marino. Las hembras llevan los huevos en la parte inferior del abdomen. Cuando las larvas eclosionan, nadan libremente durante un año y luego se instalan en las praderas marinas. En otoño, los adultos se desplazan en fila india hacia aguas más profundas para desovar.

Pensadas para andar
Usa sus patas articuladas para andar por el lecho marino.

PIOJO DE SALMÓN
Lepeophtheirus salmonis

Localización: Pacífico, Atlántico
Longitud: hasta 1 cm

Este parásito suele encontrarse en el salmón. Se fija al pez y se alimenta de su mucosidad, su piel y su sangre. Los piojos se encuentran en condiciones naturales, pero lo hacen más rápidamente en los criaderos de salmón, donde pueden propagarse sin control.

Cuerpo

Generación futura
Este piojo hembra transporta sus huevos en dos largos hilos.

PERCEBES DE BELLOTA
Balanus glandula

Localización: Pacífico, Norteamérica
Diámetro: hasta 2 cm

Muy frecuente en el nivel superior y medio de la orilla. Como otros percebes, cuando están cubiertos de agua se alimentan por filtración gracias a los cirros, que parecen pelos. Cuando la marea baja, los cirros se retraen.

Cirros

Encerrado
El caparazón protege el cuerpo blando.

CANGREJO DE CAJA CON MANCHAS ROJAS
Calappa calappa

Localización: Indopacífico
Ancho del caparazón: hasta 15 cm

Debe su nombre a la forma que adopta al doblar las garras sobre la cara y a sus manchas. Cava para escapar de los depredadores. Come moluscos como las almejas: con las pinzas abre o rompe sus valvas.

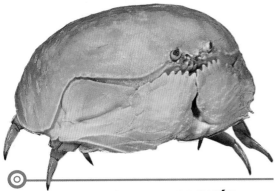

CANGREJO ESPONJA ERIZADA
Austrodromidia octodentata

Localización: Australasia meridional
Ancho del caparazón: hasta 8 cm

Al igual que el resto de los cangrejos esponja, esta especie usa las esponjas a modo de camuflaje protector. Lleva la esponja en la espalda y la sujeta con el último par de patas.

BOGAVANTE
Homarus gammarus

Localización: Atlántico este, Mediterráneo, mar Negro
Longitud: hasta 65 cm

Esta enorme langosta prefiere vivir en los lechos marinos rocosos y se pasa el día escondiéndose en pequeñas cuevas o grietas. Sale de noche para alimentarse de invertebrados como cangrejos, erizos de mar, moluscos y estrellas de mar.

CANGREJO GIGANTE JAPONÉS
Macrocheira kaempferi

Localización: costas de Japón y Taiwán
Ancho del caparazón: hasta 40 cm

Si añadimos sus largas patas al ancho del caparazón, este cangrejo puede llegar a medir un total de 3,7 m de ancho. El cangrejo gigante japonés no suele encontrarse a menos de 50 m de profundidad.

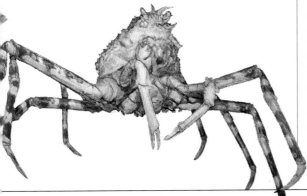

CANGREJO DECORADOR DE ARAÑAS
Camposcia retusa

Localización: Indopacífico
Ancho del caparazón: hasta 3 cm

Los cangrejos decoradores engañan a sus enemigos camuflándose con objetos del entorno. Cortan trozos de algas, esponjas e incluso anémonas y los fijan a su caparazón y extremidades. Los pequeños filamentos que cubren su cuerpo le sirven para sujetar el camuflaje.

Camuflaje completo
Para camuflarse, este cangrejo se cubre incluso las patas.

Cangrejo herradura

Los cangrejos herradura, que han cambiado muy poco durante los últimos 400 millones de años, son como fósiles vivientes. Tienen que ver más con las arañas que con los cangrejos.

Se pasan la mayor parte del tiempo desplazándose por el arenoso lecho marino y comiendo gusanos y moluscos. Pero durante la época de cría, se dirigen a las playas, donde las hembras ponen los huevos. Tienen una forma de nadar única: nadan boca abajo y en diagonal, y usan la larga cola a modo de timón, como hace este ejemplar en el océano Pacífico. Cuando nada, deja al descubierto partes del cuerpo que normalmente quedan escondidas bajo el caparazón, como las patas articuladas y los colgajos de las branquias, que le ayudan a nadar.

1 Larva de lenguado
Esta larva de lenguado florido, que mide solo unos 5 mm de largo, tiene un ojo a cada lado de la cabeza y nada en posición vertical. Las rayas de las aletas hacen que a los depredadores les parezca más grande de lo que es, pero en seguida se le atenúan.

2 Transformación
El ojo derecho no tarda en comenzar a migrar. La larva ha empezado a nadar con una cierta inclinación, así que la mayor parte de su lado izquierdo mira hacia el cielo. El ángulo de inclinación va aumentando de forma constante.

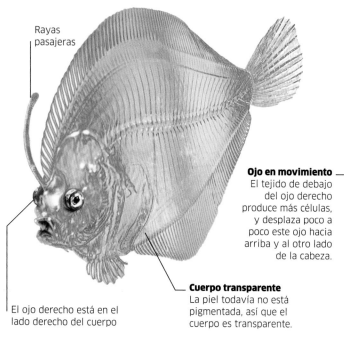

Rayas pasajeras

Aleta dorsal

Ojo en movimiento
El tejido de debajo del ojo derecho produce más células, y desplaza poco a poco este ojo hacia arriba y al otro lado de la cabeza.

Aleta anal

El ojo derecho está en el lado derecho del cuerpo

Cuerpo transparente
La piel todavía no está pigmentada, así que el cuerpo es transparente.

Migración del ojo en los peces planos

En solo unos días, las larvas (diminutas crías de lenguado) pasan de parecer peces normales, con un ojo en cada lado de la cabeza, a desarrollar los rasgos asimétricos típicos de un pez plano. Durante esta metamorfosis, que se conoce como migración del ojo, los huesos del cráneo del pez siguen siendo relativamente blandos y moldeables, y se transforman dejando que un ojo migre de un lado del cráneo al otro.

Nado en diagonal
En esta etapa, el lenguado nada en un ángulo de unos 20°.

Signos de pigmentación
La piel de la izquierda del cuerpo empieza a tener algo de color.

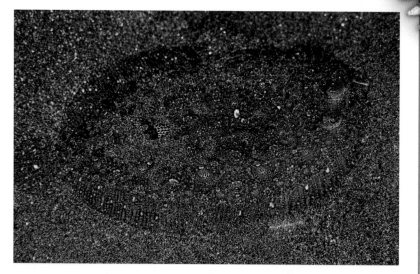

Estilo de nado

El lenguado florido suele «arrastrarse» por el fondo con la ayuda de sus aletas dorsal y anal, pero si es necesario, también puede nadar. Ondula el cuerpo y se propulsa con las aletas doral, anal y caudal. Cuando nada, nunca se aleja del fondo oceánico.

Encuentra el lenguado

Como el resto de los lenguados, el lenguado florido puede cambiar rápidamente de color para confundirse con el entorno. Eso le permite esconderse de los depredadores y acercarse a su presa sin ser visto. También se sepulta en la arena para camuflarse, mimetizándose por completo con el lecho marino.

2-8 segundos **tarda** un lenguado en **cambiar de color.**

Si le entra **arena en un ojo**, pierde temporalmente la **capacidad de camuflarse,** ya que necesita ver el entorno para poder adoptar **el mismo color.**

89

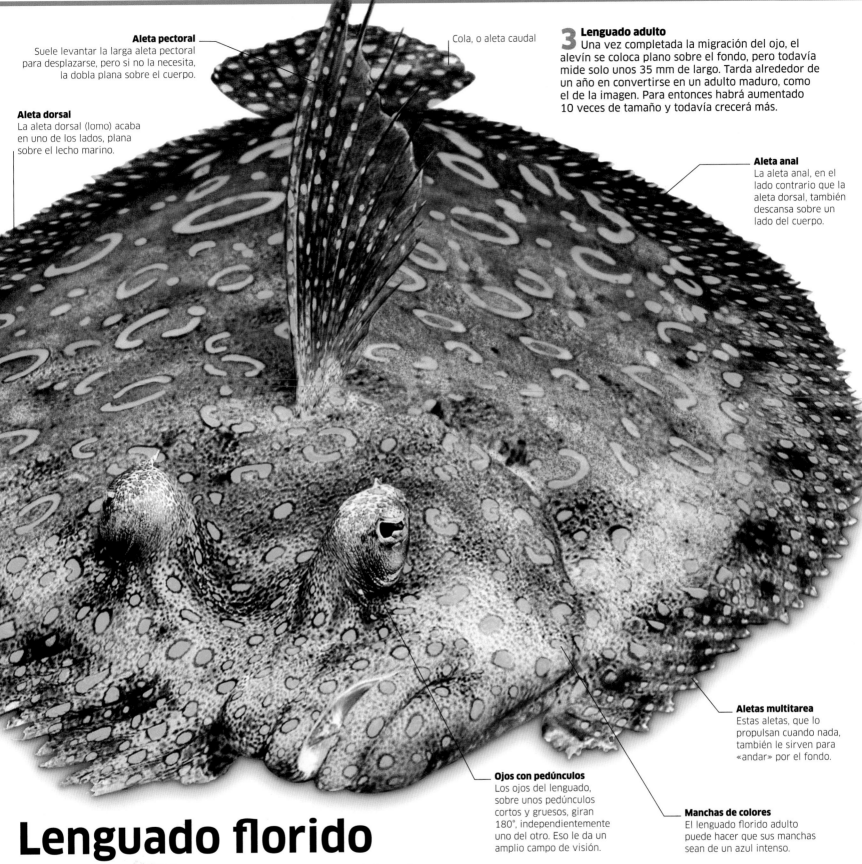

Aleta pectoral
Suele levantar la larga aleta pectoral para desplazarse, pero si no la necesita, la dobla plana sobre el cuerpo.

Cola, o aleta caudal

3 Lenguado adulto
Una vez completada la migración del ojo, el alevín se coloca plano sobre el fondo, pero todavía mide solo unos 35 mm de largo. Tarda alrededor de un año en convertirse en un adulto maduro, como el de la imagen. Para entonces habrá aumentado 10 veces de tamaño y todavía crecerá más.

Aleta dorsal
La aleta dorsal (lomo) acaba en uno de los lados, plana sobre el lecho marino.

Aleta anal
La aleta anal, en el lado contrario que la aleta dorsal, también descansa sobre un lado del cuerpo.

Aletas multitarea
Estas aletas, que lo propulsan cuando nada, también le sirven para «andar» por el fondo.

Ojos con pedúnculos
Los ojos del lenguado, sobre unos pedúnculos cortos y gruesos, giran 180°, independientemente uno del otro. Eso le da un amplio campo de visión.

Manchas de colores
El lenguado florido adulto puede hacer que sus manchas sean de un azul intenso.

Lenguado florido

El lenguado florido se caracteriza porque, de adulto, tiene los dos ojos en lo que parece su lomo, pero que en realidad es el lado izquierdo de su cuerpo plano.

No nacen así, pero se transforman mediante un proceso asombroso conocido como migración del ojo. Al mismo tiempo, se convierten en moradores del fondo oceánico, colocándose de lado sobre el lecho marino. Los lenguados se pasan la mayor parte del tiempo parcialmente escondidos en la arena, de modo que solo sobresalen sus ojos, que buscan posibles presas.

PEZ	
LENGUADO FLORIDO	
Bothus mancus	
Localización: Indopacífico tropical, Pacífico este	
Longitud: hasta 50 cm	
Alimentación: pececillos, cangrejos, gambas	

90 aguas costeras ○ **EL LECHO MARINO**

6 m de **longitud** tenía un congrio común pescado en la costa del Reino Unido, **el mayor congrio atrapado hasta la fecha.**

El lecho marino

Los peces que viven cerca o en el mismo lecho marino se conocen como peces demersales. Se dividen en dos grupos: los que pasan la mayor parte del tiempo sobre el mismo lecho marino y los que nadan por encima de él.

Muchos tienen el cuerpo plano, lo que les permite tumbarse en el fondo, mientras que otros se sepultan en la arena y asoman solo los ojos para ver a los depredadores y a las presas y a los que pasan por allí. Los que tienen una boca que sobresale pueden agarrar a las presas que pasan nadando cerca, mientras que los que la tienen metida hacia dentro la usan para escarbar en busca de presas.

Camuflaje
Los lóbulos translúcidos de su piel parecen algas marinas.

DRAGÓN DE MAR FOLIADO
Phycodurus eques
Localización: Australia meridional
Longitud: hasta 35 cm

El dragón de mar foliado pertenece a la misma familia que el caballito de mar. Succiona organismos diminutos con su boca en forma de tubo. Las partes de su cuerpo que parecen hojas, de color verde parduzco, no son fáciles de distinguir entre el kelp y las praderas marinas. Las hembras ponen los huevos bajo la cola de los machos, que los llevan consigo hasta que eclosionan.

Espinas de defensa

Hocico sin dientes

ANGUILA DE JARDÍN MANCHADA
Heteroconger hassi
Localización: Indopacífico tropical y subtropical
Longitud: hasta 40 cm

La anguila de jardín manchada, que vive en grandes grupos, se resguarda en su madriguera asomando un tercio de su cuerpo, de cara a la corriente, y atrapando el alimento que pasa por su lado. Si se siente amenazada, se mete rápidamente para dentro.

RAPE ABISAL
Lophius piscatorius
Localización: Atlántico nororiental, mar Mediterráneo
Longitud: hasta 100 cm

Las espinas de su cabeza han evolucionado como señuelos. Se coloca sobre el lecho marino, medio sepultado en el lodo, y agita los señuelos, que parecen pececillos. Los peces que se acercan a curiosear acaban convertidos en sus presas.

Señuelo

CONGRIO DE MUCHOS DIENTES
Conger triporiceps
Localización: Atlántico oeste tropical
Longitud: hasta 80 cm

El congrio de muchos dientes suele encontrarse en los lechos marinos rocosos o los arrecifes de coral cercanos a islas. Tras eclosionar, puede pasar un año como larva diminuta, plana y transparente, que no se parece en nada a un congrio adulto.

Tiene varias aletas fusionadas, que forman una única aleta continua

50 años es la **edad máxima registrada** de un fletán.

117 km es la **distancia** a la que puede **migrar** una **raya común** en **un mes**.

91

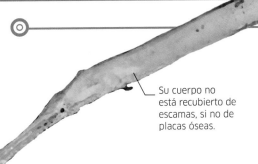

Su cuerpo no está recubierto de escamas, si no de placas óseas.

PEZ AGUJA DE DOBLE COLA
Syngnathoides biaculeatus
Localización: Indopacífico
Longitud: hasta 29 cm

El pez aguja de doble cola, suele ser de varios colores, de verde amarillento a marrón, y es tan fino que parece una brizna de hierba y pasa desapercibido entre las algas y las praderas marinas. Para camuflarse todavía más, pasa mucho tiempo en posición casi vertical, con la cabeza hacia abajo. No se le da muy bien nadar, así que usa su cola flexible para sujetarse a la vegetación y no ser arrastrado por las fuertes corrientes.

PEJESAPO RAYADO
Antennarius striatus
Localización: océanos tropicales y subtropicales
Longitud: hasta 10 cm

Las aletas evolucionadas de este morador de las profundidades, que parecen patas, le permiten andar por el lecho marino. El pez sapo atrapa a las presas con un movimiento increíblemente rápido y agranda tanto la boca que puede tragarse peces de su mismo tamaño.

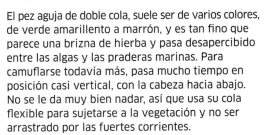

Aletas que usa para andar

BACALAO COMÚN
Gadus morhua
Localización: Atlántico norte, Ártico
Longitud: hasta 1 m

El bacalao común se pasa el día en grandes bancos, nadando a unos 30-80 m del fondo oceánico. Pero en cuanto oscurece, el grupo se disuelve y los sujetos se sumergen en busca de invertebrados y peces más pequeños que viven en el lecho marino, entre ellos los alevines de su propia especie.

ESPLÉNDIDO PEZ SAPO
Sanopus splendidus
Localización: isla de Cozumel, México
Longitud: hasta 24 cm

Este miembro de la familia de los peces sapo, de vivos colores, se alimenta de peces, caracoles y gusanos marinos. Suele encontrarse escondido bajo los afloramientos de coral o cerca de cuevas rocosas, asomando solo la boca.

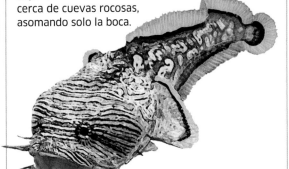

MIRACIELO
Uranoscopus scaber
Localización: Atlántico nororiental, mar Mediterráneo
Longitud: hasta 22 cm

Como otros peces de la misma familia, el miracielo tiene los ojos en la parte superior de la cabeza, mirando hacia el cielo. Permanece sepultado en el lecho marino asomando solo los ojos. Dispone de un órgano especial que puede producir sonidos e impulsos eléctricos, que usa para defenderse y para comunicarse.

FLETÁN
Hippoglossus hippoglossus
Localización: Atlántico norte
Longitud: hasta 4,5 m

El fletán, en peligro de extinción por la sobrepesca, es el pez plano más grande del mundo. El ejemplar más pesado del que se tiene noticia pesaba 320 kg. De alevín come sobre todo invertebrados, pero a medida que crece se alimenta básicamente de peces.

RAYA COMÚN
Raja clavata
Localización: Atlántico oriental, suroeste del océano Índico, mar Mediterráneo
Longitud: hasta 85 cm

Una cresta de dentículos esmaltados en forma de pincho (ver p. 92) recorre el lomo de la raya común. Las hembras tienen pinchos incluso en la parte inferior. Los alevines permanecen cerca de la costa, y los adultos se aventuran en aguas más profundas y solo se acercan a aguas menos profundas en primavera y verano.

PEZ ROCA
Chorisochismus dentex
Localización: Atlántico sureste
Longitud: hasta 30 cm

El pez roca vive en aguas muy poco profundas, incluso dentro de la zona intermareal. Se aferra a las rocas con las aletas, que actúan a modo de ventosas, y usa sus grandes dientes en forma de colmillo para cazar lapas, que también están adheridas a las rocas.

Tiburón martillo gigante

Este tiburón, el más grande de las nueve especies de tiburón martillo que existen, dispone de un enorme martillo y de una aleta dorsal alta. Estos tiburones, que son unos cazadores y nadadores formidables, realizan largas migraciones estacionales, desplazándose de aguas cálidas a otras más frías durante los meses estivales.

El tiburón martillo gigante está en grave peligro de extinción, ya que es cazado por su aleta dorsal, que se usa para hacer sopa de aleta de tiburón y por sus cualidades medicinales en algunos países. Dado que se reproducen con lentitud –la gestación dura 11 meses y las hembras se reproducen solo cada 2 años– a la especie le cuesta recuperarse de la sobrepesca.

Aleta dorsal
Esta aleta enorme evita que el tiburón se balancee de un lado a otro, pero también le sirve para hacer giros bruscos.

Piel de tiburón
En este primer plano de la piel del tiburón se aprecian sus duras escamas en forma de V. Se llaman dentículos, se estructuran igual que los dientes y están recubiertos por una capa de esmalte. Contribuyen a reducir la fricción y las turbulencias.

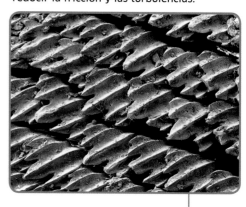

Magnífico nadador
El tiburón martillo está siempre en movimiento: si deja de nadar, se ahoga: al quedarse quieto, el agua deja de fluir por sus branquias. Gracias a su ligero esqueleto y a la forma de su cuerpo, es un nadador rápido y eficaz. Para girar, cambia la posición de las aletas, modificando el flujo de agua sobre su cuerpo.

Aleta caudal
La mueve de un lado a otro para propulsarse hacia delante. La aleta caudal del tiburón martillo tiene dos lóbulos desiguales: el superior siempre es más grande que el inferior.

Una segunda aleta dorsal estabiliza la parte trasera del tiburón

En busca de presas
Cuando caza, el tiburón martillo gigante nada cerca del lecho marino, realizando amplios movimientos con la cabeza, como si estuviera escaneando el fondo oceánico. Lo hace porque, además de la vista y el olfato, dispone de unos diminutos sensores eléctricos que detectan los impulsos eléctricos de las presas. Gracias a ello, al tiburón le resulta más fácil encontrar a los animales que se ocultan en la arena.

Cerebro

Martillo

Unos sensores eléctricos miden los cambios de voltaje en el agua.

Raya sepultada en la arena

Campo eléctrico que forman los impulsos producidos por los músculos de esta raya

Aleta pélvica
Un par de aletas pélvicas le ayudan a girar, rodar y desplazarse.

Contrailuminación
El color pálido de su parte inferior hace que sea menos visible en contraste con la superficie bañada por el sol, y más difícil de detectar por sus presas cuando se acerca desde arriba.

3000 km **recorre** un tiburón martillo gigante al año en su **migración**.

30 000 **dientes** puede llegar a fabricar un tiburón **a lo largo de su vida**.

93

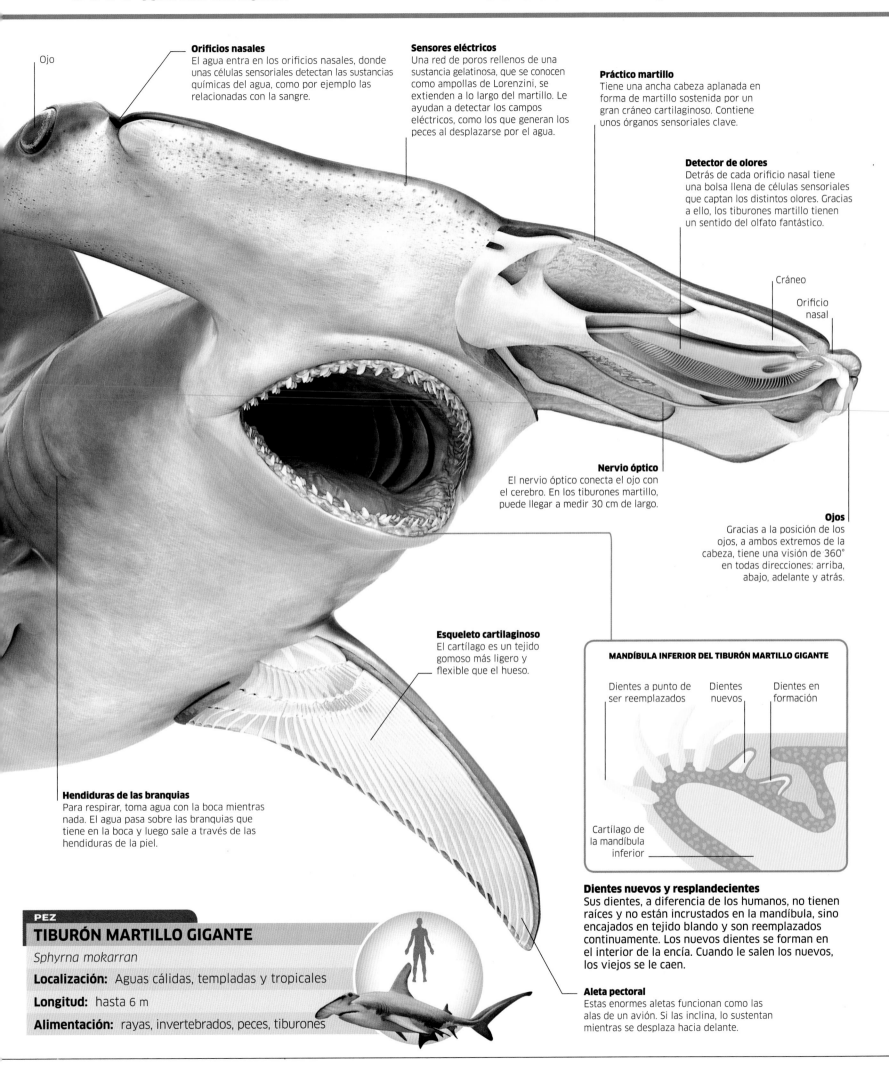

Ojo

Orificios nasales
El agua entra en los orificios nasales, donde unas células sensoriales detectan las sustancias químicas del agua, como por ejemplo las relacionadas con la sangre.

Sensores eléctricos
Una red de poros rellenos de una sustancia gelatinosa, que se conocen como ampollas de Lorenzini, se extienden a lo largo del martillo. Le ayudan a detectar los campos eléctricos, como los que generan los peces al desplazarse por el agua.

Práctico martillo
Tiene una ancha cabeza aplanada en forma de martillo sostenida por un gran cráneo cartilaginoso. Contiene unos órganos sensoriales clave.

Detector de olores
Detrás de cada orificio nasal tiene una bolsa llena de células sensoriales que captan los distintos olores. Gracias a ello, los tiburones martillo tienen un sentido del olfato fantástico.

Cráneo

Orificio nasal

Nervio óptico
El nervio óptico conecta el ojo con el cerebro. En los tiburones martillo, puede llegar a medir 30 cm de largo.

Ojos
Gracias a la posición de los ojos, a ambos extremos de la cabeza, tiene una visión de 360° en todas direcciones: arriba, abajo, adelante y atrás.

Esqueleto cartilaginoso
El cartílago es un tejido gomoso más ligero y flexible que el hueso.

MANDÍBULA INFERIOR DEL TIBURÓN MARTILLO GIGANTE

Dientes a punto de ser reemplazados

Dientes nuevos

Dientes en formación

Cartílago de la mandíbula inferior

Hendiduras de las branquias
Para respirar, toma agua con la boca mientras nada. El agua pasa sobre las branquias que tiene en la boca y luego sale a través de las hendiduras de la piel.

Dientes nuevos y resplandecientes
Sus dientes, a diferencia de los humanos, no tienen raíces y no están incrustados en la mandíbula, sino encajados en tejido blando y son reemplazados continuamente. Los nuevos dientes se forman en el interior de la encía. Cuando le salen los nuevos, los viejos se le caen.

Aleta pectoral
Estas enormes aletas funcionan como las alas de un avión. Si las inclina, lo sustentan mientras se desplaza hacia delante.

PEZ

TIBURÓN MARTILLO GIGANTE

Sphyrna mokarran

Localización: Aguas cálidas, templadas y tropicales

Longitud: hasta 6 m

Alimentación: rayas, invertebrados, peces, tiburones

94 aguas costeras ○ **TIBURONES**

100 millones de tiburones **mueren cada año** por el hombre, y solo **6 personas** son **víctimas de los tiburones**.

Tiburones

Hay más de 500 especies de tiburón: el más pequeño mide lo mismo que un lápiz, y el más largo, más que un autobús. Todos tienen un esqueleto de cartílago flexible, en vez de hueso duro, y todos cuentan con un agudo sentido del olfato.

Los tiburones son tan variados en tamaño y aspecto, como en hábitos. Muchos pasan la mayor parte del tiempo en aguas poco profundas, en las costas o los arrecifes de coral. Otros viven en aguas más profundas y solo visitan los mares poco profundos y más cálidos en invierno o para aprovechar alguna fuente de alimento estacional, como las crías de foca o los peces migratorios. Algunos son veloces y hábiles depredadores, y otros se alimentan de organismos microscópicos que filtran del agua, o de los moluscos de caparazón duro del lecho marino.

TIBURÓN TIGRE
Galeocerdo cuvier
Localización: aguas cálidas
Longitud: más de 5,5 m

Las rayas oscuras a las que debe su nombre son más prominentes en los animales más jóvenes y se van desvaneciendo con la edad. El tiburón tigre come una gran variedad de alimentos, desde serpientes de mar y calamares, hasta focas y delfines.

TIBURÓN PEREGRINO
Cetorhinus maximus
Localización: en todo el mundo
Longitud: más de 10 m

Este tiburón filtrador, que se desplaza con su gigantesca boca abierta de par en par, nada lentamente por la superficie, tragando agua y atrapando el plancton, que incluye larvas de peces y otras presas diminutas. Estos organismos minúsculos quedan atrapados en unas cerdas llamadas branquiespinas.

TIBURÓN PUNTA NEGRA
Carcharhinus melanopterus
Localización: Indopacífico
Longitud: hasta 2 m

Es una de las especies de tiburón más comunes en las aguas poco profundas que rodean los arrecifes de coral. No suelen alejarse mucho, sino que prefieren permanecer en la misma zona durante varios años. Suelen alimentarse de moluscos como los calamares y los pulpos, peces y crustáceos.

TIBURÓN TORO
Carcharhinus leucas
Localización: aguas cálidas costeras
Longitud: hasta 3,5 m

El tiburón toro, que vive en las zonas costeras de aguas poco profundas, es el único capaz de vivir tanto en agua dulce como salada. Se alimenta de una gran variedad de animales.

TIBURÓN NODRIZA LEONADO
Nebrius ferrugineus
Localización: Indopacífico
Longitud: hasta 3,5 m

Los tiburones nodriza leonados se pasan el día amontonados unos encima de otros dentro de cuevas marinas o bajo cornisas rocosas. Por la noche, salen para alimentarse: succionando sacan a pulpos, serpientes de mar, peces e invertebrados de sus cuevas y grietas.

Tiene espinas en sus aletas dorsales

SUÑO CORNUDO
Heterodontus francisci
Localización: costa del Pacífico norte
Longitud: hasta 1 m

Cazador nocturno, se alimenta de moluscos, estrellas de mar, erizos de mar y crustáceos. Tiene una fuerte mordida que destroza el caparazón de sus presas. Relativamente pequeño y lento para ser un tiburón, presenta grandes espinas en las aletas dorsales (lomo), que le sirven para defenderse.

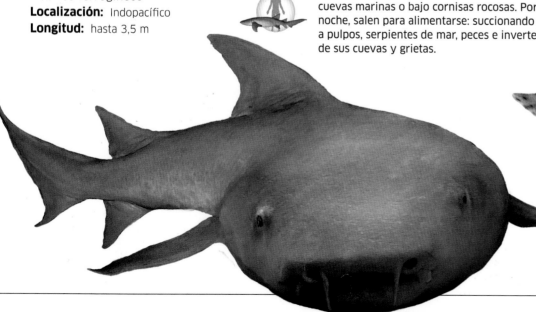

70 años es la **longevidad** estimada de un **tiburón blanco** macho.

513 **especies de tiburón** se han descubierto hasta la fecha.

450 toneladas de agua **filtra** un tiburón peregrino cada hora **con sus branquias**.

95

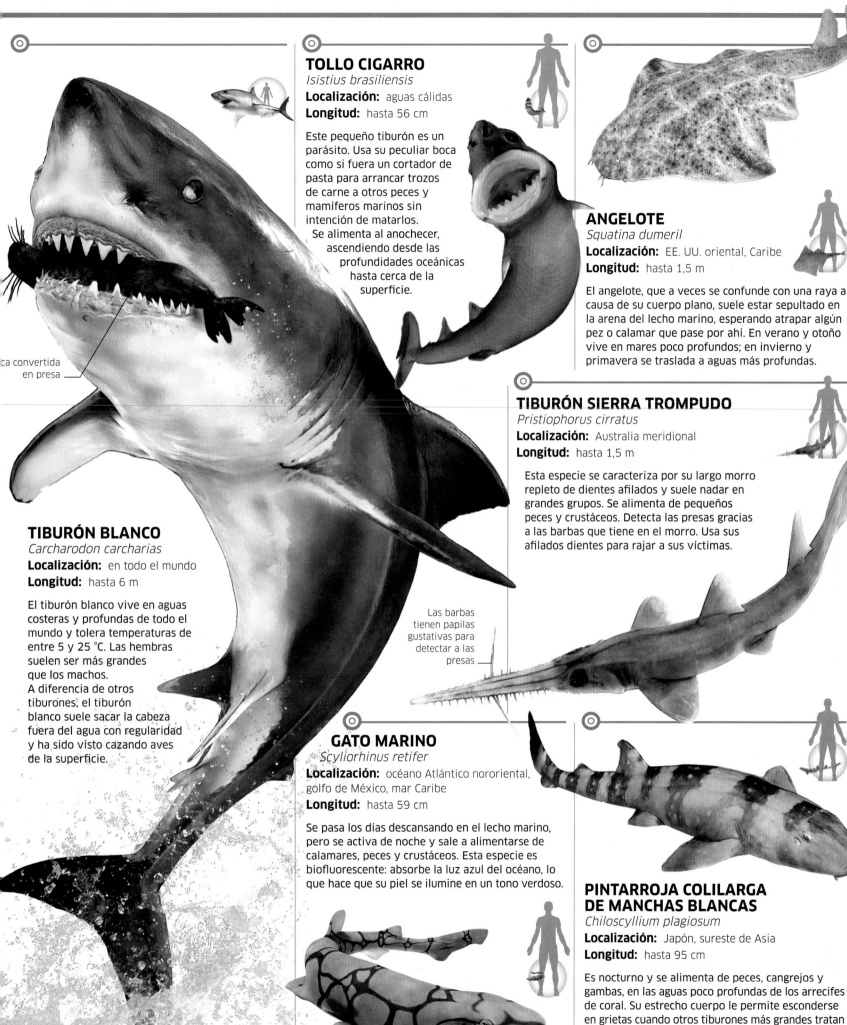

TOLLO CIGARRO
Isistius brasiliensis
Localización: aguas cálidas
Longitud: hasta 56 cm

Este pequeño tiburón es un parásito. Usa su peculiar boca como si fuera un cortador de pasta para arrancar trozos de carne a otros peces y mamíferos marinos sin intención de matarlos.
Se alimenta al anochecer, ascendiendo desde las profundidades oceánicas hasta cerca de la superficie.

ANGELOTE
Squatina dumeril
Localización: EE. UU. oriental, Caribe
Longitud: hasta 1,5 m

El angelote, que a veces se confunde con una raya a causa de su cuerpo plano, suele estar sepultado en la arena del lecho marino, esperando atrapar algún pez o calamar que pase por ahí. En verano y otoño vive en mares poco profundos; en invierno y primavera se traslada a aguas más profundas.

TIBURÓN SIERRA TROMPUDO
Pristiophorus cirratus
Localización: Australia meridional
Longitud: hasta 1,5 m

Esta especie se caracteriza por su largo morro repleto de dientes afilados y suele nadar en grandes grupos. Se alimenta de pequeños peces y crustáceos. Detecta las presas gracias a las barbas que tiene en el morro. Usa sus afilados dientes para rajar a sus víctimas.

ca convertida en presa

TIBURÓN BLANCO
Carcharodon carcharias
Localización: en todo el mundo
Longitud: hasta 6 m

El tiburón blanco vive en aguas costeras y profundas de todo el mundo y tolera temperaturas de entre 5 y 25 °C. Las hembras suelen ser más grandes que los machos.
A diferencia de otros tiburones, el tiburón blanco suele sacar la cabeza fuera del agua con regularidad y ha sido visto cazando aves de la superficie.

Las barbas tienen papilas gustativas para detectar a las presas

GATO MARINO
Scyliorhinus retifer
Localización: océano Atlántico nororiental, golfo de México, mar Caribe
Longitud: hasta 59 cm

Se pasa los días descansando en el lecho marino, pero se activa de noche y sale a alimentarse de calamares, peces y crustáceos. Esta especie es biofluorescente: absorbe la luz azul del océano, lo que hace que su piel se ilumine en un tono verdoso.

PINTARROJA COLILARGA DE MANCHAS BLANCAS
Chiloscyllium plagiosum
Localización: Japón, sureste de Asia
Longitud: hasta 95 cm

Es nocturno y se alimenta de peces, cangrejos y gambas, en las aguas poco profundas de los arrecifes de coral. Su estrecho cuerpo le permite esconderse en grietas cuando otros tiburones más grandes tratan de capturarlo.

96 aguas costeras ∘ **SARDINAS EN MARCHA**

7 km es la **longitud estimada** de algunos de los **bancos más grandes** vistos cerca de la costa de Sudáfrica.

Sardinas en marcha

La mayoría de los inviernos, se produce un acontecimiento espectacular cerca de la costa de Sudáfrica. Se trata de la carrera de la sardina, en la que millones de sardinas migratorias atraen a montones de depredadores hambrientos en un festín frenético.

Los peces suelen formar grupos llamados bancos. A veces un banco se desplaza en formación, sincronizando sus movimientos. Los peces recurren a este comportamiento cuando emigran o para ahuyentar a los depredadores. La carrera de la sardina se produce en muchos lugares del mundo, pero los bancos de Sudáfrica están entre los más grandes, aunque la cantidad y el tamaño varía cada año.

Bola de cebo que se disgrega

Los grandes bancos de sardinas migratorias en seguida atraen la atención de los depredadores. Cuando las sardinas notan su presencia, nadan más juntas, formando esferas abarrotadas llamadas bolas de cebo. Los delfines comunes suelen ser los primeros en llegar y se dedican a empujar las sardinas para que se junten más entre sí y suban hacia la superficie, de modo que no les dejan escapatoria. Inmediatamente aparecen otros depredadores, tanto desde el mar como desde el cielo. Cuando inician el ataque, las bolas de cebo se deshacen.

Seguir la corriente fría

Las sardinas prefieren temperaturas más bajas, así que en verano se quedan en las aguas frías cercanas a Sudáfrica y en la corriente gélida de Benguela, al oeste. En invierno, los mares costeros de la costa este se vuelven lo bastante fríos como para que las sardinas migren más al norte a desovar, algo que hacen millones de ellas a la vez. Después, probablemente regresan al sur, a las aguas frías y profundas que hay más abajo de la corriente cálida de las Agujas.

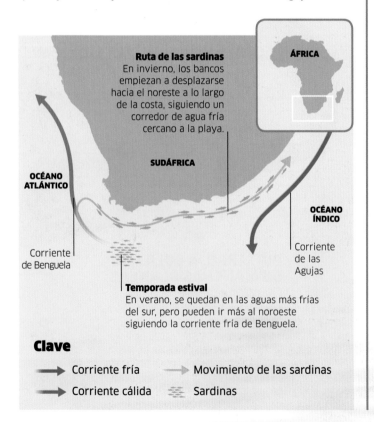

Ruta de las sardinas
En invierno, los bancos empiezan a desplazarse hacia el noreste a lo largo de la costa, siguiendo un corredor de agua fría cercano a la playa.

ÁFRICA

SUDÁFRICA

OCÉANO ATLÁNTICO

OCÉANO ÍNDICO

Corriente de Benguela

Corriente de las Agujas

Temporada estival
En verano, se quedan en las aguas más frías del sur, pero pueden ir más al noroeste siguiendo la corriente fría de Benguela.

Clave

→ Corriente fría
→ Corriente cálida
→ Movimiento de las sardinas
≈ Sardinas

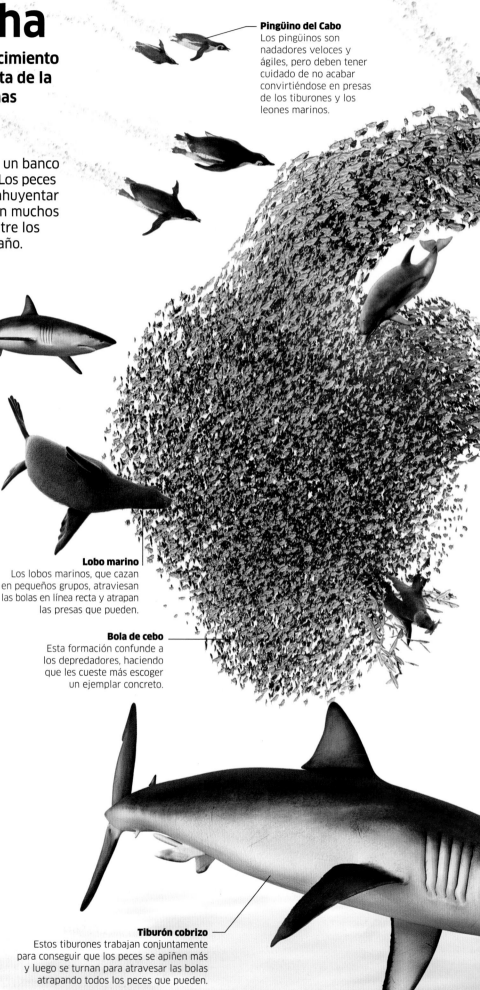

Pingüino del Cabo
Los pingüinos son nadadores veloces y ágiles, pero deben tener cuidado de no acabar convirtiéndose en presas de los tiburones y los leones marinos.

Lobo marino
Los lobos marinos, que cazan en pequeños grupos, atraviesan las bolas en línea recta y atrapan las presas que pueden.

Bola de cebo
Esta formación confunde a los depredadores, haciendo que les cueste más escoger un ejemplar concreto.

Tiburón cobrizo
Estos tiburones trabajan conjuntamente para conseguir que los peces se apiñen más y luego se turnan para atravesar las bolas atrapando todos los peces que pueden.

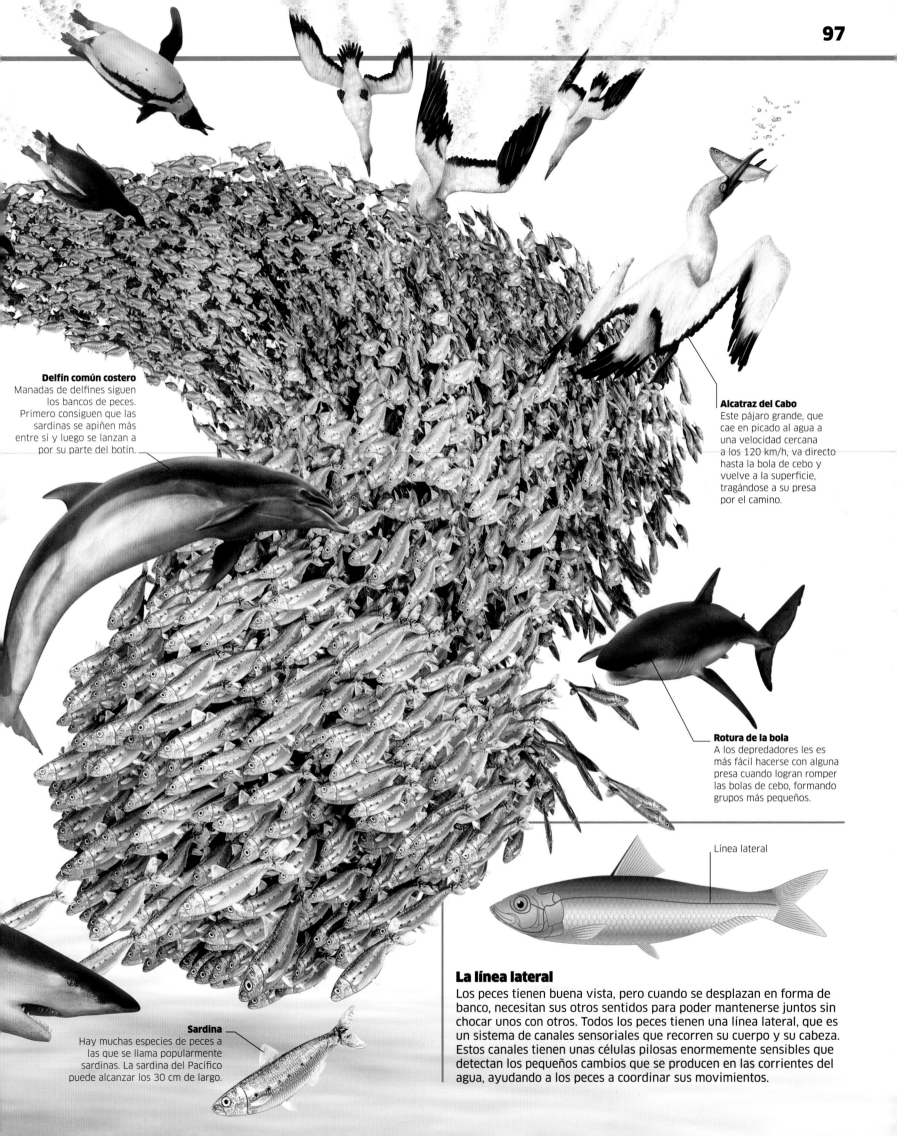

Delfín común costero
Manadas de delfines siguen los bancos de peces. Primero consiguen que las sardinas se apiñen más entre sí y luego se lanzan a por su parte del botín.

Alcatraz del Cabo
Este pájaro grande, que cae en picado al agua a una velocidad cercana a los 120 km/h, va directo hasta la bola de cebo y vuelve a la superficie, tragándose a su presa por el camino.

Rotura de la bola
A los depredadores les es más fácil hacerse con alguna presa cuando logran romper las bolas de cebo, formando grupos más pequeños.

Línea lateral

Sardina
Hay muchas especies de peces a las que se llama popularmente sardinas. La sardina del Pacífico puede alcanzar los 30 cm de largo.

La línea lateral

Los peces tienen buena vista, pero cuando se desplazan en forma de banco, necesitan sus otros sentidos para poder mantenerse juntos sin chocar unos con otros. Todos los peces tienen una línea lateral, que es un sistema de canales sensoriales que recorren su cuerpo y su cabeza. Estos canales tienen unas células pilosas enormemente sensibles que detectan los pequeños cambios que se producen en las corrientes del agua, ayudando a los peces a coordinar sus movimientos.

98 aguas costeras • **ARRECIFES DE CORAL**

Los arrecifes de coral solo ocupan un **1 por ciento** del suelo oceánico, pero albergan el **25 por ciento** de las especies oceánicas.

Arrecifes de coral

Son tan grandes que pueden verse desde el espacio y los corales vivos tardan miles de años en construirlos. Epicentros de la vida marina, protegen las costas de las tormentas tropicales.

Los corales son un montón de pólipos coralinos diminutos unidos entre sí. Son animales invertebrados y la mayoría necesitan la luz del sol para vivir. Con las esponjas y otros organismos constructores de arrecifes, proporcionan un hábitat a otros seres vivos. Su estructura crea hábitats perfectos para las algas y los diminutos invertebrados. Estos a su vez atraen a un gran número de especies distintas, que acuden para alimentarse, aportando colorido, sonidos y una gran variedad de formas a la animada escena.

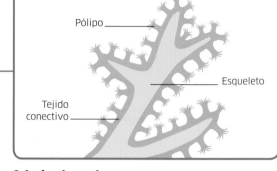

Colonias de coral
Los corales son grandes agrupaciones de unos animales diminutos llamados pólipos que viven juntos unidos por tejido vivo. Los pólipos segregan carbonato de calcio, un mineral que constituye el esqueleto duro que da forma a la colonia.

El día y la noche en el arrecife
Durante el día, el arrecife está muy concurrido, con todo tipo de peces de vivos colores, que se pasan el tiempo pastando y protegiendo su territorio, mientras los peces nocturnos descansan bajo las cornisas y entre las grietas. Por la noche, la mayoría de los herbívoros buscan refugio y los peces carnívoros salen de caza. También es por la noche cuando la mayoría de corales abren sus pólipos para alimentarse.

Pez mariposa amarillo de nariz larga
Este pez ahuyenta a cualquier intruso de su parcela de coral.

ARRECIFE DE DÍA

Pez loro
Este pez loro se alimenta de corales y de las algas que viven en su interior.

Pez ángel real
El pez ángel real se alimenta de esponjas: unos animales simples que parecen plantas y están fijadas al lecho del arrecife.

Chromis
Estos pececillos nadan sobre el coral para alimentarse de plancton.

Abanico de mar
Los abanicos de mar son corales blandos. No producen un esqueleto duro de carbonato de calcio.

Coral cerebral
La forma redondeada y la superficie acanalada de este robusto coral recuerdan un poco la forma de un cerebro. Durante el día no se alimenta, así que mantiene los tentáculos retraídos hasta la noche.

Guarida del tiburón
Los tiburones de arrecife de punta blanca se pasan el día descansando en cuevas y bajo los salientes.

Babosa de mar
Suelen ser venenosas y recorren el arrecife mordisqueando esponjas.

Esponja tubular

Pez cirujano amarillo
De día es amarillo, pero de noche, su color se apaga y le sale una raya blanca.

1/3 de los **arrecifes de coral** del mundo están en **Australia** e **Indonesia**.

1000 **especies de coral duro** se estima que existen en el mundo; **sustentan** a más de **4000 especies de peces**.

99

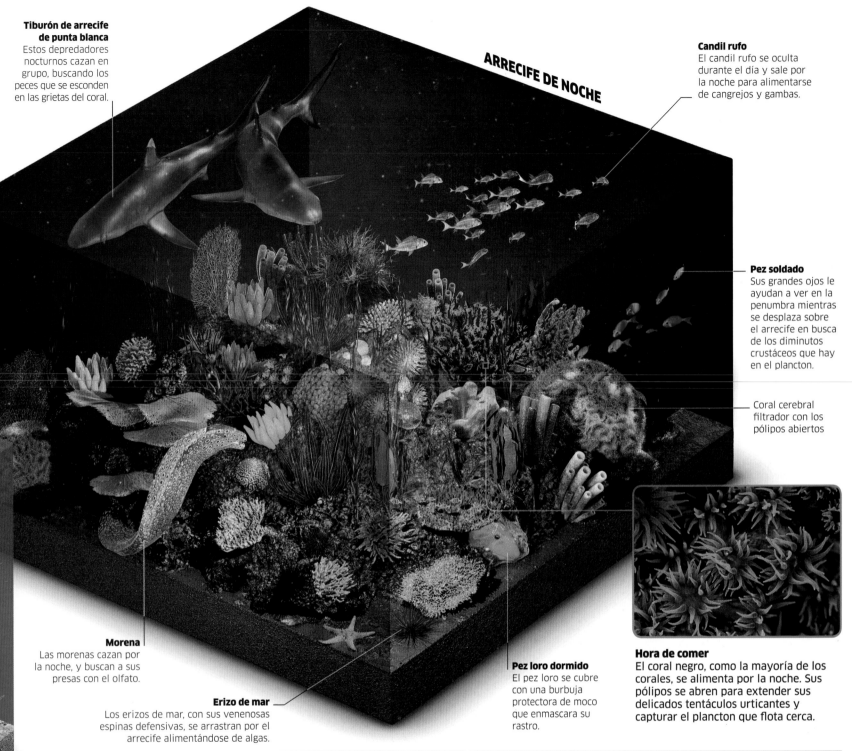

ARRECIFE DE NOCHE

Tiburón de arrecife de punta blanca
Estos depredadores nocturnos cazan en grupo, buscando los peces que se esconden en las grietas del coral.

Candil rufo
El candil rufo se oculta durante el día y sale por la noche para alimentarse de cangrejos y gambas.

Pez soldado
Sus grandes ojos le ayudan a ver en la penumbra mientras se desplaza sobre el arrecife en busca de los diminutos crustáceos que hay en el plancton.

Coral cerebral filtrador con los pólipos abiertos

Morena
Las morenas cazan por la noche, y buscan a sus presas con el olfato.

Erizo de mar
Los erizos de mar, con sus venenosas espinas defensivas, se arrastran por el arrecife alimentándose de algas.

Pez loro dormido
El pez loro se cubre con una burbuja protectora de moco que enmascara su rastro.

Hora de comer
El coral negro, como la mayoría de los corales, se alimenta por la noche. Sus pólipos se abren para extender sus delicados tentáculos urticantes y capturar el plancton que flota cerca.

Pólipos coralinos

Cada pólipo del coral es un organismo independiente. Sus tentáculos contienen células urticantes que paralizan a sus presas: el plancton y los pececillos. Los tentáculos llevan la comida a la boca central. Cada pólipo tiene su propio exoesqueleto, una parte diminuta del esqueleto llamada coralito. A medida que crece, el pólipo va añadiendo más minerales al esqueleto del coral, aumentando su grosor.

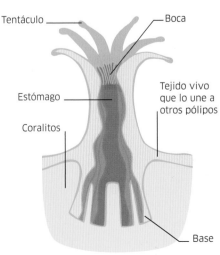

Tentáculo

Boca

Estómago

Tejido vivo que lo une a otros pólipos

Coralitos

Base

Coral blanqueado

En los tejidos del coral viven algas microscópicas llamadas zooxanthellas, que usan la energía del Sol para fabricar el alimento del coral. Basta con que la temperatura del agua suba 1 °C por encima de la media para que el coral las expulse. Eso provoca su blanqueamiento. Si nuevas algas no ocupan el lugar de las expulsadas en un breve plazo de tiempo, el coral puede morir, dejando solo un esqueleto de color claro.

100 aguas costeras ○ **PEZ LIMPIADOR**

1218 parásitos puede comer en un día un **pez limpiador**.

Estaciones de limpieza

Las estaciones de limpieza son zonas de los arrecifes donde los animales acuáticos saben que pueden ir para que otros animales les quiten los parásitos, las algas y los tejidos muertos. Los animales que acuden a estas estaciones se conocen como clientes.

A la cola

Los clientes hacen cola en la estación de limpieza y ven trabajar a los limpiadores. Si el pez limpiador se excede y muerde al cliente, los que están en la cola se van a otra estación. En la imagen, una tortuga verde espera a que el pez cirujano amarillo acabe con el cliente anterior.

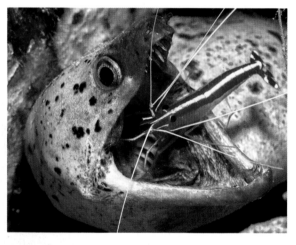

Camarón limpiador

Los peces no son los únicos limpiadores del océano. Hay especies de camarón que se han especializado en limpiar de parásitos a sus clientes, como esta morena. El camarón limpiador suele estar en las estaciones de limpieza de los arrecifes de coral, a veces junto a los peces limpiadores.

Relación fructífera

Este agrupador de coral se beneficia de que le quiten los parásitos y el tejido muerto del cuerpo. A cambio, el limpiador consigue una buena comida. En cuanto el agrupador consigue la atención del equipo de limpieza, adopta una posición relajada, demostrando a los limpiadores que pueden empezar a trabajar sin correr ningún riesgo. Cada especie de cliente tiene su propia postura relajada.

PEZ

PEZ LIMPIADOR

Labroides dimidiatus

Localización: océanos Índico y Pacífico

Longitud: hasta 14 cm

Alimentación: parásitos crustáceos, piel, mucus

Pez limpiador

El pez limpiador debe su nombre a su inusual hábito alimentario. Estos peces, que trabajan en grupos, son especialistas en encontrar y comerse los parásitos, la piel muerta y el mucus de otros peces.

Un grupo puede estar formado por un macho y varias hembras, o por un macho y una hembra, o solo por alevines. Todos los peces limpiadores nacen hembras. Cuando un macho muere, la hembra más grande se transforma en macho y ocupa su lugar. Si un macho pierde todas las hembras de su grupo, se empareja con el primer pez limpiador que encuentra, aunque sea otro macho. Cuando eso ocurre, el macho menos dominante de los dos se transforma de nuevo en hembra. El pez limpiador se pasa toda la vida en las estaciones de limpieza de los arrecifes de coral, en las aguas costeras tropicales poco profundas.

Saludo

El pez limpiador saluda a sus posibles clientes con una especie de baile en el que mueve la cola arriba y abajo, sobre todo cuando el cliente es nuevo, o cuando el pez limpiador es alevín y, por tanto, tiene más posibilidades de convertirse en presa.

Mandíbula protráctil

La boca del pez limpiador sobresale, lo que le permite agarrar los parásitos, como si tuviera unas pinzas, y luego llevárselos a la boca.

Uniforme reconocible

Los clientes reconocen de lejos a los peces limpiadores adultos por la raya negra que tienen en la parte inferior de los costados.

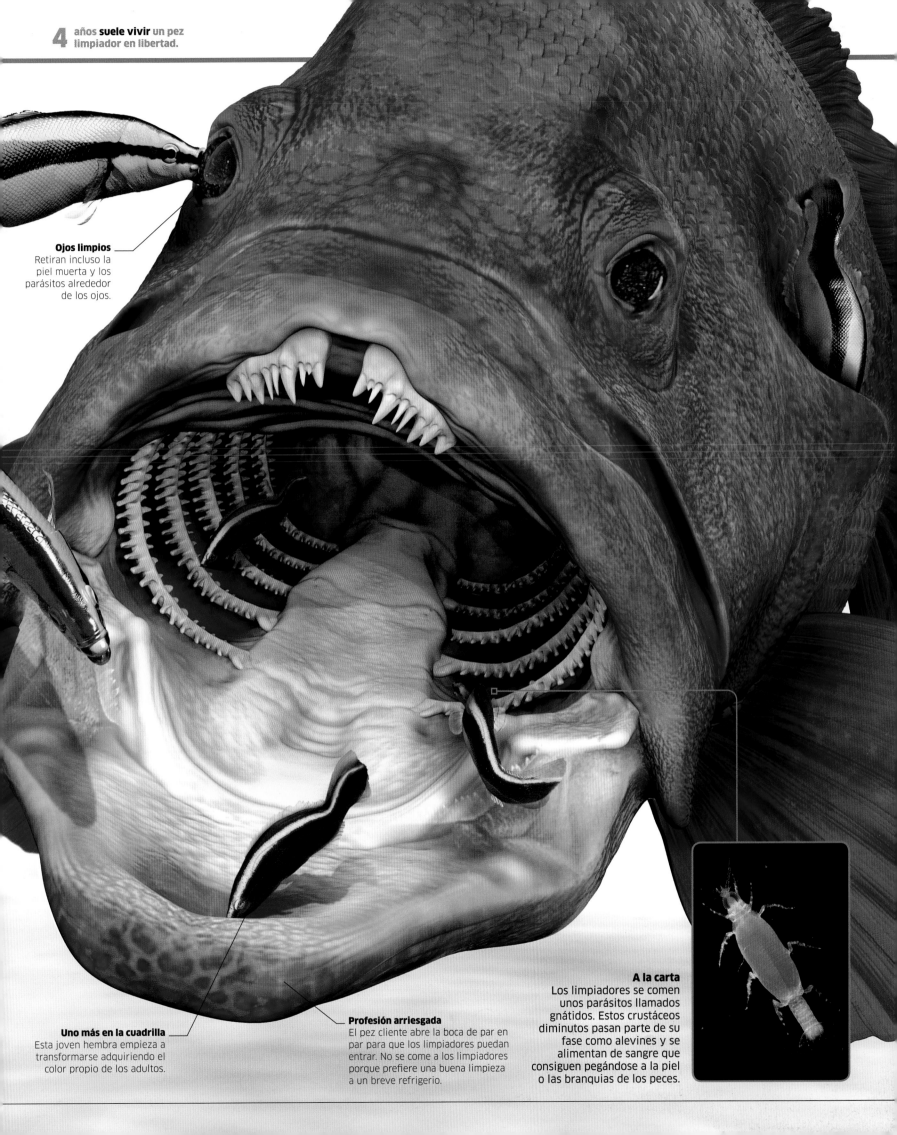

Ojos limpios
Retiran incluso la piel muerta y los parásitos alrededor de los ojos.

Uno más en la cuadrilla
Esta joven hembra empieza a transformarse adquiriendo el color propio de los adultos.

Profesión arriesgada
El pez cliente abre la boca de par en par para que los limpiadores puedan entrar. No se come a los limpiadores porque prefiere una buena limpieza a un breve refrigerio.

A la carta
Los limpiadores se comen unos parásitos llamados gnátidos. Estos crustáceos diminutos pasan parte de su fase como alevines y se alimentan de sangre que consiguen pegándose a la piel o las branquias de los peces.

102 aguas costeras • **LA VIDA DEL ARRECIFE**

42 especies de **peces ballesta** viven en los arrecifes de coral de todo el mundo.

La vida del arrecife

Los arrecifes de coral albergan una enorme variedad de especies. Sus complejas estructuras ofrecen casas, y zonas para alimentarse y para cazar, a muchos peces e invertebrados de vivos colores.

Los animados arrecifes, que crecen en las aguas cálidas de todo el planeta, ofrecen sustento a un gran número de seres vivos. Las microscópicas algas marinas, que fabrican su propio alimento a partir del Sol, crecen en abundancia. Un gran número de pequeños invertebrados y pececillos se alimentan de estos organismos diminutos y, a su vez, atraen a peces más grandes, que se alimentan de ellos.

PEZ TROMPETA CHINA
Aulostomus chinensis
Localización: Indopacífico, salvo el mar Rojo
Longitud: hasta 80 cm

Los peces trompeta son depredadores que están siempre al acecho. Se esconden detrás de un coral o un abanico marino hasta que algún pececillo confiado está a su alcance. Entonces, usando sus aletas caudales (cola) para propulsar su cuerpo, salen de su escondite y atrapan a su presa.

Abre la boca de par en par para succionar las presas

CORONA DE ESPINAS
Acanthaster planci
Localización: Indopacífico
Diámetro: más de 70 cm

La formidable corona de espinas, con hasta un total de 23 brazos cubiertos de espinas llenas de toxinas, es una estrella de mar que se alimenta de coral. El aumento de su población, combinado con un aumento de la temperatura del mar a causa del cambio climático, han destruido algunos arrecifes de coral.

COBRA MARINA
Laticauda colubrina
Localización: Indopacífico
Longitud: hasta 1,5 m

Esta serpiente de mar venenosa, que caza anguilas en los arrecifes poco profundos, vuelve a tierra firme para digerir la comida, donde también muda la piel cuando crece. A las hembras les gusta comerse congrios grandes, y a los machos, las morenas pequeñas.

LABRIDO CARPINTERO
Paracheilinus carpenteri
Localización: Pacífico occidental
Longitud: hasta 8 cm

Los machos de esta especie usan la velocidad y los vivos colores de su piel para intentar impresionar a las hembras. El ritual de apareamiento incluye lanzarse al agua desde un escollo moviendo rápidamente las aletas mientras hacen que sus colores brillen con más intensidad.

GUSANO ÁRBOL DE NAVIDAD
Spirobranchus giganteus
Localización: océanos tropicales
Longitud: hasta 4 cm

Este gusano construye un tubo calcáreo para vivir, sepultado en el coral. Extiende una espiral doble de tentáculos que parece un árbol de Navidad sobre la superficie del coral, que usa para respirar y para capturar plancton para comer. Si se siente amenazado, se refugia en el tubo.

MERO GIGANTE
Epinephelus itajara
Localización: costas del Atlántico tropical
Longitud: hasta 2,5 m

Este enorme pez se desplaza lentamente alrededor del arrecife en busca de presas. Caza crustáceos, sobre todo langostas espinosas, pero también tortugas, pulpos y peces. Suele descansar en cuevas o barcos naufragados.

Su enorme boca le permite tragarse la presa entera

455 kg pesaba el **mero gigante más grande** jamás capturado.

Las gambas pistola **cierran las pinzas** muy deprisa, con lo que **crean burbujas de vapor de agua** que explotan y **aturden a sus presas.**

103

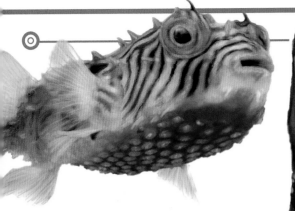

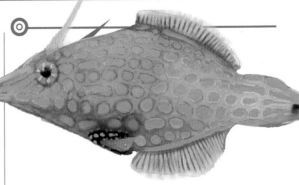

PEZ MANDARÍN
Synchiropus splendidus
Localización: Pacífico occidental
Longitud: hasta 7 cm

Este pez de hermosos colores vive en pequeños grupos, en los escombros que rodean los arrecifes. Son uno de los pocos invertebrados que deben su color azul a un pigmento cutáneo, y no al reflejo de la luz azul. Una capa de mucus de olor muy desagradable ahuyenta a los depredadores.

PEZ LIJA ARLEQUÍN
Oxymonacanthus longirostris
Localización: Indopacífico
Longitud: hasta 12 cm

Suele estar en parejas o pequeños grupos y nidifica en unas algas que crecen en la base de los corales muertos. Tiene una alimentación muy específica, pues solo come los pólipos de un tipo de coral. Huele igual que el coral del que se alimenta, lo que le ayuda a pasar desapercibido.

PEZ ESPINOSO
Chilomycterus schoepfi
Localización: Atlántico occidental
Longitud: hasta 28 cm

Este pez es de la familia del pez puercoespín, que debe su nombre a su piel llena de pinchos. Vive en los arrecifes y las praderas marinas, y se alimenta de caracoles, bivalvos y crustáceos. Puede hinchar su cuerpo si se ve amenazado.

PEZ BALLESTA PICASSO ARÁBIGO
Rhinecanthus assasi
Localización: Indopacífico
Longitud: hasta 30 cm

Tiene una espina que puede quedar bloqueada en posición vertical por otra espina más pequeña que tiene justo detrás, conocida como gatillo. El pez usa la espina vertical para encerrarse en las grietas y que los depredadores no puedan sacarlo de allí. Cuando el peligro desaparece, se libera.

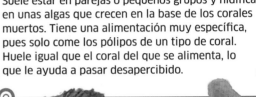

Espina vertical

GAMBA PISTOLA ROJA
Alpheus randalli
Localización: océano Índico
Longitud: hasta 3 cm

Esta gamba usa su enorme pinza para excavar una cueva en los escombros que hay alrededor de los arrecifes. Aquí vive junto a un pez gobio. El gobio es del mismo tamaño, o mayor, que la gamba, y tiene mejor vista, así que cuando este se refugia en la cueva, la gamba lo sigue.

ESTRELLA DE LA CANASTA
Astrocladus euryale
Localización: Sudáfrica
Diámetro: más de 1 m

La estrella de la canasta, pariente de las estrellas de mar, tiene 10 brazos que se dividen en extremidades aún más finas. Usa sus largos y sinuosos brazos para atrapar alimentos, normalmente pequeños crustáceos, y llevárselos a la boca, que se encuentra ubicada en el centro de su parte inferior en forma de disco.

Vecinos cercanos

Los arrecifes de coral son mundos vibrantes repletos de vida, donde conviven un gran número de especies, con vecinos encima, debajo y a ambos lados.

Algunos moradores de los arrecifes han encontrado la forma de convivir beneficiándose mutuamente. Este pez payaso de cola amarilla, que vive en una anémona burbuja en el Indopacífico, resiste las picaduras de los tentáculos de la anémona. El pez ayuda a eliminar los desechos de los tentáculos y, a cambio, obtiene alimento y un lugar seguro en el que vivir.

Buzo de salvataje
Los buzos especializados pueden recuperar partes y cargamentos útiles o valiosos de las embarcaciones hundidas.

Alteraciones hechas por un pulpo
Los animales, como este pulpo común, pueden desplazar o romper partes del barco para construirse su casa.

1 Barco naufragado
Dependiendo de cómo y por qué se hunda un barco, este puede llegar al fondo del océano casi intacto, como el de la imagen, o a pedazos. Cuando se produce un naufragio accidental, si lleva una carga peligrosa o tóxica, como petróleo, su vertido puede tener un grave impacto sobre el entorno.

2 Descomposición
El casco de hierro ha empezado a oxidarse, lo que debilita el metal. Las partes corroídas se rompen y los animales también provocan daños. La rapidez del deterioro depende del material del casco y de los años que tenga, así como de la profundidad, las olas, los niveles de oxígeno del agua y la temperatura: se descompone antes en aguas cálidas y agitadas.

Instalándose
Los recovecos y las grietas del barco son un refugio perfecto para cangrejos como este que, de lo contrario, quedaría expuesto.

Naufragios

Tormentas, colisiones, guerras y peligros de la navegación como los arrecifes o los bancos de arena pueden provocar el hundimiento de una embarcación. Estas acaban en el fondo del mar y, con el tiempo, pueden terminar formando parte del entorno marino.

Hoy en día, a veces se hunden a propósito barcos viejos para crear arrecifes artificiales. Estos barcos proporcionan un hábitat a las criaturas marinas, atraen a más peces y por tanto mejoran el rendimiento pesquero y potencian el turismo relacionado con el buceo.

De barco naufragado a arrecife

Este barco naufragado, que descansa sobre el lecho marino cerca de los Outer Banks, Carolina del Norte, Estados Unidos, se encuentra a una profundidad de unos 30 m. Las larvas de peces coralinos arrastradas por la corriente no tardaron en establecerse, y así surgió un nuevo arrecife. Poco a poco, el casco de hierro se fue transformando y pasó de ser un objeto reconocible hecho por el hombre a ser un hábitat aparentemente natural.

123 especies colonizaron el barco naufragado
USNS General Hoyt S. Vandenberg en solo un año.

Además de los barcos, también pueden convertirse en arrecifes artificiales
vagones de metro, tanques y aviones sumergidos a tal efecto.

107

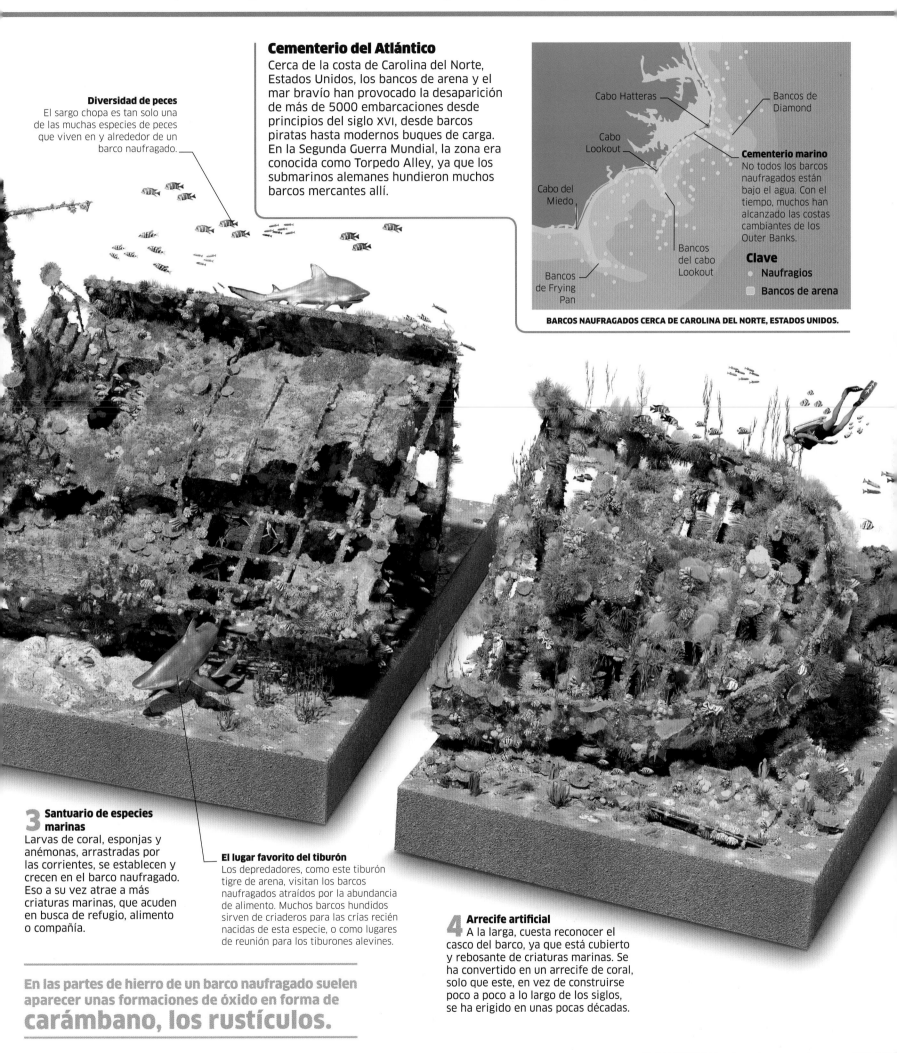

Diversidad de peces
El sargo chopa es tan solo una de las muchas especies de peces que viven en y alrededor de un barco naufragado.

Cementerio del Atlántico
Cerca de la costa de Carolina del Norte, Estados Unidos, los bancos de arena y el mar bravío han provocado la desaparición de más de 5000 embarcaciones desde principios del siglo XVI, desde barcos piratas hasta modernos buques de carga. En la Segunda Guerra Mundial, la zona era conocida como Torpedo Alley, ya que los submarinos alemanes hundieron muchos barcos mercantes allí.

Cabo Hatteras
Bancos de Diamond
Cabo Lookout
Cabo del Miedo

Cementerio marino
No todos los barcos naufragados están bajo el agua. Con el tiempo, muchos han alcanzado las costas cambiantes de los Outer Banks.

Bancos del cabo Lookout
Bancos de Frying Pan

Clave
○ Naufragios
▪ Bancos de arena

BARCOS NAUFRAGADOS CERCA DE CAROLINA DEL NORTE, ESTADOS UNIDOS.

3 Santuario de especies marinas
Larvas de coral, esponjas y anémonas, arrastradas por las corrientes, se establecen y crecen en el barco naufragado. Eso a su vez atrae a más criaturas marinas, que acuden en busca de refugio, alimento o compañía.

El lugar favorito del tiburón
Los depredadores, como este tiburón tigre de arena, visitan los barcos naufragados atraídos por la abundancia de alimento. Muchos barcos hundidos sirven de criaderos para las crías recién nacidas de esta especie, o como lugares de reunión para los tiburones alevines.

4 Arrecife artificial
A la larga, cuesta reconocer el casco del barco, ya que está cubierto y rebosante de criaturas marinas. Se ha convertido en un arrecife de coral, solo que este, en vez de construirse poco a poco a lo largo de los siglos, se ha erigido en unas pocas décadas.

En las partes de hierro de un barco naufragado suelen aparecer unas formaciones de óxido en forma de
carámbano, los rustículos.

LA COSTA

La costa es la frontera entre el mar y la tierra. Es un entorno cambiante, siempre afectado por las mareas. Las olas que rompen contra la costa llevan espuma salada hasta tierra firme, mientras que la marea baja deja las criaturas marinas expuestas. A pesar de las difíciles condiciones, la costa rebosa de vida.

COSTAS

La costa está donde coinciden el océano y la tierra firme. El punto de encuentro entre estos dos mundos tan distintos crea un entorno único en el que los seres vivos deben enfrentarse a condiciones extremas: un entorno azotado por las olas, a veces sumergido y otras expuesto a causa de las mareas. Existen distintos tipos de costa. Algunas son rocosas, mientras que otras son arenosas o pantanosas. Las mareas, las olas y las corrientes moldean estas costas y afectan tanto a los animales como a las personas que viven en ellas.

DISTINTOS TIPOS DE COSTA

El aspecto de la costa depende de su geología, es decir, de la forma que tiene la corteza terrestre en la zona por el movimiento de las placas tectónicas, y de las rocas y minerales presentes. Pero el agua también la moldea, y las plantas que crecen en ella la determinan. Entre los tipos de costa están las rocosas, las arenosas y llanas, y las lodosas cubiertas de manglares o marismas saladas.

Costa rocosa
Las costas rocosas estables proporcionan una superficie sólida a la que pueden aferrarse los animales y las algas, pero pueden ser un hábitat brutal en las zonas azotadas por las olas.

Playa de arena
Las playas de arena pueden cambiar de forma drástica en poco tiempo. Animales diminutos viven entre los granos de arena.

Bosque de manglar
Los manglares, que se han adaptado para poder vivir en los márgenes de agua salada, protegen la costa de la erosión y proporcionan refugio a muchos animales.

MAREAS

El nivel del mar sube y baja a causa de las mareas (ver pp. 28-29). En la mayoría de sitios, hay dos mareas altas cada 24 horas, pero el rango de mareas —cuánto suben y bajan— puede variar en función de factores como la forma de la costa y de la plataforma continental que la delimita.

Marea alta
Estos grandes barcos de pesca están amarrados en la bahía de Fundy, Canadá, donde la diferencia entre la marea alta y la marea baja puede ser de hasta 16 m.

Marea baja
Cuando la marea se retira y el nivel del agua alcanza su punto más bajo, los barcos acaban varados en el lecho marino. Zonas que normalmente están bajo el agua quedan expuestas al aire, y también los animales que viven en ellas.

OLAS GRANDES

El viento hace que se formen olas en el mar. Cuando una ola se acerca a la costa y el agua se hace menos profunda, la altura de la ola alcanza un punto en el que hace que esta se vuelva inestable y rompa. El momento y la forma en que rompe una ola depende de la energía de la propia ola y de la pendiente de la playa.

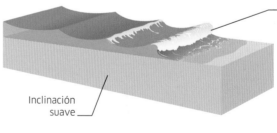

Rotura spilling

Olas spilling
Si la playa tiene una inclinación suave, la cresta de la ola cae hacia delante, forma espuma y agita el agua.

Inclinación suave

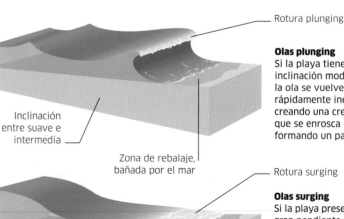

Rotura plunging

Olas plunging
Si la playa tiene una inclinación moderada, la ola se vuelve rápidamente inestable, creando una cresta alta que se enrosca formando un pasadizo.

Inclinación entre suave e intermedia

Zona de rebalaje, bañada por el mar

Rotura surging

Olas surging
Si la playa presenta gran pendiente, la ola se desplaza tan rápido que no tiene tiempo de formar una cresta; en vez de eso, el agua asciende por la playa.

Gran inclinación

MODIFICACIÓN DE LAS COSTAS

Las costas son moldeadas por la acción del viento, las olas, las mareas y las corrientes. Estas fuerzas erosionan la costa en algunos puntos (ver pp. 114-115), mientras que en otros la desarrollan. Los vientos estacionales y la acción de las olas pueden remodelar la costa de una estación a otra, mientras que algunos cambios precisan de largos períodos de tiempo.

Formación de las playas

Los ríos, las corrientes y las olas arrastran sedimentos, que están compuestos por tierra, arena y piedras. Cuando las olas rompen en la costa, el rebalaje arrastra arena hasta la playa, mientras que el reflujo se la lleva de nuevo. Este movimiento es necesario para la deriva litoral, un proceso por el que la arena y el agua se desplazan a lo largo de la costa. Con el tiempo, la arena se deposita en los puntos donde el agua se mueve con menos energía.

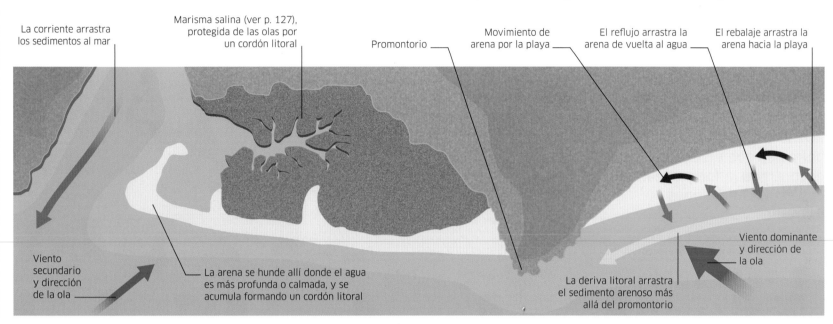

La corriente arrastra los sedimentos al mar

Marisma salina (ver p. 127), protegida de las olas por un cordón litoral

Promontorio

Movimiento de arena por la playa

El reflujo arrastra la arena de vuelta al agua

El rebalaje arrastra la arena hacia la playa

Viento secundario y dirección de la ola

La arena se hunde allí donde el agua es más profunda o calmada, y se acumula formando un cordón litoral

La deriva litoral arrastra el sedimento arenoso más allá del promontorio

Viento dominante y dirección de la ola

DEFENSAS COSTERAS

La energía del océano puede resultar abrumadora en algunas zonas costeras, en las que las olas embisten la costa, erosionando el terreno y arrasando carreteras, vías de ferrocarril y edificios. Las defensas naturales o construidas por el hombre pueden disminuir el impacto de las olas sobre la costa, contribuyendo a protegerla del desgaste y la erosión.

Dique
Los muros de contención o diques, normalmente de hormigón, pueden ayudar a evitar la erosión costera, pero son bastante costosos.

Dunas
La hierba puede atrapar la arena que arrastra el viento hacia el interior, creando dunas que evitan que las playas sean arrasadas.

Espigones
Estructuras construidas de forma perpendicular a la playa, normalmente de madera o roca, pueden reducir la deriva litoral y recolectar arena.

Esclusa antimarejada
Estas, que protegen las zonas costeras bajas de las inundaciones, permiten los flujos de mareas, pero pueden cerrarse cuando el mar sube o está tormentoso.

DESAPARICIÓN DE LA COSTA

El fenómeno por el que una roca sólida se divide en fragmentos pequeños se conoce como erosión. Puede ocurrir de diversas formas (ver p. 115). Cuando las olas, las corrientes y las mareas se llevan dichos fragmentos de la costa, se dice que la erosionan. Algunas costas se erosionan más rápidamente que otras, como esta de Crimea, en el mar Negro, donde varias casas corren peligro y una ya se ha desplomado por el erosionado acantilado.

Poza rocosa

Al bajar la marea, las rocas forman pozas de agua, que refugian y alimentan a muchas especies. Vivir en ellas puede ser todo un reto. Cuando baja la marea, la poza queda expuesta al sol y pierde el efecto refrescante del océano, por lo que el agua se calienta muy rápido. El agua caliente contiene menos oxígeno y se evapora más deprisa, lo que aumenta el nivel de sal. Algunas criaturas quedan atrapadas cuando la marea retrocede, y otras dependen de la poza e intentan impedir que las olas o la marea alta las arrastren. Tanto las algas como los animales que viven en ellas han encontrado la forma de lidiar con estas condiciones extremas.

Palmera de mar
Gracias a su fuerte tallo, la palmera de mar se balancea sin ser arrancada de las rocas, ni cuando está bajo el agua ni cuando es golpeada por las olas al cambiar la marea.

Dedos de mar verdes
Esta alga, conocida también como dedos de hombre muerto, tiene unos saquitos llenos de agua que evitan que se seque cuando baja la marea.

Mejillón de California
Este mejillón, que se pega firmemente a las rocas, crece por toda la costa, tanto dentro como fuera de las pozas. Si se produce una ola de calor, cuando baja la marea los que están fuera de la poza corren el riesgo de acabar cocidos dentro de su propio caparazón.

Sargazo vejigoso
No le pasa nada por secarse cuando baja la marea, por lo que consigue sobrevivir en la zona intermareal. Muchas criaturas se ocultan de los depredadores bajo esta alga.

Botanical Beach
Al oeste de Canadá está Botanical Beach, una playa repleta de pozas rocosas como esta, rica en vida intermareal. La marea alta y las olas traen nutrientes frescos, desde plancton hasta pececillos, pero también pueden arrastrar a cualquier morador que no esté bien agarrado a la roca. Para seguir en su sitio, los mejillones y los percebes usan una sustancia adhesiva, las algas se sujetan bien con sus raíces y otros se adhieren a las rocas lo mejor que pueden.

Cangrejo de costa púrpura
Se alimenta sobre todo de algas verdes, alevines de gambas, bivalvos y huevos de caracol.

Caracol turbante negro
El caracol turbante negro se alimenta de algas. Al morir, un cangrejo ermitaño suele usar su caparazón como casa.

Estrella de mar morada
Abre un poco con sus brazos las valvas del mejillón y luego pasa parte de su estómago a través del hueco para comerse su cuerpo blando.

3,7 m de **diferencia máxima** entre **la marea alta y la marea baja** en **Botanical Beach**.

10 °C puede **fluctuar** la **temperatura del agua entre mareas** en una poza rocosa canadiense.

113

Garza azulada
Al bajar la marea, las pozas rocosas dan refugio a pequeños animales marinos, pero muchos depredadores, como esta garza, se acercan para conseguir un bocado fácil.

La vida en la zona de mareas

Las pozas rocosas más bajas suelen albergar más especies que las más elevadas. Eso se debe a que, cuanto más arriba está una poza, menos veces se llena de agua de mar, que es la que regula la temperatura o la cantidad de sal.

Poza rocosa

Poza rocosa

Zona de salpicadura

Marea más alta

Nivel medio del mar

Marea más baja

Percebes
El cuerpo del percebe se fija a la roca con un pedúnculo fuerte y flexible. En lugar de usar sus patas plumosas para nadar, las extiende hacia el agua para tomar su alimento.

Alga Corallina
Esta especie de alga roja presenta una textura rugosa y arenosa parecida a la de un coral. Produce unas sustancias químicas que atraen a los herbívoros, tales como los erizos de mar, que se alimentan de las algas verdes que crecen en ellas.

Charrasco espinoso
Estos pececillos toleran vivir en aguas cuya temperatura es relativamente alta y que contienen poco oxígeno. Cuando el nivel de oxígeno es muy bajo, salen a la superficie a por bocanadas de aire fresco.

Caparazón

Tentáculos sensoriales

Pie levantado

OREJA DE MAR FIJADA A LA ROCA

EN MARCHA

Erizo de mar morado
Pueden vivir más de 50 años. Mientras habitan esta poza rocosa, se alimentan de las algas y esponjas que crecen en las rocas.

Anémona verde gigante
Estas anémonas tienen algas en sus tejidos, que les proporcionan alimento y son responsables de su intensa tonalidad verde.

Orejas de mar
Cuando se ven amenazadas por una estrella de mar, se colocan erguidas sobre su fuerte pie musculoso y mueven rápidamente el caparazón adelante y atrás para deshacerse de él.

114 la costa ○ **EROSIÓN COSTERA**

2 m al año es el ritmo al que desaparece la **costa de Europa que se erosiona más rápidamente**, en el litoral oriental de Inglaterra.

Acantilado
de caliza
y arenisca

Promontorio
Esta parte del acantilado es de roca dura, así que se erosiona más lentamente que la zona que se ha transformado en bahía.

Acantilado en retirada
La costa se retira hacia el interior a medida que trozos del acantilado caen al océano.

Formación de cuevas
Las olas se meten por las grietas de la roca. Eso aumenta la presión, haciendo que la roca se parta y forme una cueva.

Roca débil
Ha aparecido una cavidad allí donde el agua ha desgastado la roca más débil.

Bahía
Las bahías se forman donde la roca blanda se erosiona más deprisa que el resto de la costa.

1 Promontorio expuesto
Los promontorios se forman cuando la roca más blanda se erosiona más deprisa que la más dura, de manera que las partes duras sobresalen hacia el océano. Quedan expuestos a la acción extrema del viento y las olas. Cuanto más expuesto está, más se erosiona.

La acción de las olas
Las olas que golpean el acantilado durante miles de años acaban deteriorando la piedra.

2 Signos visibles de erosión
Las olas empiezan a deteriorar la base del acantilado. Las zonas débiles de la roca se abren más creando grandes cuevas. Las olas arrastran los trozos fragmentados, acelerando la erosión al chocar contra las rocas.

Rocas derrumbadas
Bajo el agua están las rocas que han caído al océano desde el acantilado, conocidas como derrubios.

Erosión costera

Algunas partes de la costa están formadas por rocas duras y otras por sedimentos o rocas más blandas, como la arcilla o la arenisca. Cuando las olas golpean estas costas, las partes blandas se desgastan más rápido y aparecen nuevas formas.

Dado que las olas erosionan las costas a distintas velocidades, fragmentos de terreno –desde pedazos pequeños hasta grandes tramos de acantilado– caen al mar. Dicho material se descompone en trozos cada vez más pequeños y se va desgastando, proceso que se conoce como erosión. El material erosionado es arrastrado por la marea y las corrientes hasta que se hunde y va a parar al lecho marino o es arrastrado hasta la costa. Parece claro que el clima extremo y el aumento del nivel del mar provocado por el cambio climático están acelerando la erosión de la costa.

Costa cambiante

La creación de promontorios y bahías, y las fascinantes formaciones rocosas como las que aparecen en esta extensión de la costa atlántica de Portugal, son producto de la erosión. Los cambios se producen muy lentamente. Pueden pasar cientos de miles de años entre la aparición del primer promontorio y los primeros indicios de que las olas están empezando a esculpir un arco, y luego otros diez mil años hasta que el arco se desplome. El desplome, sin embargo, es siempre repentino y drástico.

86 por ciento: proporción de las **playas de la costa este de EE. UU.** que se han **erosionado** en los últimos 100 años.

2017 Año en que se **derrumbó** la Ventana Azul, **el famoso arco de caliza** de Malta.

115

Desgaste de un acantilado

Las olas rompen las rocas en fragmentos más pequeños: eso se conoce como erosión. Puede ocurrir químicamente, cuando la roca se descompone a causa de una reacción química, o mecánicamente (desgaste, abrasión y presión). El tipo de roca, la forma de la costa y la fuerza de las olas influyen en estos procesos.

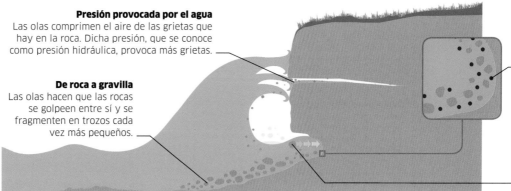

Presión provocada por el agua
Las olas comprimen el aire de las grietas que hay en la roca. Dicha presión, que se conoce como presión hidráulica, provoca más grietas.

De roca a gravilla
Las olas hacen que las rocas se golpeen entre sí y se fragmenten en trozos cada vez más pequeños.

Corrosión
El agua destruye químicamente, o corroe, rocas como la caliza.

Abrasión
Las olas que rompen contra el acantilado lo descomponen. Las rocas sueltas que arrastran las olas lo erosionan.

La erosión continúa
La erosión sigue debilitando zonas del promontorio, así que este queda más expuesto a las olas y se erosiona a un ritmo más rápido.

Derrumbe del arco
Las olas esculpen un arco cada vez más grande, hasta que este se derrumba a causa de su propio peso y cae al mar.

Apilamiento independiente
El derrumbe del arco ha dejado un elevado apilamiento. Su base sigue erosionándose y acabará derrumbándose y formando un tocón más bajo que, al final, desaparecerá.

Arco
Las olas han atravesado la cueva por ambos lados y se ha creado un arco.

Playa de arena
La roca blanda se descompone en trozos cada vez más pequeños. Al final se convierten en arena, que es arrastrada por el mar. Cuando se asienta, puede formarse una playa.

3 Formas cambiantes
La erosión ha hecho que el acantilado se retire hacia el interior. Como las partes más débiles del promontorio se erosionan más rápido que la piedra más dura, empiezan a formarse accidentes costeros singulares, como arcos. En las bahías resguardadas, donde la acción de las olas es menos intensa, la arena se deposita y se forman playas.

Hendidura
Las olas erosionan la roca de la base del acantilado, entre las marcas de la marea alta y la marea baja, debilitando la estabilidad del acantilado situado encima.

4 Costa erosionada
Los procesos de erosión han modificado por completo la forma del acantilado. Incluso los elementos más duros de la roca, una vez expuestos, se deterioran a causa de la acción de las olas.

Ni rastro
El voladizo del acantilado se ha derrumbado y ha caído al mar.

Plataforma hecha por las olas
El material desgastado del acantilado poco a poco se va cayendo, de modo que se va formando una plataforma bajo el agua.

Olas de energía

El agua erosiona constantemente el litoral, pero cuando los fuertes vientos se combinan con la marea alta, los efectos son dramáticos.

Cuando las tormentas transforman la superficie de un océano en calma en una masa de agua que ruge y se agita, las olas que rompen contra la costa pueden alcanzar una altura increíble. Las potentes olas que aparecen en la imagen eclipsan el faro, de 10 m de alto, que se erige sobre el espigón en el estuario del río Duero, en la costa de Portugal, y es el espigón el que recibe todo el impacto. Las olas producen una cantidad enorme de energía y, en algunos lugares del mundo, esta fuerza se recoge y se transforma en electricidad con ayuda de las nuevas tecnologías.

118 la costa ○ COSTA ARENOSA

450 kg de **arena** expulsa **un pez loro** grande en forma de heces durante **un año**.

Costa arenosa

Algunas playas arenosas se forman cuando la arena se deposita en la costa y el litoral de las islas. Otras, conocidas como cayos, aparecen encima de los atolones coralinos. Las mareas que suben y bajan intervienen llevando alimento a la playa y moldeándola.

Las playas se forman en zonas donde las corrientes y las olas son lo bastante débiles para que la arena y la gravilla del agua se pose en el fondo (ver p. 111). Según cómo las olas y los vientos muevan la arena, las playas son erosionadas o cambian de forma, o son relativamente estables. Las playas, aunque no son tan ricas en especies como las costas rocosas, atraen a invertebrados que viven en la arena y a aves que se alimentan de esos invertebrados, que cazan peces del mar o que van allí para reproducirse.

Rana verde de Norteamérica
La rana verde de Norteamérica, el único anfibio que vive en el cayo, pasa los calurosos días escondida en los arbustos. Al atardecer, sale a cazar insectos.

Heliotropos
Este arbusto con flores, muy habitual en los cayos arenosos, tolera bien el agua salada.

Tiñosa menuda
Como parte de su ritual de apareamiento, estas aves mueven la cabeza arriba y abajo, como si se saludaran la una a la otra.

Vuelvepiedras común
Esta ave levanta las piedras para buscar invertebrados.

Pigargo oriental
Estas aves rapaces, que anidan y se alimentan cerca de la costa, cazan peces del agua con sus garras.

Piquero pardo
Este pájaro se sumerge en el océano a gran velocidad para atrapar a los peces.

Cayo de Coral

Lady Elliot Island, un cayo coralino de la Gran Barrera de Coral de Australia, existe desde hace lo suficiente como para que los arbustos y los árboles hayan echado raíces en la arena. Estas ayudan a estabilizar la playa, pero las olas y las corrientes desplazan la arena y moldean los bordes del cayo, que está repleto de aves, tanto permanentes como estacionales, que acuden allí para reproducirse.

Coral vivo
Los cayos están rodeados de arrecifes de coral.

Tiñosas anidando
En el cayo, las tiñosas anidan en árboles y arbustos, en colonias de no menos de 20 pájaros. En verano, a los autóctonos se unen miles de visitantes, que llegan para reproducirse y anidar.

Pisonia
Las pegajosas semillas de pisonia se pegan a las plumas de los pájaros, que las dispersan por otros cayos e islas. A veces, los pájaros tienen tantas semillas pegadas que no consiguen volar y acaban muriendo.

Formación del cayo coralino
Las corrientes pueden depositar arena en ciertas zonas del arrecife de coral. Con el tiempo, a medida que la arena se acumula, los corales mueren, dejando una base dura de carbonato de calcio sobre la que la arena se acumula formando una pequeña isla plana llamada cayo. A medida que el cayo crece, las aves empiezan a visitarlo, dejando heces ricas en nutrientes que, a la larga, harán posible que crezcan las plantas.

Pez loro fabricador de arena
El pez loro usa su fuerte boca en forma de pico para arrancar trozos de coral. Digiere las algas que crecen en él y el propio coral. Lo que sale por el otro extremo del pez son unos granos del esqueleto rocoso y duro del coral del tamaño de granos de arena. Esta arena se dispersa por el agua y al final la mayor parte acaba en las playas.

Rascón filipino
Estas aves del litoral prefieren la tierra seca cercana a la vegetación, donde cazan insectos y otros invertebrados entre las hojas, con sus polluelos negros a la zaga.

Base del arrecife
La base en forma de cuenco del arrecife de coral contribuye a mantener la arena del cayo en su sitio.

Arena coralina
El coral que se fragmenta en partículas del tamaño de la arena es arrastrado por las corrientes hasta las llanuras arrecifales. Allí se acumula, aunque nunca suele sobresalir más de unos pocos metros sobre el nivel del mar.

Parte blanda del cuerpo

Cangrejo ermitaño
El cangrejo ermitaño, cuyo exoesqueleto no le cubre por completo, vive en caracolas que encuentra vacías y que protegen su cuerpo blando. A medida que crece, suele cambiar la caracola por otras más grandes o más fuertes. A veces, los cangrejos se reúnen para intercambiar sus caracolas, lo que implica pelear con otros cangrejos ermitaños para conseguir la mejor.

120 la costa ○ **CANGREJOS COSTEROS**

28 kg de **peso** puede **levantar** un cangrejo de los cocoteros con sus **fuertes pinzas**.

Los cangrejos soldado **dan una voltereta** para quitarse la arena de la espalda.

CANGREJO BURBUJEADOR DE ARENA
Scopimera inflata

Localización: Australia oriental
Ancho del caparazón: hasta 1,2 cm

Filtran la arena en la boca en busca de alimento, y crean dibujos en la playa al moverse en círculo lanzando bolas de arena filtrada por el camino.

Bola de arena

CANGREJO VIOLINISTA DE ARENA
Uca pugilator

Localización: EE. UU. suroriental
Ancho del caparazón: hasta 2,5 cm

Este cangrejo vive en las costas arenosas o lodosas, en estuarios o zonas costeras resguardadas. Los machos mueven su enorme pinza adelante y atrás para atraer a las hembras a su madriguera y para ahuyentar a otros machos.

CANGREJO DE LOS COCOTEROS
Birgus latro

Localización: región del Indo-Pacífico
Ancho del caparazón: hasta 20 cm

Vive en tierra firme y solo vuelve al mar para poner huevos. Es el cangrejo terrestre más grande, y sus patas pueden llegar a medir hasta 1 m. Se alimenta de fruta y frutos secos, entre ellos los cocos, y de animales muertos.

Antenas especializadas
Este cangrejo usa las antenas para olisquear la comida.

Coco natural

Cangrejos costeros

Los cangrejos son los limpiadores de la playa, pues se alimentan de materia orgánica muerta que la marea deja al retroceder.

La mayoría de los cangrejos usan las branquias para respirar bajo el agua, pero muchos de los que viven en la costa pueden sobrevivir fuera del agua siempre que sus branquias estén húmedas. Algunos, como los violinistas de arena, permanecen en su madriguera durante la marea alta y salen en busca de desperdicios cuando el agua retrocede. Algunos cangrejos, como los de los cocoteros, respiran mediante pulmones. Solo se acercan al agua para desovar y pueden ahogarse si caen dentro.

Pinza que reaparece
Si un macho pierde la pinza en una pelea con otro macho, esta vuelve a crecerle.

Pies ágiles
A diferencia de la mayoría de los cangrejos, estos ágiles crustáceos pueden usar sus ocho patas para moverse en las cuatro direcciones, no solo de lado.

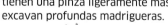

CANGREJO ROJO DE LA ISLA DE NAVIDAD
Gecarcoidea natalis

Localización: isla de Navidad, islas Cocos
Ancho del caparazón: hasta 11 cm

Estos cangrejos suelen ocultarse a la sombra de los bosques o en profundas madrigueras hechas en la arena, pero en diciembre y enero, unos 30 millones de ellos migran al océano para aparearse y desovar.

CANGREJO SOLDADO AZUL CLARO
Mictyris longicarpus

Localización: región del Indo-Pacífico
Ancho del caparazón: hasta 2,5 cm

Estos diminutos cangrejos que andan hacia delante, salen de la arena cuando baja la marea. Marchan juntos, como un batallón de soldados, hacia el mar. Al llegar a la arena húmeda se paran para alimentarse.

CANGREJO CARROÑERO
Ocypode gaudichaudii

Localización: océano Pacífico suroriental
Ancho del caparazón: hasta 10 cm

Se alimentan de algas, peces muertos, insectos y otros organismos que encuentran en la zona intermareal. Tanto los machos como las hembras tienen una pinza ligeramente más grande, y ambos excavan profundas madrigueras.

Machos peleándose

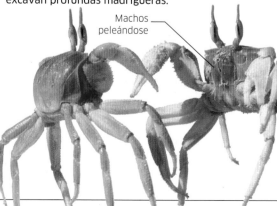

5 mm de diámetro tiene el diminuto **cangrejo guisante**, que **vive dentro de las almejas o las ostras**.

En las islas **Galápagos**, los abuetes negros se arrastran por encima de las **iguanas** para comerse sus **garrapatas**.

121

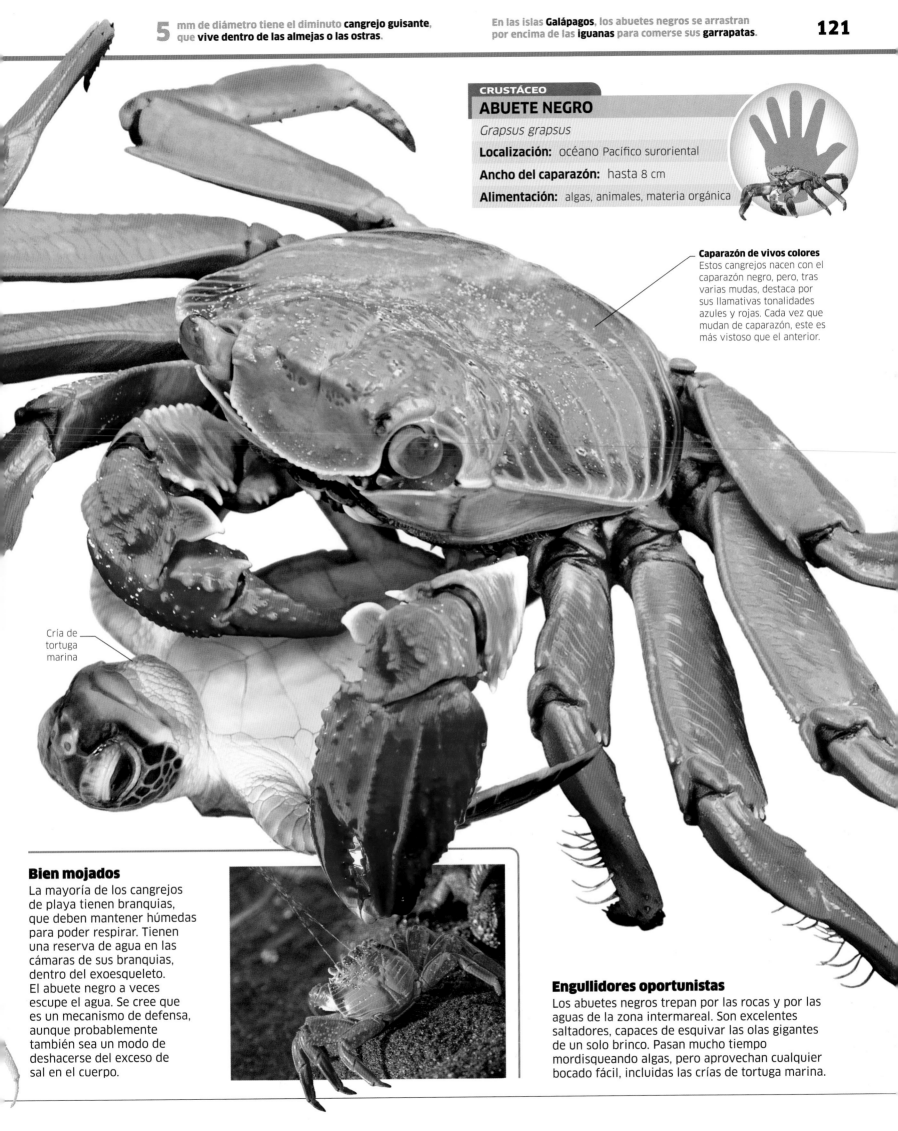

CRUSTÁCEO

ABUETE NEGRO

Grapsus grapsus

Localización: océano Pacífico suroriental

Ancho del caparazón: hasta 8 cm

Alimentación: algas, animales, materia orgánica

Caparazón de vivos colores
Estos cangrejos nacen con el caparazón negro, pero, tras varias mudas, destaca por sus llamativas tonalidades azules y rojas. Cada vez que mudan de caparazón, este es más vistoso que el anterior.

Cría de tortuga marina

Bien mojados

La mayoría de los cangrejos de playa tienen branquias, que deben mantener húmedas para poder respirar. Tienen una reserva de agua en las cámaras de sus branquias, dentro del exoesqueleto. El abuete negro a veces escupe el agua. Se cree que es un mecanismo de defensa, aunque probablemente también sea un modo de deshacerse del exceso de sal en el cuerpo.

Engullidores oportunistas

Los abuetes negros trepan por las rocas y por las aguas de la zona intermareal. Son excelentes saltadores, capaces de esquivar las olas gigantes de un solo brinco. Pasan mucho tiempo mordisqueando algas, pero aprovechan cualquier bocado fácil, incluidas las crías de tortuga marina.

122 la costa ○ **TORTUGA VERDE**

80 años se estima que **vive la tortuga verde** en libertad.

Tortuga verde

Las tortugas verdes están perfectamente adaptadas para vivir en el agua, pero tienen que regresar a tierra firme a desovar. Muchas de ellas nadan enormes distancias para llegar hasta las playas donde desovan.

Viven en los océanos cálidos de todo el mundo. Pasan la mayor parte del tiempo en mares poco profundos y se alimentan en las praderas marinas y los arrecifes de coral. Estas zonas de alimentación pueden estar a 2600 km de las de nidificación. Tras aparearse en el mar, las hembras hacen ese largo viaje para desovar en la playa.

Criadero en la playa

Las hembras salen a la playa para enterrar los huevos en la cálida arena. Cada hembra cava un agujero, pone su nidada de huevos, los tapa y regresa al agua. Cuando las crías eclosionan, tienen que llevar a cabo una arriesgada carrera por la arena para alcanzar el mar. Cuando tienen edad suficiente para reproducirse, las hembras encuentran instintivamente el camino de vuelta hasta la playa donde nacieron, para poner sus propios huevos.

1 Fuera del mar
Las hembras pueden tener hasta 20 años cuando se reproducen por primera vez. Suelen llegar a la playa de noche.

Agua distante
El mar está lo suficientemente lejos del nido como para que los huevos se mantengan secos.

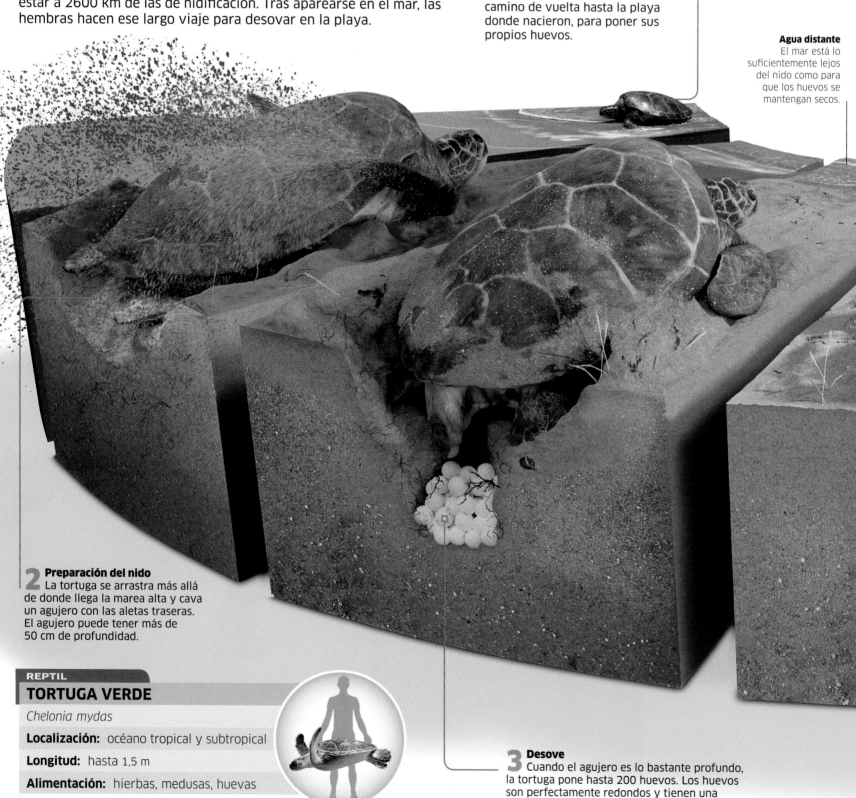

2 Preparación del nido
La tortuga se arrastra más allá de donde llega la marea alta y cava un agujero con las aletas traseras. El agujero puede tener más de 50 cm de profundidad.

REPTIL

TORTUGA VERDE

Chelonia mydas

Localización: océano tropical y subtropical

Longitud: hasta 1,5 m

Alimentación: hierbas, medusas, huevas

3 Desove
Cuando el agujero es lo bastante profundo, la tortuga pone hasta 200 huevos. Los huevos son perfectamente redondos y tienen una cáscara correosa.

Menos del **1 por ciento** de las tortugas eclosionadas consiguen llegar a la edad reproductiva.

25 000 **nidos** hace la tortuga verde cada año en las playas de la **isla Ascensión**, una zona de anidación muy popular ubicada en medio del Atlántico meridional.

123

La vida en el mar

Las tortugas verdes adultas son grandes nadadoras. Se impulsan en el agua con sus dos aletas delanteras, mientras que usan las traseras de timón. Durante las migraciones que realizan entre la zona de alimentación y la de nidificación, sacan el máximo provecho a esta técnica. Las crías empiezan a nadar en cuanto llegan al mar.

Anatomía de la tortuga

El caparazón de esta tortuga está compuesto por varios huesos fusionados y recubiertos por unas placas duras de queratina, el mismo material del que están hechas las uñas humanas. A diferencia de las tortugas terrestres, las marinas no pueden esconder la cabeza ni las extremidades bajo el caparazón.

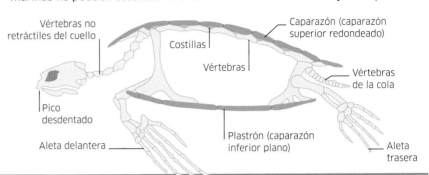

Vértebras no retráctiles del cuello

Costillas

Vértebras

Caparazón (caparazón superior redondeado)

Vértebras de la cola

Pico desdentado

Plastrón (caparazón inferior plano)

Aleta delantera

Aleta trasera

Regreso al mar
La hembra se marcha en cuanto ha enterrado los huevos.

Atrapadas
Muchas crías son atrapadas por los pájaros, cangrejos y demás cazadores antes de conseguir llegar al mar.

A la luz de la luna
Las crías siguen el reflejo de la luna en el agua para encontrar el camino hacia el mar. Las fuentes de luz artificial, como por ejemplo las farolas, pueden confundirlas.

4 Desarrollo de los huevos
Ocultos de los depredadores e incubados por la cálida arena tropical, las crías se desarrollan dentro de los huevos entre ocho y diez semanas.

5 Eclosión
Cuando eclosionan, las crías permanecen escondidas hasta que están listas para salir todas a la vez. Entonces, se desplazan por la playa hacia el mar tan rápido como pueden.

Manglares

Los manglares son árboles que crecen en el agua salada de las costas tropicales. El bosque más grande del mundo está en Sundarbans, una región que se extiende por la India y Bangladés.

La vida costera es un gran desafío para los manglares. Deben mantenerse erguidos en el blando lodo y tolerar un alto nivel de sal que mataría a la mayoría de los árboles. Pero los manglares se han adaptado perfectamente a la vida acuática y crecen en tupidas marañas que son el hábitat de muchas criaturas costeras.

Pigargo oriental
Uno de los principales depredadores, se posa en las copas de los árboles en busca de presas.

Pez saltamontes
Este pez usa las aletas como si fueran patas. Al bajar la marea se pasea por el barro y se aferra a las raíces de los manglares. Mientras está fuera del agua, le basta un trago de agua de mar para tener el oxígeno necesario.

Pitón de la India
Esta pesada serpiente mata a sus presas por constricción.

Cocodrilo marino
La especie más grande de cocodrilo nada libremente por las aguas del océano. A veces incluso se desplaza lejos de la costa y llega a islas lejanas.

Raíces que parecen lápices
A veces, las raíces crecen hacia arriba y las puntas asoman por el lodo, para absorber el oxígeno.

Scat manchado
Este pez es un carroñero. Tolera bien los cambios en el nivel de sal, que se dan allí donde el agua dulce de los ríos desemboca en el mar.

Aguijones
Las mandíbulas dentadas y largas del aguijón son perfectas para agarrar pequeños animales, como las gambas.

La región de Sundarbans

En la región de Sundarbans hay varios tipos de manglar. Las raíces de algunos son arqueadas y en forma de zanco, y las de otros crecen hacia arriba y asoman por el barro, como si fueran estalagmitas. Una gran diversidad de animales viven aquí, desde en las copas hasta el suelo.

2800 l/m² de **lluvia anual** recibe la **región de Sundarbans.** El 80 por ciento de ella cae durante la temporada del monzón.

10 000 m² **ocupa** el bosque de manglares de **Sundarbans.**

125

Macaco Rhesus
Este mono es básicamente vegetariano, pero en la región de Sundarbans baja con regularidad a los barrizales a buscar peces.

Tigre de Bengala
Los manglares proporcionan un buen escondite al depredador más grande de Asia. Este sigiloso tigre tiende emboscadas a cerdos y monos oculto entre los arbustos.

Pez sierra
Este pariente de las rayas tiene un largo morro en forma de sierra, que usa para atrapar a sus presas.

Raíces en forma de zanco
Algunos tipos de manglar reparten su peso entre una gran superficie, lo que les ayuda a mantenerse estables en el blando lodo.

Cangrejo violinista
Un cangrejo violinista macho, que sale de su madriguera en el barro, agita su gigante pinza de vivos colores para enviar un mensaje: ahuyenta a los otros machos o seduce a las hembras.

Vivir con mucha sal

Los manglares están expuestos a grandes cantidades de sal. Para poder soportarlo, la filtran y la eliminan a través de las hojas en forma de granos blancos. A veces concentran toda la sal en una hoja vieja y amarillenta, y se desprenden de ella.

Falta de oxígeno

En el lodo blando y pegajoso no penetra mucho oxígeno y el poco que hay lo consumen las bacterias que descomponen la materia putrefacta. Para conseguir la cantidad necesaria, a algunos manglares las raíces les crecen hacia arriba, de manera que la punta sobresale por el barro. Así, pueden absorber oxígeno del aire cuando baja la marea y luego transportarlo al resto de la planta.

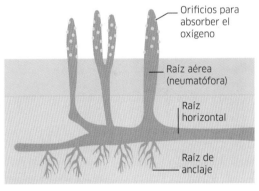

Orificios para absorber el oxígeno

Raíz aérea (neumatófora)

Raíz horizontal

Raíz de anclaje

Plántulas en crecimiento

En vez de esparcir sus semillas, los manglares las conservan consigo como plántulas unidas al árbol madre. Al desprenderse, ya son lo bastante grandes para sobrevivir flotando en el agua. Finalmente, se asientan en el barro para completar la germinación.

Marismas

En algunas zonas costeras, normalmente donde el río desemboca en el mar, al bajar la marea aparecen bancos de lodo: las marismas. Pese a su aspecto sucio, son un tesoro oculto repleto de vida.

Las marismas se forman cuando unas partículas diminutas, arrastradas por un río o por la marea, se separan del agua y caen al fondo. Si la zona queda resguardada de las olas, estos depósitos se acumulan, año tras año, creando una gruesa capa de lodo. Cuando sube la marea, las criaturas salen del barro para alimentarse con los nutrientes que trae consigo. Cuando la marea se retira, estas criaturas pueden convertirse a su vez en alimento de las aves, a menos que se oculten bien en el barro.

Cena en el barro

Entre las especies más comunes de las marismas están los gusanos y los moluscos bivalvos, aunque hay muchos invertebrados expertos en encontrar comida en los sedimentos ricos en nutrientes. La gran cantidad de invertebrados presentes en ellas hacen que estos hábitats sean una importante fuente de alimentos para las aves costeras.

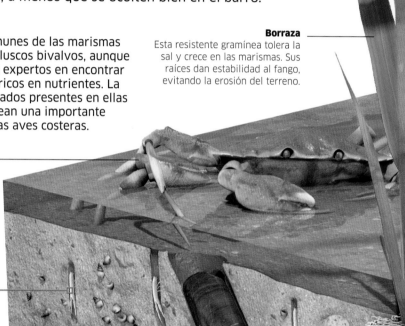

Borraza
Esta resistente gramínea tolera la sal y crece en las marismas. Sus raíces dan estabilidad al fango, evitando la erosión del terreno.

Cangrejo de mar común
Estos cangrejos de mar tienen el mismo color y aspecto que el barro en el que viven, y les es fácil camuflarse. Comen gusanos, almejas y gambas.

Gamba del barro
La diminuta gamba del barro usa sus robustas antenas para cavar en el barro y para rastrillar pequeños organismos hacia su madriguera, para comérselos.

Gusano capitella
Escarba la tierra lodosa y se alimenta de organismos microscópicos y materia orgánica muerta.

Almeja del Pacífico
La almeja del Pacífico tiene un cuerpo blando y largo dentro de un valva articulada que está abierta por ambos extremos. Se sepulta en el barro con ayuda de su musculoso pie. Se alimenta absorbiendo agua lodosa y nutritiva a través de un sifón y llevándola hasta su boca, al fondo del caparazón.

Pie de la almeja del Pacífico

Arenícola excavador
El arenícola se alimenta de los nutrientes que hay en la arena y luego expulsa la arena no digerida en montoncitos fuera de la madriguera.

100 000 gambas del barro puede haber en **1 m²** de marisma.

1 segundo **tarda** una almeja del Pacífico en **cavar 1 cm.**

127

Ostrero
Estas aves usan su largo y fuerte pico naranja para escarbar en el barro en busca de gusanos y para abrir las valvas de los crustáceos haciendo palanca.

Marea más alta
En las mareas más altas del año, el agua inunda las salinas.

Salina
Estas marismas contribuyen a prevenir la erosión costera y proporcionan un rico hábitat a cangrejos, aves costeras y plantas.

Marisma
En las zonas bajas de la zona intermareal no crecen plantas.

Mareas cambiantes
Cuando sube la marea, el agua cubre la marisma.

Salinas

Cuando se acumula barro suficiente como para que la marisma quede fuera del agua siempre excepto durante la marea más alta, aparecen las plantas que toleran la sal, como la borraza. Su presencia hace que el barro se acumule todavía más deprisa. Con el tiempo, se forma una salina y aparecen otras plantas, como la lavanda de mar.

Mejillón común
Los mejillones vivos se adhieren a una superficie dura en la zona intermareal. Este lo ha cogido un ostrero, que lo ha abierto haciendo palanca y se lo ha zampado.

Almeja báltica
Esta almeja, como los berberechos y las almejas del Pacífico, es un molusco bivalvo: tiene dos valvas unidas por un fuerte músculo. La almeja báltica puede presentar distintas tonalidades, como blanca, amarilla, naranja o rosa.

Caracola en espiral
Estos moluscos diminutos, llamados caracoles de barro, no suelen medir más de 5 mm de largo. Sobreviven en los hábitats salados o en los parcialmente salados.

Berberecho común
El berberecho común, alimento preferido de los ostreros y los cangrejos de mar, cuando sube la marea extiende unos sifones en forma de tubo hacia la superficie para filtrar el alimento.

Gusanos errantes
Los gusanos errantes se alimentan de materia animal y vegetal, pero a menudo son atrapados por pájaros.

Estuario

Donde los ríos desembocan en el mar, se forman a veces zonas parcialmente cerradas en que el agua dulce y la salada se mezclan: son los estuarios.

Esta imagen de satélite muestra el estuario del río Geba, en Guinea-Bisáu, África occidental, en el que abundan los manglares, la vida marina y las bandadas de aves costeras. Las mareas traen agua salada del Atlántico, mientras que el río arrastra arena y otros sedimentos, que aparecen como vetas blanquecinas. Los sedimentos que se asientan en la desembocadura del río han creado grandes bancos de arena y marismas bajas, además de 88 islas repartidas por el estuario, hogar de manatíes y tortugas marinas.

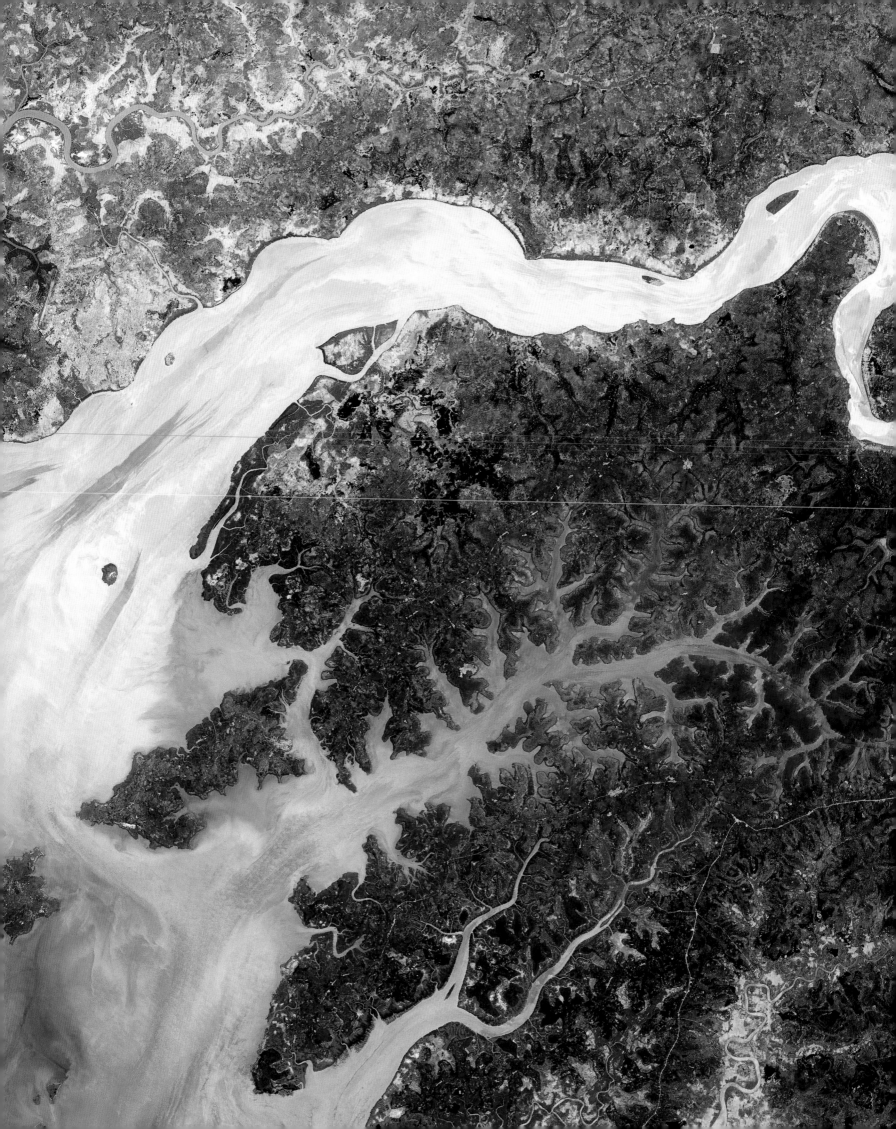

130 la costa ○ **AVES MARINAS**

5-6 semanas pasan los **polluelos de frailecillo** en la **madriguera** antes de **echar a volar** por su cuenta.

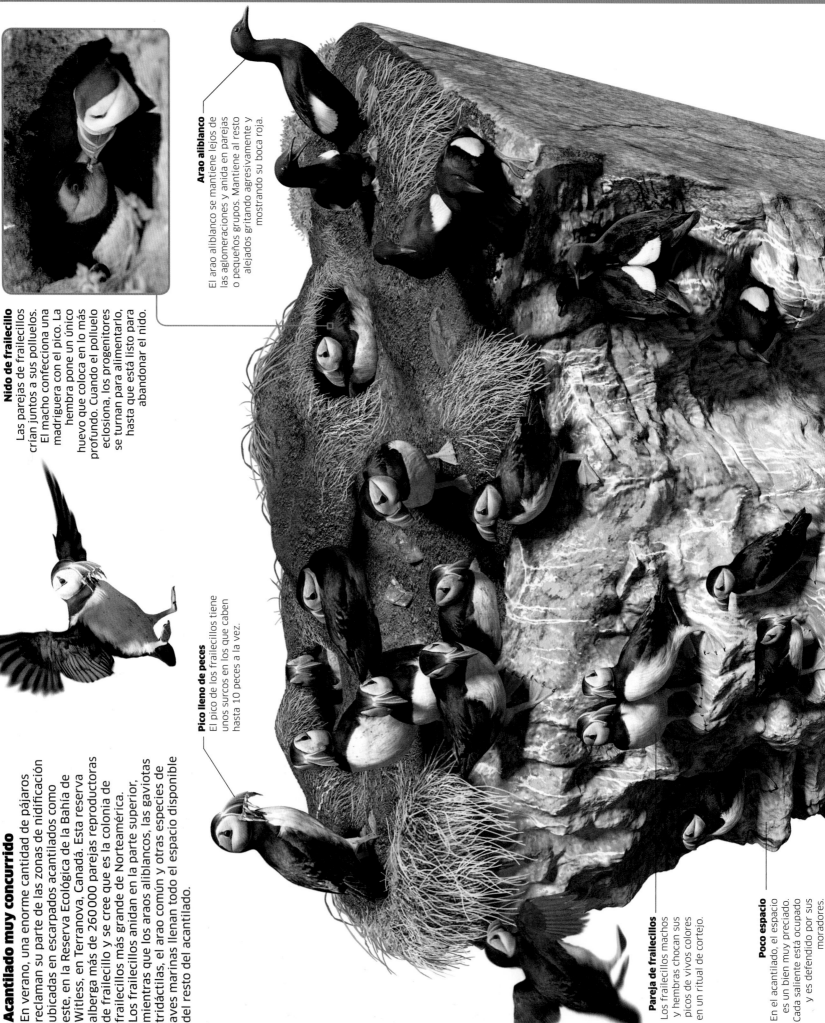

Acantilado muy concurrido

En verano, una enorme cantidad de pájaros reclaman su parte de las zonas de nidificación ubicadas en escarpados acantilados como este, en la Reserva Ecológica de la Bahía de Witless, en Terranova, Canadá. Esta reserva alberga más de 260 000 parejas reproductoras de frailecillo y se cree que es la colonia de frailecillos más grande de Norteamérica. Los frailecillos anidan en la parte superior, mientras que los araos aliblancos, las gaviotas tridáctilas, el arao común y otras especies de aves marinas llenan todo el espacio disponible del resto del acantilado.

Nido de frailecillo

Las parejas de frailecillos crían juntos a sus polluelos. El macho confecciona una madriguera con el pico. La hembra pone un único huevo que coloca en lo más profundo. Cuando el polluelo eclosiona, los progenitores se turnan para alimentarlo, hasta que está listo para abandonar el nido.

Arao aliblanco

El arao aliblanco se mantiene lejos de las aglomeraciones y anida en parejas o pequeños grupos. Mantiene al resto alejados gritando agresivamente y mostrando su boca roja.

Pico lleno de peces

El pico de los frailecillos tiene unos surcos en los que caben hasta 10 peces a la vez.

Pareja de frailecillos

Los frailecillos machos y hembras chocan sus picos de vivos colores en un ritual de cortejo.

Poco espacio

En el acantilado, el espacio es un bien muy preciado. Cada saliente está ocupado y es defendido por sus moradores.

2-3 años **pasan** hasta que un polluelo de frailecillo **vuelve a tierra firme** por primera vez.

Las gaviotas tridáctilas luchan entre ellas en el aire: agarran el **pico** de su rival y se lo **retuercen**.

131

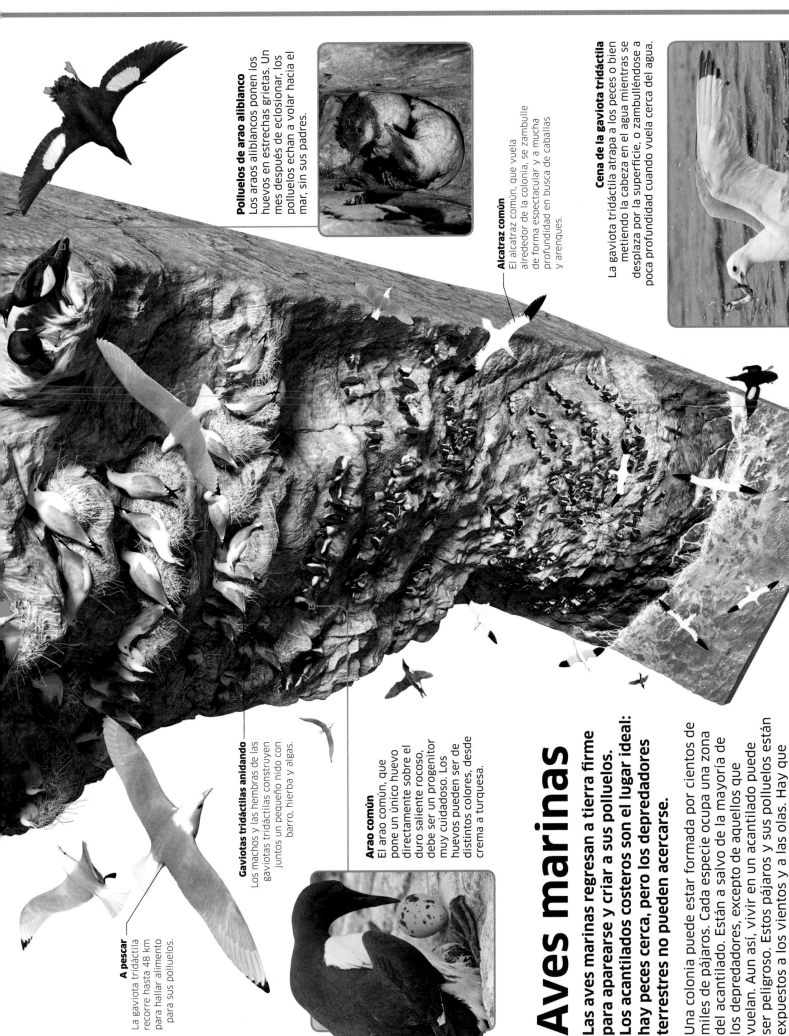

Polluelos de arao aliblanco
Los araos aliblancos ponen los huevos en estrechas grietas. Un mes después de eclosionar, los polluelos echan a volar hacia el mar, sin sus padres.

Alcatraz común
El alcatraz común, que vuela alrededor de la colonia, se zambulle de forma espectacular y a mucha profundidad en busca de caballas y arenques.

Cena de la gaviota tridáctila
La gaviota tridáctila atrapa a los peces o bien metiendo la cabeza en el agua mientras se desplaza por la superficie, o zambulléndose a poca profundidad cuando vuela cerca del agua.

A pescar
La gaviota tridáctila recorre hasta 48 km para hallar alimento para sus polluelos.

Gaviotas tridáctilas anidando
Los machos y las hembras de las gaviotas tridáctilas construyen juntos un pequeño nido con barro, hierba y algas.

Arao común
El arao común, que pone un único huevo directamente sobre el duro saliente rocoso, debe ser un progenitor muy cuidadoso. Los huevos pueden ser de distintos colores, desde crema a turquesa.

Aves marinas

Las aves marinas regresan a tierra firme para aparearse y criar a sus polluelos. Los acantilados costeros son el lugar ideal: hay peces cerca, pero los depredadores terrestres no pueden acercarse.

Una colonia puede estar formada por cientos de miles de pájaros. Cada especie ocupa una zona del acantilado. Están a salvo de la mayoría de los depredadores, excepto de aquellos que vuelan. Aun así, vivir en un acantilado puede ser peligroso. Estos pájaros y sus polluelos están expuestos a los vientos y a las olas. Hay que pelear por el espacio, y los huevos y los polluelos pueden despeñarse o acabar en manos de los depredadores. A pesar de todo ello, las ruidosas colonias sobreviven en todo el mundo.

CORMORÁN PELÁGICO
Phalacrocorax pelagicus
Localización: Pacífico norte
Longitud: hasta 76 cm

El menudo y solitario cormorán pelágico se sumerge en el mar hasta una profundidad de 37 m en busca de alimento, como pequeños peces, gambas y gusanos. Anida en pequeñas colonias o solo, y construye el nido con algas, hierba y musgo. A veces colocan el nido sobre escarpados acantilados.

PLAYERITO BLANCO
Calidris alba
Localización: todo el mundo
Longitud: hasta 21 cm

El playerito blanco es un ave zancuda pequeña. Suele encontrarse en grupos que corren arriba y abajo por la playa mientras las olas rompen en la orilla. Cuando las olas se retiran, buscan cangrejos y otros invertebrados en la arena o el barro. Tras reproducirse en el Ártico en verano, migran a las playas de todo el mundo.

MARTÍN GIGANTE NORTEAMERICANO
Megaceryle alcyon
Localización: Norteamérica
Longitud: hasta 33 cm

Se posa en las ramas que cuelgan sobre los ríos o arroyos en busca de peces. Planea y, en el momento oportuno, se sumerge en el agua a por la presa. Se alimentan de truchas, cangrejos de río y ranas. En la costa, estas aves con cresta suelen encontrarse cerca de los estuarios.

La hembra tiene una franja de plumas de color óxido

Aves costeras

Muchas aves viven a lo largo de las costas. Muchas de ellas han evolucionado para vivir dentro y alrededor del agua, desarrollando rasgos especiales como las plumas impermeables o una forma apropiada para nadar y bucear.

Varias de estas aves, entre ellas el martín pescador y el águila pescadora, se sienten como en casa en la costa, pero también viven cerca de los lagos y los ríos. Otras, como los cormoranes, pasan mucho tiempo en el mar. Las verdaderas aves costeras se pasean a lo largo de la costa, inspeccionando la arena en busca de alimento. Suelen tener las patas largas, lo que les permite andar por el agua poco profunda, y el pico largo, perfecto para rebuscar en la arena y el barro.

PELÍCANO PERUANO
Pelecanus thagus
Localización: Chile, Perú
Longitud: hasta 1,5 m

Estos enormes pájaros, con una envergadura de 2,2 m, pueden desplazarse grandes distancias planeando. Suelen capturar a sus presas mientras nadan, sumergiendo el pico bajo la superficie del agua para cazar peces, pero a veces también se zambullen desde poca altura para hacerse con una presa. Viven en pequeños grupos y anidan sobre el suelo.

Saco gular
Piel flexible unida al pico que se expande para retener a los peces que recoge del agua.

Solo los **flamencos** tienen las **patas más largas** que la **cigüeñuela común**, en proporción al resto de su cuerpo.

13,5 litros de **agua** caben en el **saco gular** de un **pelícano**.

133

ÁGUILA PESCADORA
Pandion haliaetus

Localización: todos los continentes excepto la Antártida
Longitud: hasta 58 cm

El águila pescadora, a diferencia de las aves buceadoras, que lo primero que meten en el agua es la cabeza, mete primero las patas para agarrar directamente con ellas a las presas. Puede desplazar los dedos exteriores hacia atrás, lo que le ayuda a sujetar bien a los resbaladizos peces.

GARCETA NEGRA
Egretta ardesiaca

Localización: África subsahariana, Madagascar
Longitud: hasta 66 cm

Estas aves zancudas tienen un método característico para pescar en las charcas. De pie en el agua, extienden las alas para crear una zona sombreada y así engañan a los peces que buscan ocultarse de los depredadores que tiene encima. En cuanto los peces se refugian bajo sus alas, son una presa fácil para ella.

Truco astuto
Extiende las alas formando un «paraguas» cuya sombra atrae a los peces.

Pies amarillos
Los adultos tienen los pies amarillos, que aportan un toque de color a sus largas patas grises.

GAVIOTA REIDORA
Larus atricilla

Localización: Norteamérica, Caribe, Sudamérica
Longitud: hasta 46 cm

Esta gaviota debe su nombre a su ruidoso grito, que suena como «ja, ja, ja». Come crustáceos, insectos y peces. A veces roba comida a los pelícanos pardos: se posa sobre la cabeza del pelícano y le quita la comida que tiene en el saco gular.

Alas grises
Las gaviotas reidoras tienen las alas de una tonalidad gris más oscura que la mayoría de las gaviotas pequeñas.

AVOCETA AMERICANA
Recurvirostra americana

Localización: EE. UU., México, Canadá meridional
Longitud: hasta 51 cm

La grácil avoceta americana vive en lagos interiores, pero a veces pasa los inviernos y la época de cría en estuarios y marismas. Este palmípedo usa su largo pico con la punta levantada para cazar gusanos, crustáceos y moluscos del barro.

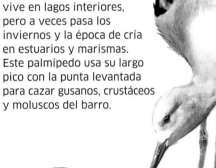

ZARAPITO REAL
Numenius arquata

Localización: Eurasia, África
Longitud: hasta 60 cm

El zarapito real de largas patas, una de las aves zancudas más grandes, pasa los inviernos en los estuarios y las marismas costeras. Con su pico extremadamente largo y curvado, busca en el barro a gran profundidad, de donde saca almejas, cangrejos y gusanos.

Útil de exploración
La punta de su pico es enormemente sensible y detecta las presas ocultas.

RAYADOR AMERICANO
Rynchops niger

Localización: Norteamérica y Sudamérica
Longitud: hasta 46 cm

El rayador americano vuela bajo sobre lagunas, lagos y salinas en busca de alimento. Mete la parte inferior del pico en el agua y lo desplaza por la superficie en busca de peces e insectos. Cuando el pico se topa con alguna presa, se cierra atrapándola.

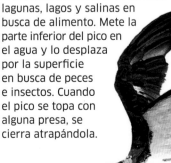

PATO VAPOR AUSTRAL
Tachyeres pteneres

Localización: Sudamérica
Longitud: hasta 84 cm

Este robusto pato tiene una envergadura demasiado pequeña como para poder levantarse del suelo y volar. Así que cuando quiere moverse rápido, usa sus alas para desplazarse por la superficie del agua. Come moluscos, crustáceos y pequeños peces, y vive en pareja o en grupos familiares.

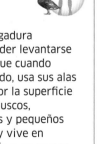

CIGÜEÑUELA COMÚN
Himantopus himantopus

Localización: en todo el mundo
Longitud: hasta 40 cm

Sus patas rojas, que parecen zancos, son un rasgo característico de esta ave. Prefiere los estuarios, donde puede inspeccionar las costas lodosas o arenosas con su largo pico en busca de pequeños invertebrados o peces. Cuando llega el momento de reproducirse, se mueve tierra adentro.

OCÉANOS POLARES

Los océanos polares, absolutamente gélidos, azotados por el viento y cubiertos de hielo, pueden parecer una de las zonas más hostiles del planeta. Sus aguas heladas, sin embargo, están llenas de vida. En ellas conviven desde nubes de algas microscópicas, hasta focas, pingüinos y ballenas gigantes.

AGUAS GÉLIDAS

Los océanos polares son los más pequeños y fríos del planeta. En invierno su superficie se congela, con lo que las aguas abiertas se transforman en grandes placas de hielo. Algunas aguas polares permanecen congeladas todo el año. A pesar de ello, no están tan frías como algunos lugares de tierra firme. Incluso en el polo norte, el hielo del mar está solo a algunos grados bajo cero, porque flota en agua líquida relativamente cálida. Eso significa que, en invierno, los océanos polares son mucho menos hostiles que las costas polares azotadas por el viento y, de hecho, constituyen ricos hábitats durante todo el año.

ENERGÍA SOLAR

Las regiones que se extienden alrededor del polo norte y del polo sur de la Tierra tienen un clima muy frío durante todo el año. Se debe a que la energía del Sol se dispersa sobre una superficie más amplia, en comparación con las regiones más cercana al ecuador, de manera que su efecto térmico es menos intenso.

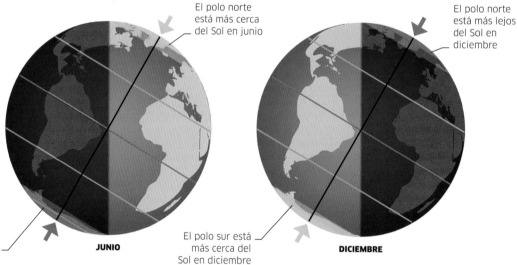

En los polos, la energía solar se dispersa más

Cerca del ecuador, la energía solar está más concentrada

ESTACIONES POLARES

La Tierra gira sobre un eje inclinado, lo que hace que la inclinación del polo norte y el polo sur con respecto al Sol varíe según la época del año. En diciembre es invierno en el Ártico porque el polo norte está más alejado del Sol y por eso está oscuro las 24 horas del día. Sin el calor del sol, las temperaturas descienden a mínimos extremos y los mares árticos se congelan. El polo sur, por su parte, está más cerca del Sol, lo que significa que es verano en la Antártida. La región disfruta de 24 horas de luz, lo que hace subir las temperaturas y la mayor parte del hielo del mar se derrite. Seis meses más tarde, en junio, es invierno en la Antártida y verano en el Ártico.

El polo norte está más cerca del Sol en junio

El polo sur está más alejado del Sol en junio

JUNIO

El polo norte está más lejos del Sol en diciembre

El polo sur está más cerca del Sol en diciembre

DICIEMBRE

MARES HELADOS

En invierno, cuando los polos están sumidos en la oscuridad, las temperaturas extremadamente bajas hacen que se forme el hielo, que cubre la mayor parte de las aguas polares. En verano, la mayor parte del hielo se derrite, pero la luz del Sol es tan débil en estas regiones que parte del hielo permanece todo el año. Estas dos imágenes muestran la cantidad de hielo que hay en los océanos polares durante el invierno, cuando el nivel de hielo alcanza su punto máximo.

LA ANTÁRTIDA EN INVIERNO

Hielo permanente
En la Antártida, el gélido océano Antártico rodea un continente que está permanentemente cubierto por una capa de hielo de hasta 2000 m de grosor. El hielo se extiende desde la Antártida y cubre todo el océano Antártico.

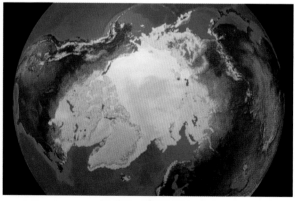

EL ÁRTICO EN INVIERNO

Conectando continentes
En el Ártico, las aguas invernales forman un océano polar congelado rodeado de tierra firme. El hielo del mar se extiende desde la región que rodea el polo norte y cubre la mayor parte del océano Ártico, la bahía de Baffin y la bahía de Hudson.

MARES LLENOS DE VIDA

A pesar de sus gélidas temperaturas, las aguas polares estás llenas de vida. En los cálidos meses estivales, grandes nubes de fitoplancton –unas microscópicas algas unicelulares como las diatomeas– inundan muchos océanos polares, como el mar de Barents (en la imagen). El agua fría y más salada se hunde, y hace que el agua más profunda y rica en nutrientes suba a la superficie, lo que proporciona una fuente alimenticia esencial para el fitoplancton.

RED ALIMENTARIA DEL ÁRTICO

En la base de la cadena alimentaria del Ártico está el fitoplancton, los productores que fabrican su propio alimento mediante la fotosíntesis. El denso fitoplancton del océano Ártico constituye el sustento de las nubes de zooplancton, que están formadas por diminutos copépodos y por krill, que son un poco más grandes y se parecen a las gambas. Este, a su vez, constituye el alimento de grandes bancos de peces filtradores. El krill y los peces, por su parte, son el sustento de las focas y las aves marinas, como el charrán ártico. Muchos de ellos son cazados por animales como las orcas y los osos polares.

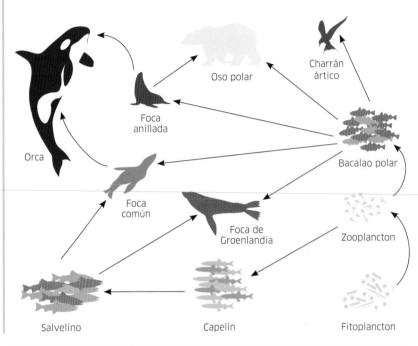

COLONIAS COSTERAS

La tierra que rodea –o es rodeada por– los océanos polares está mucho más fría que el agua de mar invernal. Pero cuando el Sol sale por el horizonte en primavera, funde parte de la nieve y deja al descubierto roca desnuda y arena, e incluso algo de vegetación. Esto proporciona un hábitat vital para muchos animales que se alimentan de criaturas marinas, pero no pueden reproducirse en el mar, mayoritariamente focas y aves marinas como los pingüinos y los albatros. Para poder acceder fácilmente a la comida, estos pingüinos rey de Georgia del Sur se reproducen cerca de la costa en colonias formadas por más de 100 000 individuos.

EL DESHIELO

El impacto del cambio climático es más extremo en las regiones polares que en cualquier otro sitio. Los océanos polares se están calentando dos veces más rápido que las aguas templadas y las tropicales. El hielo del mar refleja el calor del sol como un espejo, y el agua de mar, que es más densa, lo absorbe y se calienta, y derrite el hielo. Cuanto más hielo se derrite, más agua de mar queda al descubierto y más sube la temperatura. El calentamiento del agua ya está afectando a los ecosistemas marinos polares y la desaparición del hielo tendrá consecuencias catastróficas para las focas que crían en el hielo. A los osos polares también les costará mucho sobrevivir, ya que están adaptados para cazar en el hielo del mar.

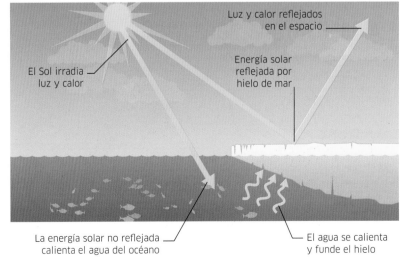

138 océanos polares ○ **HIELO MARINO**

13 por ciento por década: a este **ritmo** se está reduciendo el **hielo multianual del Ártico** a causa del **cambio climático**.

Plataformas de hielo

En la Antártida, partes de la capa de hielo continental caen al mar como plataformas de hielo flotantes. Algunas son colosales: la barrera de hielo de Ross es del tamaño de Francia, y termina en un precipicio de hielo de más de 600 km de largo. Una plataforma de hielo se comporta como un glaciar de marea gigante, deslizándose hacia abajo y hacia el mar, donde vastos bloques de hielo se parten y flotan a la deriva en forma de enormes icebergs tabulares (planos por arriba).

Hielo marino

Cuando el invierno llega a los polos, los vientos gélidos hacen que se congele la superficie del océano. Poco a poco, el agua abierta se transforma en una capa sólida de hielo marino o banquisa.

Al principio, el hielo no es más que un conjunto de cristales separados que flotan cerca de la superficie. A medida que la temperatura baja, los cristales se juntan en placas sólidas. Las olas de tormenta las parten, pero vuelven a congelarse juntas, creando grandes extensiones de hielo compacto flotante que son arrastradas por las corrientes. Parte del hielo del Ártico que flota por el polo norte puede sobrevivir varios años (esto se conoce como hielo multianual), pero la mayor parte del hielo se derrite en verano. Sin embargo, a medida que el planeta se calienta, la superficie del océano que se congela de nuevo cada invierno está disminuyendo.

Crestas por presión
Las corrientes oceánicas presionan el hielo compacto y forman cúmulos de témpanos de hielo.

Hielo grueso
El hielo compacto puede llegar a más de 1,2 m de grosor, en especial si tiene más de un año.

Láminas frágiles
Las láminas de hielo de panqueque pueden ser lo bastante gruesas para poder andar sobre ellas, aunque se rompen con facilidad.

Placas heladas
Cada placa de hielo de panqueque tiene una parte elevada alrededor del borde. El hielo de panqueque lo crean las olas. Si reina la calma, el hielo frazil forma láminas llamadas nilas.

Mar de cristales
Cristales de hielo frazil forman una capa de superficie blanda, movida por el viento y las olas, y que las embarcaciones apartan fácilmente.

Congelación

El hielo marino empieza a formarse allí donde la temperatura del aire es más baja. En el extremo sur los vientos helados de la Antártida hacen que el mar empiece a congelarse por la parte más cercana a la costa. Luego el hielo se extiende de forma gradual por el océano Antártico. En el norte, el hielo se expande desde un núcleo de hielo marino multianual cercano al polo norte.

1 Hielo frazil
El mar se enfría por debajo del punto de congelación, de −2 °C. Cerca de la superficie se forman diminutos cristales de hielo.

18 millones de km² de **superficie de hielo marino rodean la Antártida** en invierno; **más grande que el continente** mismo.

11 000 km² ocupaba el **iceberg tabular más grande** jamás registrado.

139

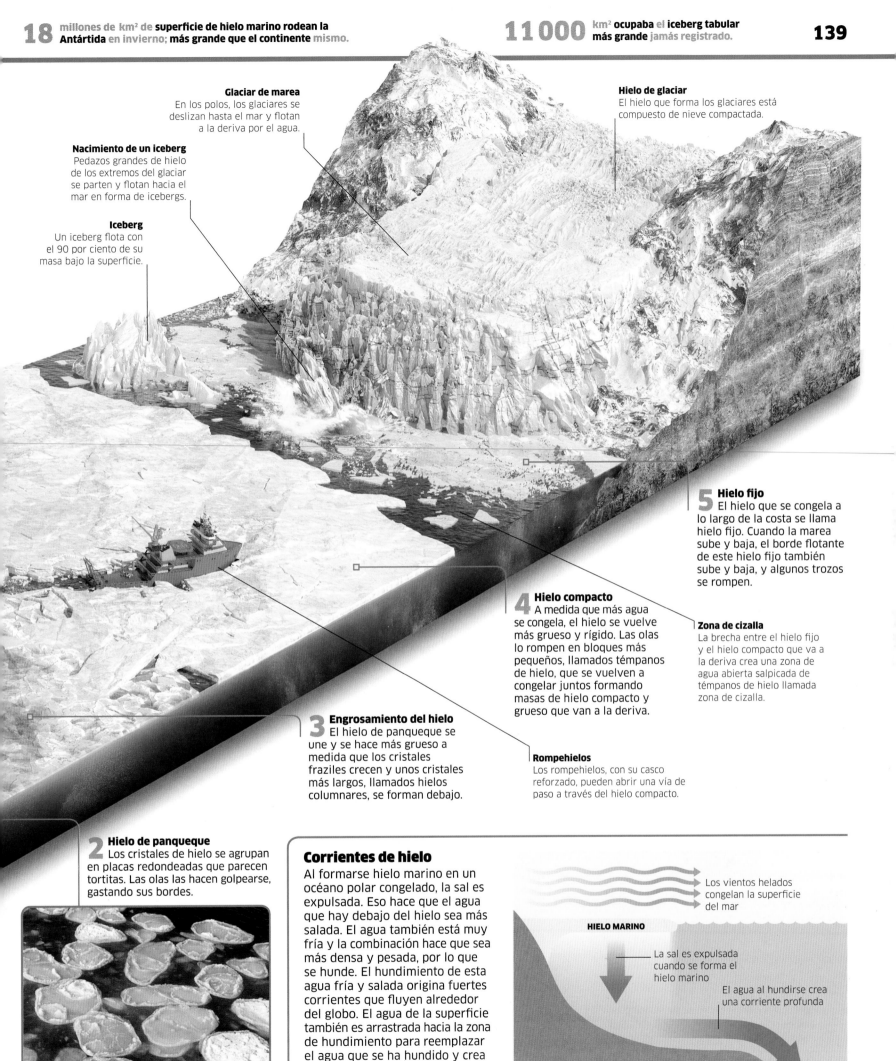

Glaciar de marea
En los polos, los glaciares se deslizan hasta el mar y flotan a la deriva por el agua.

Hielo de glaciar
El hielo que forma los glaciares está compuesto de nieve compactada.

Nacimiento de un iceberg
Pedazos grandes de hielo de los extremos del glaciar se parten y flotan hacia el mar en forma de icebergs.

Iceberg
Un iceberg flota con el 90 por ciento de su masa bajo la superficie.

5 Hielo fijo
El hielo que se congela a lo largo de la costa se llama hielo fijo. Cuando la marea sube y baja, el borde flotante de este hielo fijo también sube y baja, y algunos trozos se rompen.

4 Hielo compacto
A medida que más agua se congela, el hielo se vuelve más grueso y rígido. Las olas lo rompen en bloques más pequeños, llamados témpanos de hielo, que se vuelven a congelar juntos formando masas de hielo compacto y grueso que van a la deriva.

Zona de cizalla
La brecha entre el hielo fijo y el hielo compacto que va a la deriva crea una zona de agua abierta salpicada de témpanos de hielo llamada zona de cizalla.

3 Engrosamiento del hielo
El hielo de panqueque se une y se hace más grueso a medida que los cristales fraziles crecen y unos cristales más largos, llamados hielos columnares, se forman debajo.

Rompehielos
Los rompehielos, con su casco reforzado, pueden abrir una vía de paso a través del hielo compacto.

2 Hielo de panqueque
Los cristales de hielo se agrupan en placas redondeadas que parecen tortitas. Las olas las hacen golpearse, gastando sus bordes.

Corrientes de hielo

Al formarse hielo marino en un océano polar congelado, la sal es expulsada. Eso hace que el agua que hay debajo del hielo sea más salada. El agua también está muy fría y la combinación hace que sea más densa y pesada, por lo que se hunde. El hundimiento de esta agua fría y salada origina fuertes corrientes que fluyen alrededor del globo. El agua de la superficie también es arrastrada hacia la zona de hundimiento para reemplazar el agua que se ha hundido y crea corrientes en superficie.

Los vientos helados congelan la superficie del mar

HIELO MARINO

La sal es expulsada cuando se forma el hielo marino

El agua al hundirse crea una corriente profunda

PLATAFORMA CONTINENTAL

140 océanos polares · **BAJO EL HIELO**

80 minutos **puede estar una foca de Weddell** cazando **bajo el hielo** sin asomarse a un orificio para **respirar**.

Bajo el hielo

Los mares se congelan en el invierno polar, pero la vida sigue bajo el hielo flotante. Hay vida incluso en el interior del propio hielo, esperando entrar en acción cuando lo bañe el sol en primavera.

La luz del sol hace que en la Antártida el hielo lance destellos azules y que crezcan las algas microscópicas –una fuente de alimento vital para otras criaturas marinas– que viven en la cara inferior del hielo. Mientras tanto, el agua fría y salada que rezuma del hielo se hunde a través del agua que está debajo, y la congela formando un dedo de la muerte, que a menudo se extiende hasta el lecho marino. Los puntos brillantes guían a las focas Weddell hasta los huecos que hay en el hielo, que agrandan con los dientes para hacer orificios para respirar.

Una comida helada

El alimento suele escasear bajo el hielo marino de la Antártida, así que el olor del cadáver de una foca atrae a todo tipo de carroñeros. Las estrellas de mar y las arañas marinas de largas patas, que se arrastran por el lecho marino, compiten con los isópodos gigantes y los gusanos cinta por los ricos restos. Pero algunos no pueden desplazarse lo bastante rápido como para no morir congelados por los dedos de la muerte que crecen hacia abajo desde el hielo que hay encima.

Orificio para respirar
El hielo compacto flotante está formado por témpanos de hielo que se han congelado juntos, dejando pequeños orificios.

Bucear para comer
Las focas de Weddell cazan calamares y peces bajo el hielo marino de la Antártida.

Calamar veloz
Los veloces calamares se alimentan de pequeños peces y, a su vez, son cazados por las focas.

Todo patas
Las arañas de mar gigantes tienen unas patas tan largas que la distancia entre sus extremos es de 25 cm o más.

Bandada de estrellas
Las estrellas de mar se arrastran por el fondo en busca de cualquier cosa comestible.

Isópodos gigantes
Estos parientes marinos de las cochinillas son unos carroñeros muy comunes de la Antártida.

Medusas a la deriva
La medusa antártica se desplaza lentamente por el agua gélida, atrapando pequeñas presas.

2 m de **profundidad** alcanza el **hielo marino antártico más grueso**.

Las bolsas de los intestinos de la araña marina le llegan a la base de las patas, lo que aumenta la superficie para digerir y absorber la comida.

141

Krill pastando

Dentro del hielo marino viven diatomeas, algas unicelulares que constituyen la principal fuente de alimentación del krill antártico. El krill usa sus patas delanteras para arrancar las algas del hielo. Al derretirse el hielo, las algas se multiplican, provocando una gran explosión demográfica de krill. El krill, que forma enormes nubes en el agua, es el sustento de focas, pingüinos y ballenas filtradoras.

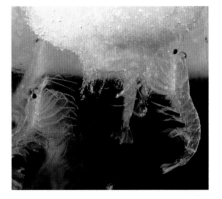

Anémona de Andrill

La anémona de mar *Edwardsiella andrillae* vive en la cara inferior del hielo marino de la Antártida. Aloja su cuerpo en el hielo, sin congelarse, y extiende sus largos tentáculos por el agua para atrapar diminutas partículas de alimentos. Fue vista por primera vez debajo de la barrera de hielo de Ross, de gran grosor, donde nadie esperaba encontrar ningún rastro de vida.

Algas que viven en el hielo
Los diminutos canales salados que hay dentro del hielo marino albergan diatomeas –unas algas microscópicas– que constituyen una fuente de alimento vital para el krill antártico.

Bacalao antártico
Este pez grande es una de las presas preferidas de la foca de Weddell.

Destino helado
Esta pobre estrella de mar antártica yace congelada en el lecho marino por culpa del hielo de un dedo de la muerte.

Asesino glacial
El hielo mortal se extiende por el lecho marino desde el extremo de un dedo de la muerte, congelando a cualquier criatura que se cruce en su camino.

Dedos de la muerte
El agua extrasalada procedente del hielo que hay arriba está tan fría que, al hundirse, congela el agua que la rodea.

Carroñeros sigilosos
Los gusanos cinta o nemertinos, de hasta 100 cm de largo, se arrastran por los restos de una foca de Weddell.

450 km² de **superficie** cubre la **nube** de krill antártico más grande.

PEZ HIELO AUSTRAL

Chaenocephalus aceratus

Localización: océano Antártico

Longitud: hasta 72 cm

Su sangre es incolora. No tiene hemoglobina roja, que en otros peces transporta la mayor parte del oxígeno que sus branquias absorben del agua. Dado que su sangre contiene menor cantidad de oxígeno, el pez hielo dispone de un corazón grande que bombea un gran volumen de sangre, para poder recibir todo el oxígeno que necesita.

Cazador oculto
El pez hielo se oculta cerca del lecho, para hacerse con alguna presa pequeña.

ISÓPODO ANTÁRTICO GIGANTE

Glyptonotus antarcticus

Localización: océano Antártico

Longitud: hasta 9 cm

Este crustáceo, un pariente de la cochinilla terrestre, vive en mares costeros poco profundos alrededor de la Antártida. Es más grande que la mayoría de los isópodos y se alimenta de animales que viven en el fondo, a menudo de sus restos una vez muertos.

Morador del fondo
El isópodo se desplaza con sus fuertes patas.

ESPONJA VOLCÁN DE LA ANTÁRTIDA

Anoxycalyx joubini

Localización: océano Antártico

Longitud: hasta 2 m

Como todas las esponjas, vive filtrando partículas de comida del agua de mar que absorbe a través de los poros de su cuerpo. Crece muy lentamente en el agua gélida y algunos científicos creen que puede llegar a vivir 1000 años o más.

Gigante polar
Dentro de esta esponja cabría una persona.

La vida en el hielo

Los fríos mares polares contienen más oxígeno y nutrientes que los cálidos. Por eso los peces y los invertebrados marinos prosperen mucho, a pesar de que el agua está cerca del punto de congelación.

Estos animales son de sangre fría, es decir, no pueden generar calor por sí mismos para combatir el frío. Muchos sobreviven gracias a que los fluidos de su cuerpo contienen proteínas anticongelantes, que impiden el crecimiento de cristales de hielo que destruirían sus órganos vitales, causándoles la muerte.

CALAMAR GIGANTE VERRUGOSO

Kondakovia longimana

Localización: océano Antártico

Longitud: hasta 2,5 m

Este enorme calamar de largos tentáculos equipados con afilados ganchos para atrapar a sus presas, caza en alta mar por toda la Antártida.

AUSTROBACALAO ESMERAL

Trematomus bernacchii

Localización: océano Antártico

Longitud: hasta 35 cm

El austrobacalo esmeral se ha adaptado al agua gélida que hay bajo el hielo marino del océano Antártico y se pasa la mayor parte del tiempo en el lecho marino, donde se alimenta de gusanos, caracoles, crustáceos y algas.

KRILL ANTÁRTICO

Euphausia superba

Localización: océano Antártico

Longitud: hasta 6,2 cm

El krill antártico, que parece una gamba, se alimenta de plancton microscópico y se multiplica formando vastas nubes que son arrastradas por las corrientes. Son el alimento básico de animales antárticos mucho más grandes, como el pingüino de Adelia, la foca cangrejera y la colosal ballena azul.

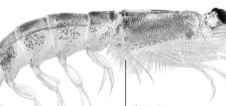

Filtrador
Con las patas delanteras forma un colador que filtra el plancton del agua.

400 años se cree que **puede vivir un tiburón de Groenlandia**, gracias a su **estilo de vida reposado**.

30 m de **longitud** tienen los tentáculos urticantes de la **medusa melena de león ártica más grande** jamás hallada.

143

SALVELINO
Salvelinus alpinus
Localización: aguas árticas
Longitud: hasta 61 cm

El salvelino, pariente cercano del salmón, puede vivir en los ríos, los lagos o los mares costeros del Ártico. Se cría en agua dulce, así que los salvelinos que viven en el mar deben migrar hasta el río y subir aguas arriba para desovar, y luego regresar al mar. Repiten ese mismo viaje muchas veces a lo largo de su vida.

TIBURÓN DE GROENLANDIA
Somniosus microcephalus
Localización: aguas árticas
Longitud: hasta 6,5 m

Este tiburón se adapta al agua casi congelada de su hábitat viviendo a cámara lenta. Caza peces, focas y aves marinas deslizándose sobre ellos tan lentamente, que los pilla por sorpresa.

Este enorme tiburón crece solo 1 cm al año.

CANGREJO AZUL DE LAS NIEVES
Chionoecetes opilio
Localización: aguas subárticas
Ancho del caparazón: hasta 15 cm

Vive alrededor de los márgenes del Ártico, en los fríos mares de Alaska, Canadá, Groenlandia, Rusia y Siberia. Se alimenta de otros animales del lecho marino, entre ellos almejas y estrellas de mar, pero también de desperdicios comestibles, como el cuerpo de algún pez muerto.

MEDUSA MELENA DE LEÓN ÁRTICA
Cyanea capillata
Localización: aguas árticas
Longitud de la campana: hasta 2,5 m

Esta medusa gigantesca vive en mares fríos, tan al norte como el océano Ártico. Mientras se deja arrastrar por las corrientes oceánicas, deja los tentáculos urticantes extendidos tras de sí en el agua para atrapar presas como peces y otras medusas más pequeñas.

Campana vibrante
La medusa hace vibrar su cuerpo en forma de campana para propulsarse por el agua.

Trampa venenosa
Sus tentáculos están cubiertos de miles de células urticantes microscópicas.

COPÉPODO ÁRTICO
Calanus hyperboreus
Localización: aguas árticas
Longitud: hasta 7 mm

En los océanos hay miles de millones de estos crustáceos, que forman parte del zooplancton que va a la deriva por la superficie alimentándose de algas microscópicas. Es tan abundante que es un alimento vital para los peces y las aves marinas, y para las ballenas gigantes del Ártico.

Antenas móviles
El copépodo usa las antenas a modo de remos para nadar.

«Ala» para nadar
Los pterópodos «vuelan» por el agua.

MARIPOSA MARINA DESNUDA
Clione limacina
Localización: aguas árticas
Longitud: hasta 5 cm

Las mariposas marinas desnudas son babosas marinas que viven en aguas abiertas. Se desplazan batiendo unas cortas extensiones en forma de ala. Se alimentan de especies más pequeñas, que atrapan con los tentáculos que le salen de la boca.

144 océanos polares ∘ **BALLENA AZUL**

99 por ciento: **disminución** de la cantidad de ballenas azules a causa de la caza indiscriminada desde **1900**.

Ballena azul

La ballena azul es el animal más grande, y es capaz de atrapar y comerse algunos de los animales más pequeños del mar.

La ballena azul pertenece al grupo de las ballenas barbadas, que se alimentan filtrando el agua del mar con unas placas córneas llamadas barbas. Caza el krill del océano, sobre todo el de las vastas nubes de krill antártico que hay en el océano Antártico, rico en plancton. Casi se había extinguido a causa de su caza indiscriminada en los últimos 200 años, pero se ha ido recuperando poco a poco desde que se prohibió su pesca comercial en 1986.

Alimentación por filtración

Como otras especies de ballena barbada, la ballena azul usa una técnica de alimentación activa. Embiste una nube de krill con la boca abierta, haciendo que un enorme volumen de agua y alimento entre en la cavidad extensible y plisada de su garganta.

Enjambre de presas
Miles de millones de diminutos krills forman una enorme nube rosada, que la ballena se traga.

Mandíbula superior
La mandíbula superior, ancha y plana, de la ballena alberga la barba.

Barba filtradora
En vez de dientes, la ballena tiene unas placas córneas en la boca. Estas placas son de queratina, el mismo material del que están hechas las uñas humanas. Se deshilachan por el borde formando una malla de fibras.

El agua pasa a través

Las presas quedan atrapadas en la barba

Las cerdas son de queratina

Trago enorme
De un solo trago, la ballena se traga su propio peso en agua.

Lengua poderosa
La lengua de una ballena azul pesa unas 3 toneladas, tanto como un elefante.

La boca de una ballena

La garganta de una ballena, que ocupa una buena parte de su cuerpo, tiene una capacidad asombrosa. Cuando el agua rica en alimento entra en ella, se expande como un globo. En cuanto la ballena cierra la boca, la lengua se desplaza hacia arriba y hacia delante, para que el agua pase a través de la barba. Las ballenas barbadas queman mucha energía capturando a sus presas, pero se ven recompensadas con cada enorme bocado de comida.

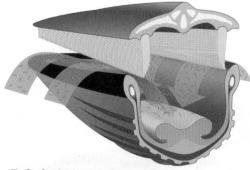

Toda dentro
Tras conseguir un trago de agua y krill, la ballena empieza a cerrar la boca. Su enorme garganta se expande para que quepa, modificando su aspecto habitual.

El agua se filtra a través de la barba

La lengua se mueve hacia arriba y hacia delante

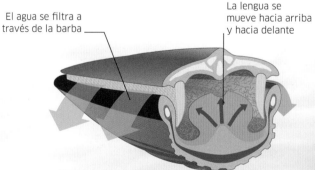

Bombeado
Con la boca cerrada, la ballena mueve la lengua hacia arriba y hacia delante, y la garganta se contrae, haciendo que el agua pase por la barba y atrape el krill.

6000 kg de **krill** puede **comer** una ballena azul **en un día**.

150 toneladas **puede llegar a pesar** una ballena azul adulta.

Aletas
Tiene un par de aletas estilizadas cerca de la cabeza, que le ayudan a maniobrar en el agua.

Garganta plisada
Los pliegues permiten que la garganta se ensanche, de manera que le cabe un volumen colosal de agua.

MAMÍFERO

BALLENA AZUL

Balaenoptera musculus

Localización: todos los océanos salvo el Ártico alto

Longitud: hasta 32,5 m

Alimentación: básicamente krill

Migración para reproducirse

En verano, se alimentan intensivamente en el Antártico o en las aguas gélidas del Ártico. Cuando el mar se congela, migran a aguas más cálidas, menos ricas en alimento, para reproducirse. Cada hembra tiene un único ballenato que se alimenta de su leche durante seis meses. Luego empieza a alimentarse por sí solo.

A por un poco de aire

En invierno, los narvales cazan bajo el hielo en grupos familiares. Buscan peces como el bacalao polar. Se mantienen en contacto usando una serie de chirridos, silbidos y chillidos, y confían en encontrar orificios en el hielo para salir a la superficie a respirar. A veces resulta peligroso para los narvales, ya que los vientos polares pueden hacer que el mar se congele rápidamente dejándolos atrapados bajo el hielo, donde se quedan sin aire.

Colmillo sensible
El colmillo está lleno de nervios muy sensibles.

Melón
Como muchas ballenas, el narval usa la ecolocalización para detectar a sus presas (ver p. 149). En la frente tiene un «melón» adiposo que centraliza las llamadas de la ecolocalización.

Narval

El espectacular narval, con su largo colmillo espiral que sale de su mandíbula superior, es un depredador marino especializado en cazar bajo el hielo compacto del Ártico.

El narval es una especie de ballena y por regla general solo los machos tienen colmillo. Todavía se desconoce cuál es su función principal, pero dado que las hembras se las apañan bien sin él, no puede ser vital para conseguir la comida. Es posible que los machos lo usen para exhibirse ante las hembras o sus rivales, y que el que tenga el colmillo más espectacular sea el ganador. Pero el colmillo es extremadamente sensible, así que quizá lo usen para percibir la temperatura o la salinidad del agua.

Ojo pequeño

Espiráculo
Al igual que otras ballenas, el narval respira a través de un espiráculo que tiene en la parte superior de la cabeza.

Aletas
El narval se propulsa por el agua con su fuerte cola y usa las aletas delanteras para girar y maniobrar cerca de peces y otras presas.

Hembra sin colmillo
Muy de vez en cuando, a una hembra puede salirle un colmillo, pero la mayoría no lo tienen.

MAMÍFERO
NARVAL

Monodon monoceros

Localización: mares árticos

Longitud del cuerpo: hasta 5 m

Alimentación: peces y calamares

En la Edad Media, por los **colmillos de los narvales** se pagaban **grandes sumas,** como si fueran los colmillos de los **míticos unicornios.**

147

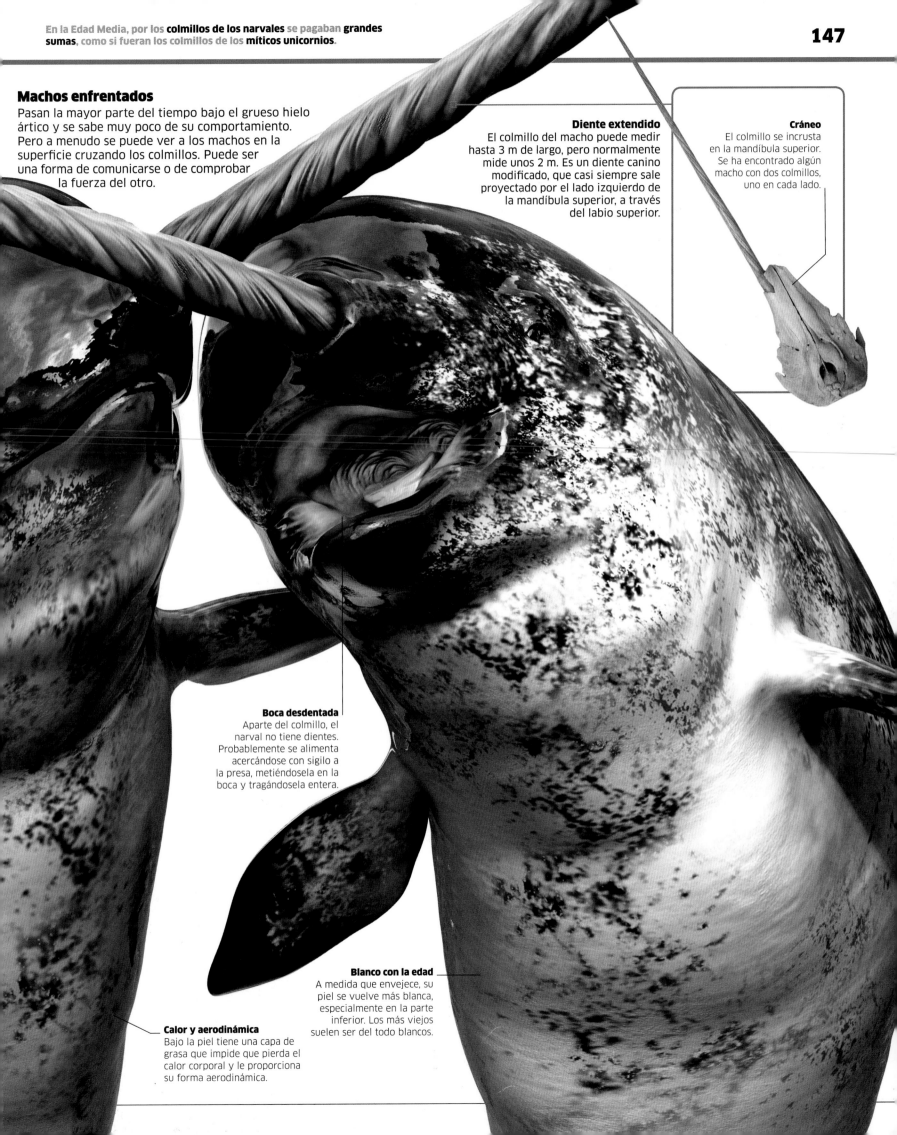

Machos enfrentados

Pasan la mayor parte del tiempo bajo el grueso hielo ártico y se sabe muy poco de su comportamiento. Pero a menudo se puede ver a los machos en la superficie cruzando los colmillos. Puede ser una forma de comunicarse o de comprobar la fuerza del otro.

Diente extendido
El colmillo del macho puede medir hasta 3 m de largo, pero normalmente mide unos 2 m. Es un diente canino modificado, que casi siempre sale proyectado por el lado izquierdo de la mandíbula superior, a través del labio superior.

Cráneo
El colmillo se incrusta en la mandíbula superior. Se ha encontrado algún macho con dos colmillos, uno en cada lado.

Boca desdentada
Aparte del colmillo, el narval no tiene dientes. Probablemente se alimenta acercándose con sigilo a la presa, metiéndosela en la boca y tragándosela entera.

Blanco con la edad
A medida que envejece, su piel se vuelve más blanca, especialmente en la parte inferior. Los más viejos suelen ser del todo blancos.

Calor y aerodinámica
Bajo la piel tiene una capa de grasa que impide que pierda el calor corporal y le proporciona su forma aerodinámica.

148 océanos polares ○ **ORCA**

Las orcas suelen saltar fuera del agua.
Puede que lo hagan por **pura diversión.**

56 km/h es la **velocidad máxima** de una **orca** por el agua.

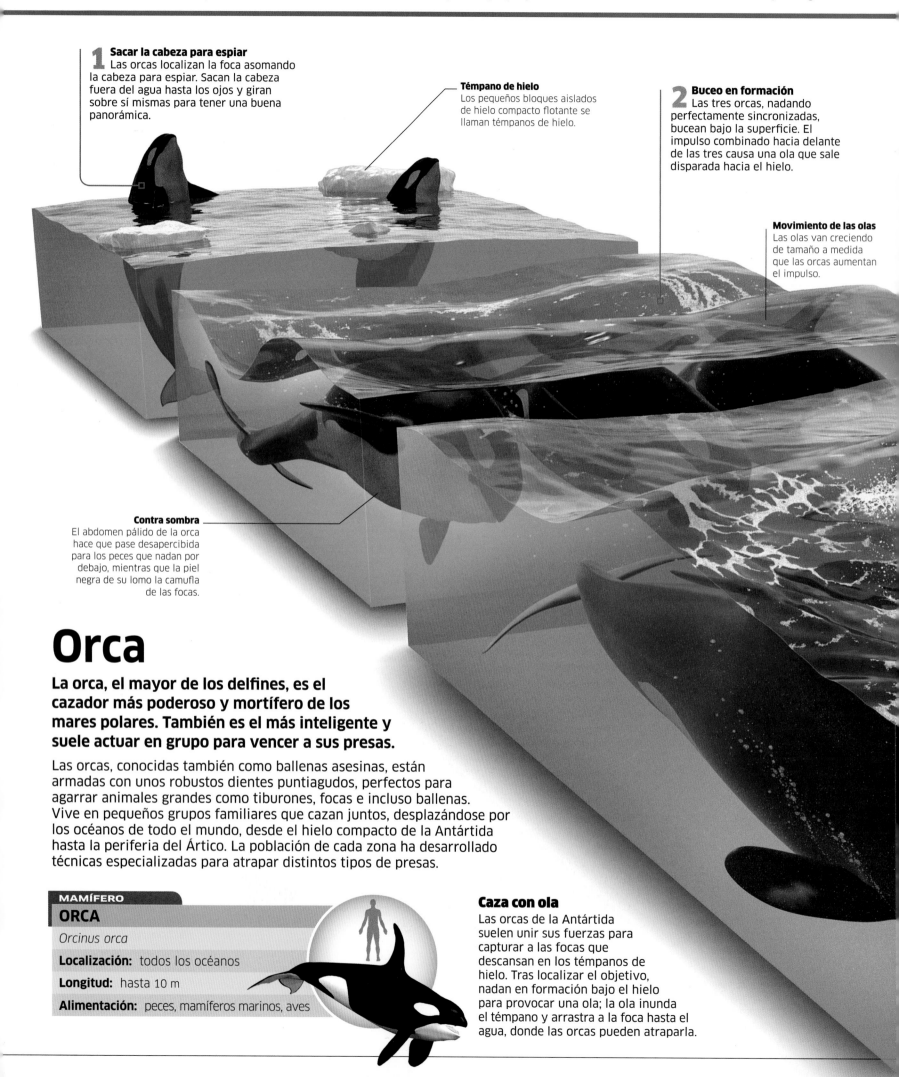

1 Sacar la cabeza para espiar
Las orcas localizan la foca asomando la cabeza para espiar. Sacan la cabeza fuera del agua hasta los ojos y giran sobre sí mismas para tener una buena panorámica.

Témpano de hielo
Los pequeños bloques aislados de hielo compacto flotante se llaman témpanos de hielo.

2 Buceo en formación
Las tres orcas, nadando perfectamente sincronizadas, bucean bajo la superficie. El impulso combinado hacia delante de las tres causa una ola que sale disparada hacia el hielo.

Movimiento de las olas
Las olas van creciendo de tamaño a medida que las orcas aumentan el impulso.

Contra sombra
El abdomen pálido de la orca hace que pase desapercibida para los peces que nadan por debajo, mientras que la piel negra de su lomo la camufla de las focas.

Orca

La orca, el mayor de los delfines, es el cazador más poderoso y mortífero de los mares polares. También es el más inteligente y suele actuar en grupo para vencer a sus presas.

Las orcas, conocidas también como ballenas asesinas, están armadas con unos robustos dientes puntiagudos, perfectos para agarrar animales grandes como tiburones, focas e incluso ballenas. Vive en pequeños grupos familiares que cazan juntos, desplazándose por los océanos de todo el mundo, desde el hielo compacto de la Antártida hasta la periferia del Ártico. La población de cada zona ha desarrollado técnicas especializadas para atrapar distintos tipos de presas.

MAMÍFERO
ORCA
Orcinus orca

Localización: todos los océanos

Longitud: hasta 10 m

Alimentación: peces, mamíferos marinos, aves

Caza con ola
Las orcas de la Antártida suelen unir sus fuerzas para capturar a las focas que descansan en los témpanos de hielo. Tras localizar el objetivo, nadan en formación bajo el hielo para provocar una ola; la ola inunda el témpano y arrastra a la foca hasta el agua, donde las orcas pueden atraparla.

Se sabe que las **orcas** han **atacado y se han comido algún tiburón blanco**, el tiburón **más grande y peligroso** de todos.

En las costas de la Patagonia, **las orcas nadan hasta la playa para atrapar crías de león marino.**

149

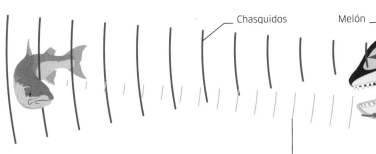

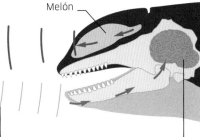

Ecolocalización

Las orcas localizan a sus presas, especialmente a los peces, por ecolocalización. Mandan una serie de chasquidos, que el «melón» que tiene en la frente enfoca en un haz, y luego escuchan los ecos que les llegan.

Eco
Los ecos que rebotan en la presa llegan a su oído a través de la mandíbula inferior.

Decodificación
El oído manda impulsos nerviosos al cerebro para crear una imagen sonora de la presa.

Comunicación

Los grupos familiares de orcas suelen viajar con otras familias con las que tienen parentesco en grupos más grandes llamados vainas. Cada vaina tiene su propio lenguaje característico de chasquidos, silbidos y otro tipo de reclamos.

3 Arrastrada
La ola rompe contra el témpano de hielo cogiendo por sorpresa a esta desafortunada foca cangrejera. La foca no puede impedir que la ola la alcance y la arrastre hacia el agua, directamente a las bocas de las orcas que esperan debajo.

Variaciones locales
La población de orcas de cada zona tiene un diseño característico en blanco y negro.

Sin escapatoria
Gracias a sus dientes fuertes y afilados, y a su mandíbula musculosa, la orca puede atrapar a presas que forcejean y que acostumbran a ser resbaladizas.

150 océanos polares · **MORSA**

El **nombre científico** de la morsa significa
«caballo de mar que camina con los dientes».

500 m es la **mayor profundidad** a la
que se ha sumergido una **morsa**.

Morsa

La morsa, famosa por sus magníficos colmillos, es un animal grande de piel gruesa pariente de las focas y los leones marinos. Caza en mares poco profundos en el océano Ártico, donde bucea hasta el lecho marino bajo el hielo compacto en busca de presas.

Las morsas se alimentan básicamente de almejas y otros moluscos parecidos, que encuentran en el agua turbia y a menudo oscura gracias a sus grandes bigotes altamente sensibles. Las morsas suelen lanzar chorros de agua con la boca en la arena blanda para dejar al descubierto los animales que se esconden en ella. Cuando encuentran una almeja, sellan los labios alrededor de las valvas y retiran la lengua hacia atrás para succionar la carne blanda.

Fantástica nadadora

La morsa, aunque tiene unas fuertes aletas delanteras, usa la misma técnica que las focas para nadar: flexiona el cuerpo y las aletas traseras para propulsarse por el agua como un pez. Si lo necesita, puede nadar a una velocidad de hasta 35 km/h, pero por lo general suele desplazarse a un ritmo mucho más pausado.

MAMÍFERO
MORSA
Odobenus rosmarus
Localización: océano Ártico
Longitud: hasta 3,5 m
Alimentación: animales del fondo

Escalar sobre el hielo

Los machos adultos usan los colmillos para lucirse ante los rivales o para luchar, pero tanto las hembras como los machos los emplean además para fines más pacíficos. Cuando nadan por debajo del hielo, recurren a ellos para impedir que el hielo se forme sobre los orificios que usan para respirar. También pueden clavarlos en el hielo y utilizarlos como si fueran ganchos de agarre para arrastrar su voluminoso cuerpo fuera del agua.

Piel gruesa
Una piel resistente y rugosa cubre una gruesa capa de grasa aislante. Los machos adultos tienen la piel extragruesa, lo que les protege de sufrir heridas graves cuando luchan con otros machos rivales.

Aletas robustas
Sus fuertes extremidades delanteras le ayudan a desplazarse por el agua y sostienen su gran peso cuando están sobre el hielo.

Machos cantarines

La morsa tiene una gran bolsa de aire en la garganta que puede hinchar para mantener la cabeza fuera del agua; incluso puede dormir en esa posición. Los machos también usan la bolsa de aire para añadir resonancia a sus gritos cuando compiten con otros rivales o se exhiben delante de las hembras. Usan chasquidos, silbidos y cautivadores sonidos parecidos al de una campana.

Cráneo y colmillos
Los colmillos son dientes muy desarrollados. Le salen de la mandíbula superior. Dado que no mastica, el resto de los dientes son más bien pequeños, y no tiene muchos. A veces los usa para triturar la comida.

Ojos móviles
Sus ojos sobresalen del cráneo de forma que puede mirar tanto hacia delante como hacia arriba, lo que le proporciona una buena panorámica de los alrededores.

Orificios nasales cerrados
Como en el caso de las focas, los orificios nasales de las morsas se cierran automáticamente para que no les entre agua cuando están sumergidas. Unos músculos especiales se encargan de abrirlos cuando tienen que respirar.

Colmillos espectaculares
Los colmillos de los machos adultos son más largos que los de las hembras, y pueden alcanzar los 100 cm o más. El macho con los colmillos más espectaculares normalmente domina al resto de los machos.

Bigotes sensibles
La morsa tiene un bigote en el hocico con más de 400 pelos altamente sensibles que le permiten localizar a las presas al tacto, y saber el tamaño y la forma exactos de cualquier cosa que toque.

152

3700 kg puede llegar a pesar un **elefante marino del sur**, las focas **más pesadas**.

FOCA FRANJEADA
Histriophoca fasciata
Localización: Ártico y Pacífico norte
Longitud: hasta 1,8 m

La foca franjeada, claramente reconocible por las franjas de su piel, se reproduce sobre el hielo del Ártico, alrededor de Alaska y Siberia oriental. Está muy adaptada para desplazarse por el hielo resbaladizo, donde usa las garras de sus aletas, pero en tierra firme se siente indefensa.

Focas

Las focas y los leones marinos tienen una capa de grasa o un pelaje tupido que les ayuda a conservar el calor bajo el agua, y están bien adaptados para vivir en las regiones polares. Muchos de ellos se pasan toda la vida en el mar, cazando en el agua helada o sobre el hielo.

La mayoría de las especies polares son verdaderas focas, con las patas mirando hacia atrás, que usan para impulsarse por el agua. En cambio, los lobos y leones marinos pueden girar sus extremidades posteriores, lo que mejora su movilidad en tierra firme. Las verdaderas focas se mueven allí con torpeza, por lo que muchas se reproducen sobre el hielo flotante donde son menos vulnerables a los ataques. Muchas de las focas que se reproducen sobre el hielo están en peligro de extinción por el cambio climático, que reduce la superficie cubierta de hielo marino.

Franjas blancas
Tanto los machos como las hembras tienen franjas, pero los colores del macho son especialmente llamativos.

FOCA ANILLADA
Pusa hispida
Localización: Ártico
Longitud: hasta 1,5 m

Las focas anilladas, que se extienden por el Ártico y los mares cercanos, deben su nombre a las anillas color gris plateado de su piel, que destacan sobre su pelaje oscuro. Las hembras se reproducen en guaridas aisladas y cubiertas de nieve, entre los témpanos de hielo que hay sobre el hielo compacto, a las que acceden desde el agua que hay debajo. Estas guaridas son el blanco de los osos polares, que pueden detectarlos por el olor.

Estampado de anillas

Cría recién nacida

FOCA BARBUDA
Erignathus barbatus
Localización: Ártico
Longitud: hasta 2,5 m

Como la morsa, esta foca ártica se alimenta básicamente de los animales que viven en el lecho marino, que detecta con sus largos bigotes. Vive en todo el Ártico y se reproduce sobre los témpanos de hielo, donde muchas son capturadas por orcas y osos polares.

FOCA CAPUCHINA
Cystophora cristata
Localización: Ártico y Atlántico norte
Longitud: hasta 2,5 m

Se llama así por la capucha hinchable negra del macho adulto, que usa para exhibirse ante las hembras y los rivales. Si desea que el impacto sea mayor, también puede hinchar el revestimientos de uno de los orificios nasales, como si fuera un globo rosa.

Capucha hinchable

Saco nasal

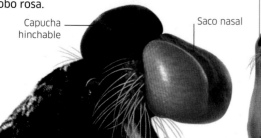

FOCA DE GROENLANDIA
Pagophilus groenlandicus
Localización: Ártico y Atlántico norte
Longitud: hasta 1,5 m

Las focas de Groenlandia se reproducen en grandes colonias sobre el hielo marino del este de Canadá, el mar de Groenlandia y el mar de Barents, en Rusia. Tristemente, las crías blancas eran las preferidas de los cazadores, pero actualmente está prohibido cazarlas en Canadá. Las focas de Groenlandia pasan la mayor parte de su vida en el mar, cazando peces y krill.

Cría de color blanco
A las tres semanas, pierde el pelo blanco.

FOCA DE ROSS
Ommatophoca rossii
Localización: Antártida
Longitud: hasta 2,5 m

La foca de Ross, que se encuentra solo en la periferia helada de la Antártida, tiene unos ojos enormes que le ayudan a localizar los peces y los calamares en el agua oscura y profunda, debajo del hielo. Es un animal solitario y esquivo, y su preferencia por el hielo compacto hace que solo sea visto por científicos o por los tripulantes de los rompehielos de la Antártida.

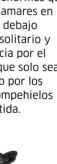

37 km/h es la **velocidad** a la que puede nadar una **foca leopardo**.

Las **focas cangrejeras** son uno de los grandes mamíferos **más abundantes** del mundo.

153

LOBO MARINO ANTÁRTICO
Arctocephalus gazella
Localización: zona subantártica
Longitud: hasta 2 m

Los leones y lobos marinos, a diferencia de las verdaderas focas, se desplazan por el agua dando fuertes brazadas con sus largas aletas delanteras. También las usan como si fueran patas, lo que les da mucha más movilidad en tierra firme. El lobo marino antártico vive más al sur que la mayoría, donde caza krill, peces y calamares en el océano Antártico.

Hasta 6 millones
de lobos marinos antárticos se crían en las islas Georgias.

Pelaje lanudo
Una capa de tupido pelo bajo su capa exterior le ayuda a conservar el calor.

LEÓN MARINO DE STELLER
Eumetopias jubatus
Localización: extremo norte del Pacífico
Longitud: hasta 3,5 m

Esta especie, una de las seis que existen de león marino, es la única que vive en aguas cercanas al Ártico. Crían en las costas del norte. Cada macho reclama un territorio y confía en aparearse con cualquier hembra que entre en la zona.

Hembra

Macho

FOCA DE WEDDELL
Leptonychotes weddellii
Localización: Antártida
Longitud: hasta 3,5 m

Las focas de Weddell viven por toda la Antártida, en el hielo marino costero, y se reproducen en el hielo fijo unido a la costa. Cazan peces y otros animales en el agua que hay debajo del hielo y usan los dientes para hacer y agrandar los orificios para respirar, que son vitales.

FOCA CANGREJERA
Lobodon carcinophaga
Localización: Antártida
Longitud: hasta 2,5 m

Pese al nombre, no come cangrejos, sino krill. Sus dientes entrelazados forman una especie de tamiz con el que filtra el krill de los gélidos mares de la Antártida. Millones de focas cangrejeras viven en el hielo compacto que se desplaza a la deriva, donde son cazadas por la foca leopardo.

Dientes multicoronas

FOCA LEOPARDO
Hydrurga leptonyx
Localización: Antártida
Longitud: hasta 3,5 m

Es la única foca que caza con regularidad otros animales de sangre caliente. Está presente en toda la Antártida y se oculta en el agua cerca y debajo de los témpanos de hielo, esperando pacientemente a que algún pingüino o foca más pequeña se deslice hasta el mar para atraparla.

Manchas de leopardo

ELEFANTE MARINO DEL SUR
Mirounga leonina
Localización: Antártida
Longitud: hasta 5 m

Los elefantes marinos deben su nombre al tamaño descomunal de los machos, así como a la extensión en forma de trompa de su nariz, que amplifica sus gritos estruendosos. Los machos rivales se pelean para aparearse con tantas hembras como puedan, infligiendo profundos cortes con los dientes a sus oponentes.

Macho enorme
Un macho puede pesar como un camión pequeño.

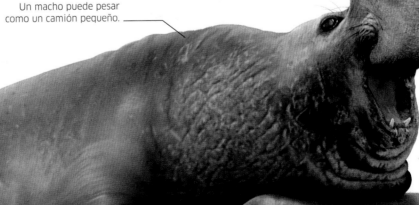

La hembra puede pesar cinco veces menos que el macho

Cazadora polar

En otoño el hielo marino empieza a formarse y aumenta de grosor frente a las costas de Alaska. Una osa polar se aventura hasta el borde del hielo, seguida por sus dos oseznos.

Tras las orcas, los osos polares son los depredadores árticos más poderosos. Cazan casi exclusivamente en el hielo marino, usando su agudo sentido del olfato para detectar a las focas desde 1 km de distancia. Un oso puede permanecer agazapado durante horas junto a un orificio de los que usan las focas para salir a respirar, esperando pacientemente para sacarla del agua y matarla de un solo mordisco.

PINGÜINO EMPERADOR
Aptenodytes forsteri
Localización: mar y costa de la Antártida
Altura: hasta 1,5 m

El emperador es el pingüino más grande. Caza peces y calamares, y para ello puede estar sumergido durante 20 minutos. A diferencia de otros pingüinos, a veces se reproduce en invierno sobre el hielo. Los machos incuban los huevos bajo sus pies para que no se congelen.

PINGÜINO REY
Aptenodytes patagonicus
Localización: Subantártida
Altura: hasta 95 cm

El pingüino rey se parece mucho al emperador, pero tiene hábitos distintos. Caza en aguas abiertas, en la periferia del océano Antártico, y en primavera forma grandes colonias de cría en las Georgias del Sur.

Los polluelos tienen un plumón de color parduzco

PINGÜINO DE PENACHO ANARANJADO
Eudyptes chrysolophus
Localización: Antártida y subantártida
Altura: hasta 70 cm

Es una de las siete especies de pingüinos crestados que existen, todos ellos engalanados con unas vistosas plumas amarillas en la cabeza. Es uno de los pingüinos más comunes: millones de parejas anidan en la península Antártica y las islas subantárticas. Se alimenta básicamente de krill, y también de pequeños peces y calamares.

Pingüinos

Los pingüinos, que parecen un poco torpes cuando están en tierra firme, se transforman en unos cazadores veloces, ágiles y enormemente eficaces cuando bucean bajo el agua.

Los pingüinos, que se encuentran solo en el hemisferio sur, son las aves marinas más especializadas que existen. Cada parte de su cuerpo está adaptada para cazar bajo el agua y es tan buen cazador como cualquier foca. Su excelente aislamiento le permite cazar en los mares gélidos de la Antártida, que están repletos de peces y krill. Algunas especies anidan en las costas de la propia Antártida, pero otras forman enormes colonias de cría en las inhóspitas islas rocosas que salpican el océano Antártico.

Sujeción segura
Como otros pingüinos, el de Adelia tiene unas protuberancias que parecen cerdas en la lengua y el paladar, que le ayudan a sujetar las presas resbaladizas. La dirección de las cerdas impide que la presa pueda escabullirse y la empuja hacia la garganta del pingüino.

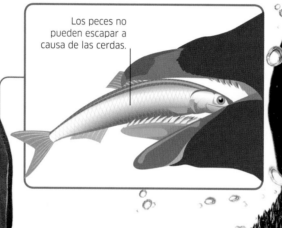

Los peces no pueden escapar a causa de las cerdas.

3 m de altura **puede saltar un pingüino de Adelia** fuera del agua para **aterrizar sobre un témpano** de hielo.

36 km/h es la **velocidad máxima** a la que se desplaza en el agua un **pingüino juanito.** **157**

PINGÜINO JUANITO

Pygoscelis papua

Localización: Antártida y subantártida

Altura: hasta 80 cm

El pingüino juanito, en los mares y las islas que rodean la Antártida, tiene una cola muy larga. Nada más rápido que cualquier otro, y se vale de su velocidad para capturar sus presas. Emite un grito fuerte parecido a una trompeta, que produce echando la cabeza hacia atrás y apuntando al cielo.

Pingüino de Adelia

El pingüino de Adelia, que vive más al sur que la mayoría de los pingüinos, se reproduce en las costas del Antártico en verano, cuando están libres de hielo, y se pasa el resto del año en el mar. Se alimenta básicamente de krill, que atrapa uno por uno con el afilado pico. Cuando ya ha cogido suficientes, descansa sobre el hielo compacto o sobre algún iceberg a la deriva.

Forma de torpedo
Las gruesas y cálidas plumas pegadas al cuerpo proporcionan al pingüino una forma aerodinámica.

PINGÜINO BARBIJO

Pygoscelis antarcticus

Localización: Antártico y subantártico

Altura: hasta 77 cm

Un millón de parejas de pingüinos barbijos anidan en la isla volcánica Zadovski, en el extremo sur del Atlántico. Aquí, el calor del volcán activo derrite la nieve, lo que les ayuda a incubar los huevos en el gélido clima subantártico. Otros tres millones de parejas se reproducen en islas y costas libres de hielo, por toda la Antártida.

Vuelo bajo el agua
Los pingüinos usan sus cortas alas repletas de plumas para «volar» por el agua.

PINGÜINO DE PENACHO AMARILLO

Eudyptes chrysocome

Localización: mares e islas subantárticas

Altura: hasta 62 cm

Estos pequeños pingüinos de cresta amarilla anidan en las costas rocosas donde deben saltar de roca en roca para llegar al mar, de ahí que también se les llame saltarrocas. Existen dos especies muy parecidas, que se reproducen en islas y costas remotas, tan al norte como Tristan da Cunha, en el Atlántico.

Protección vital
Gracias a su pecho blanco, a este depredador que lo mira desde abajo, una foca leopardo, le cuesta distinguir al pingüino de Adelia del azul pálido del cielo.

AVE

PINGÜINO DE ADELIA

Pygoscelis adeliae

Localización: mar y costa de la Antártida

Longitud: hasta 70 cm

Alimentación: krill, peces y calamares

Claro y oscuro
El plumaje puede variar mucho, desde marrón oscuro en la cola y las alas a casi blanco en la cabeza.

PETREL GIGANTE ANTÁRTICO
Macronectes giganteus
Localización: océano Antártico
Longitud: hasta 99 cm

El petrel gigante, aunque es un pariente cercano del albatros y se parece a él, se comporta de un modo muy distinto. Los petreles gigantes son básicamente carroñeros que se alimentan de los restos que encuentran en las colonias de cría de las focas y los pingüinos. También cazan a crías indefensas, y matan y se comen a cualquier adulto herido que se encuentren. Si se ven amenazados, rocían con un aceite apestoso a sus enemigos.

Nariz tubular
Como ocurre con todos los petreles, su pico consta de nueve placas características y de orificios nasales tubulares en la parte superior.

PÁGALO ANTÁRTICO
Catharacta maccormicki
Localización: Antártico
Longitud: hasta 55 cm

El págalo antártico persigue a otras aves marinas que regresan de sus zonas de cría y les roban los peces. En verano anida en las costas antárticas, pero cuando se acerca el invierno, se marcha hacia el Atlántico norte y el Pacífico norte.

Manchas blancas
Este págalo es marrón, pero tiene manchas blancas en las alas.

ALBATROS DE CEJA NEGRA
Thalassarche melanophris
Localización: océano Antártico
Longitud: hasta 93 cm

El albatros de ceja negra, muy extendido por todo el hemisferio sur, es más pequeño que otros albatros, pero igual de hábil cuando se trata de volar durante horas sobre las olas sin apenas mover las alas. Anida en colonias en islas remotas y cada pareja cría un solo polluelo.

Polluelo velloso

PETREL NÍVEO
Pagodroma nivea
Localización: Antártico
Longitud: hasta 40 cm

Este hermoso petrel tiene un nombre muy apropiado, no solo porque es blanco, sino porque cría en el continente níveo de la Antártida. Vive más al sur que cualquier otro pájaro y se le ha visto incluso volando sobre las superficies heladas del polo sur. En el mar se alimenta sobre todo entre el hielo compacto y descansa en los icebergs.

Plumas blancas

PAÍÑO DE WILSON
Oceanites oceanicus
Localización: océanos del mundo
Longitud: hasta 20 cm

Esta ave de aspecto frágil, que no es más grande que un pájaro cantor, vive en algunos de los mares más indómitos y ventosos del planeta. Y a pesar de ello, es enormemente próspero y millones de ellos anidan en los islotes rocosos que rodean la Antártida. Tiene el curioso hábito de deslizar los pies por la superficie del agua mientras atrapa los pequeños animales planctónicos de los que se alimenta.

PARDELA GORGIBLANCA
Procellaria aequinoctialis
Localización: océano Antártico
Longitud: hasta 58 cm

La pardela gorgiblanca, que es de color negro pero suele tener una mancha blanca detrás del pico, caza en el mar krill, pequeños peces y calamares, justo debajo de la superficie del agua. Al hacerlo, traga mucha sal, que expulsa a través de una glándula especial que está conectada a sus orificios nasales tubulares.

Bien proporcionado
La pardela gorgiblanca tiene un cuerpo grande y voluminoso.

Pico de color claro

Puede que el paíño de Wilson sea una de **las aves marinas más abundantes de la Tierra.**

Aleteo característico
El paíño de Wilson tiene una forma de volar y aletear característica mientras busca comida en el mar.

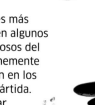

60 000 copépodos se come en un día un mérgulo atlántico del tamaño de un pájaro cantor.

159

EIDER REAL
Somateria spectabilis
Localización: costas árticas
Longitud: hasta 63 cm

El eider real, que pasa el invierno en las aguas costeras que rodean el océano Ártico, es un pato marino buceador que se alimenta de animales del lecho marino, como cangrejos y almejas. En primavera se desplaza a tierra firme, donde anida alrededor de los lagos que se forman cuando la nieve invernal se derrite.

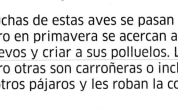

Aves marinas

En los polos, y especialmente alrededor del desierto helado de la Antártida, en los mares hay mucha más comida que en tierra firme. Muchas aves marinas se acercan para alimentarse de su rica fauna.

Muchas de estas aves se pasan la mayor parte del año en el mar, pero en primavera se acercan a tierra firme para anidar, poner los huevos y criar a sus polluelos. La mayoría cazan criaturas marinas, pero otras son carroñeras o incluso piratas que tienden emboscadas a otros pájaros y les roban la comida.

Hembra camuflada

Macho procreador de vivos colores

PÁGALO RABERO
Stercorarius longicaudus
Localización: Ártico, subantártico
Longitud: hasta 53 cm

El págalo rabero es un depredador y un pirata, al igual que otros págalos, que suele robar sus presas a otras aves marinas cuando regresan de cazar en el mar. Pero, a diferencia de otros págalos, es un pájaro elegante y esbelto, con unas alas delgadas y puntiagudas, y unas largas plumas en la cola. Se reproduce por todo el Ártico alto, pero pasa el invierno del hemisferio norte sobre océanos más cálidos, al sur del Ecuador.

Cola en forma de látigo
Tienen largas plumas en la cola cuando llegan a adultos.

CHARRÁN ÁRTICO
Sterna paradisaea
Localización: Ártico y Antártico
Longitud: hasta 35 cm

Este elegante pájaro se reproduce en el Ártico, pero pasa el invierno del hemisferio norte alimentándose en los océanos de la Antártida. Esta migración épica implica que todos los años el charrán ártico viaja más lejos que cualquier otro animal.

ARAO DE PICO ANCHO
Uria lomvia
Localización: Ártico, Atlántico norte y Pacífico norte
Longitud: hasta 43 cm

Los araos son en el hemisferio norte lo que los pingüinos en el hemisferio sur. Cazan en el mar del mismo modo, usando las alas para nadar bajo el agua, pero a diferencia de los pingüinos, también pueden volar. El arao de pico ancho es la especie viva de arao más grande que existe.

Adaptación singular
Los huevos con manchas acaban en punta y pueden ser desde blancos hasta azules.

MÉRGULO ATLÁNTICO
Alle alle
Localización: Ártico, Atlántico norte y Pacífico norte
Longitud: hasta 20 cm

Esta ave, un pariente diminuto del arao de pico ancho, caza bajo el agua del mismo modo, y vuela a poca distancia del mar batiendo rápidamente las alas. Se reproduce en colonias en las costas de las islas árticas. Cada pareja anida en una grieta rocosa o bajo una roca.

Alas rechonchas

GAVIOTA DE MARFIL
Pagophila eburnea
Localización: Ártico
Longitud: hasta 48 cm

La gaviota de marfil es la única que es del todo blanca. Se la ve en raras ocasiones, en invierno al sur de los gélidos mares árticos, cazando en el borde del hielo compacto, y en verano criando en las costas árticas libres de hielo. Además de capturar peces y otros animales, se alimenta de los restos de los osos polares muertos.

Blanco níveo
Las adultas son blancas, pero sus polluelos tienen manchas negras.

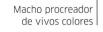

Elegante nadador

Subiendo desde las profundidades hacia un orificio que hay en el hielo marino del Antártico, este pingüino emperador exhibe su dominio natural del mundo submarino.

El pingüino emperador, que puede sumergirse hasta 550 m de profundidad bajo el hielo flotante en busca de peces, calamares y otras presas, ostenta el récord de inmersión más profunda entre las aves marinas. Unas adaptaciones especiales le permiten conservar el oxígeno en el cuerpo, y puede estar sumergido durante más de 20 minutos

NOSOTROS Y EL MAR

Los océanos del mundo nos dan numerosas fuentes vitales de alimento, energía y recreo. Sin embargo, estas extensiones tan grandes son vulnerables y están seriamente amenazadas por el cambio climático, los altos índices de contaminación y la acción de los hombres.

IMPACTO HUMANO

Los océanos de la Tierra son esenciales para la vida de los seres humanos. Ayudan a regular los climas, pero además son vitales para la alimentación, el transporte, el comercio y la energía. Puede parecer que los océanos son una fuente inagotable, pero no es así. La vida marina es aniquilada por la contaminación y la sobrepesca ha provocado que algunas especies estén en peligro de extinción. Los científicos se esfuerzan por comprender mejor los océanos, para que en un futuro seamos capaces de proteger mejor la vida marina.

COMUNIDADES COSTERAS

Los océanos proporcionaron un medio cómodo para trasladarse y rutas comerciales a las antiguas civilizaciones. Esto propició los asentamientos a lo largo de la costa, desde pequeños pueblos pesqueros hasta importantes centros comerciales. Hoy en día, una tercera parte de la población mundial vive a lo largo de las costas, y dicha proporción está creciendo. Ocho de cada diez de las ciudades más grandes del mundo, desde Nueva York hasta Shanghái (abajo), se encuentran en la costa.

RECURSOS OCEÁNICOS

Los océanos contienen una gran riqueza de recursos que usamos a diario. El petróleo y el gas hacen funcionar nuestros vehículos y calientan nuestras casas, y los metales se usan en la industria. La vida marina no solo nos da alimento, sino también ingredientes para las medicinas, el cuidado de la piel y otros productos.

Minerales y metales

Durante siglos, el ser humano ha evaporado el agua del mar para obtener sal, como la sal marina que se obtiene en esta laguna tailandesa. Los mares son ricos también en otros recursos, que apenas hemos empezado a explotar. La arena, la grava y la caliza son materiales indispensables para el sector de la construcción, y del lecho marino también pueden extraerse oro y diamantes. Los nódulos de manganeso y las fumarolas negras del lecho marino, que contienen cobre, níquel, titanio y otros metales, siguen intactos. Y el lodo del fondo marino contiene algunos metales raros que se usan para fabricar teléfonos móviles y ordenadores.

La pesca

Nuestros antepasados recogían algas y moluscos, capturaban peces y cazaban focas para alimentarse. Más adelante, empezaron a pescar con barcos y a criar peces en agua dulce. Hoy en día, 3200 millones de personas obtienen el 20 por ciento de su ingesta de proteínas animales de los alimentos marinos, y la cría de peces es una actividad cada vez más importante. Actualmente, la pesca comercial supone más de 79 millones de toneladas al año: nunca se habían consumido tantos alimentos del mar como ahora.

1961: 9 KG　　**2017: 20,5 KG**

CONSUMO MEDIO ANUAL DE PESCADO POR PERSONA

Fuentes energéticas

La prospección petrolífera moderna empezó en tierra firme hace más de 100 años, pero rápidamente se desplazó de la costa a aguas costeras poco profundas. Más de la mitad de los hallazgos actuales de gas y petróleo se producen bajo los océanos, donde se perfora a profundidades de hasta 2000 m y se alcanzan hasta los 7000 m por debajo del lecho marino. Más del 60 por ciento de la energía procede todavía del petróleo y el gas, pero cada vez hay más fuentes sostenibles, como los parques eólicos marinos (derecha), y la energía de las mareas y las olas se utiliza en todo el mundo.

CARGUERO

Los océanos han proporcionado rutas comerciales vitales durante más de 2000 años. Hoy, más de 50 000 cargueros transportan todo tipo de mercancías, desde coches y juguetes hasta petróleo y ropa, y atracan en puertos de todo el mundo. Los superpetroleros y los portacontenedores gigantes están entre las embarcaciones más grandes jamás construidas para desplazarse en alta mar.

CABLES SUBMARINOS

El primer cable telegráfico transatlántico se instaló en 1858. Hoy hay zonas de los océanos que son una densa red de cables de comunicación, oleoductos y gaseoductos, y otras instalaciones en el lecho marino. El 99 por ciento de los datos de internet se transmiten por cables submarinos que se extienden por los océanos, a una profundidad equivalente a la altura del Everest. Para instalar los cables se usan unas embarcaciones especiales, y si hay algún problema, se comprueba con submarinos por control remoto.

OCIO EN EL MAR

El turismo es uno de los sectores más importantes del mundo y representa el 10 por ciento del comercio mundial. Muchos turistas buscan playas soleadas, deportes acuáticos y puertos deportivos. Las islas remotas y los pintorescos arrecifes de coral son destinos turísticos muy solicitados para practicar el esnórquel y el buceo. Los cruceros oceánicos –los más grandes pueden llevar a más de 6000 pasajeros– llegan hasta algunas de las partes más remotas del océano, desde los alrededores de la Antártida hasta las islas del Pacífico Sur.

OCÉANOS EN PELIGRO

El rápido aumento de la población, las pobladas costas, la extracción de petróleo y metales, el comercio mundial y el auge de la industria turística tienen un gran impacto sobre los océanos del mundo. Toneladas de desperdicios, aguas residuales y plásticos se arrojan al mar cada año. Los océanos se calientan, pierden oxígeno y se vuelven más ácidos. Los ecosistemas marinos se vuelven frágiles, los arrecifes de coral se mueren y los recursos cada vez son más limitados: los océanos están amenazados como nunca antes.

Contaminación

Los mares semicerrados, como el Báltico, el Mediterráneo y el mar Negro, y los que están más cerca de las megaciudades y la industria, como el mar Amarillo y el del Este de China, son los más contaminados. Algunos están tan contaminados por las aguas residuales (derecha), el petróleo, las sustancias químicas tóxicas y los fertilizantes que sus criaturas marinas están muertas o muriéndose. A los mares de interior, como el Caspio, y a los Grandes Lagos de Norteamérica les va a costar mucho recuperarse.

Pérdida de hábitats

Los dos hábitats marinos que están sufriendo una pérdida extrema son los arrecifes de coral y los manglares. Entre los dos albergan alrededor de una tercera parte de todas las especies marinas. Más del 30 por ciento de estos hábitats ya han desaparecido y otro 50 por ciento corre el riesgo de hacerlo.

Cambio climático

El efecto del calentamiento global en el océano es terrible. El aumento de la temperatura del agua hace que se pierdan los arrecifes de coral y que el clima sea más extremo. Al derretirse los glaciares y los casquetes, el nivel del mar sube, lo que tiene graves repercusiones sobre las islas y las costas.

CONSERVACIÓN

El impacto negativo de los seres humanos sobre los océanos puede revertirse si se toman medidas urgentes. Hay miles de Zonas Marinas Protegidas, como las islas del Canal, frente a la costa de California (derecha), para conservar su vida y sus recursos, pero hay que proteger más. El control de los vertidos de petróleo, la recuperación de residuos plásticos y la limpieza de las playas contribuyen a proteger los mares del planeta.

Plataforma petrolífera

La mayor parte de la energía que usamos procede de combustibles fósiles, como el carbón, el petróleo y el gas natural. Más de un tercio de las reservas de gas y petróleo se extraen del fondo del mar.

El petróleo y el gas se formaron a lo largo de millones de años a partir de restos de plancton muerto sepultados bajo capas de arena y lodo, bajo presión y calor. Las plataformas petrolíferas se usan para perforar y extraer esos preciados combustibles y son unas de las estructuras más grandes jamás construidas.

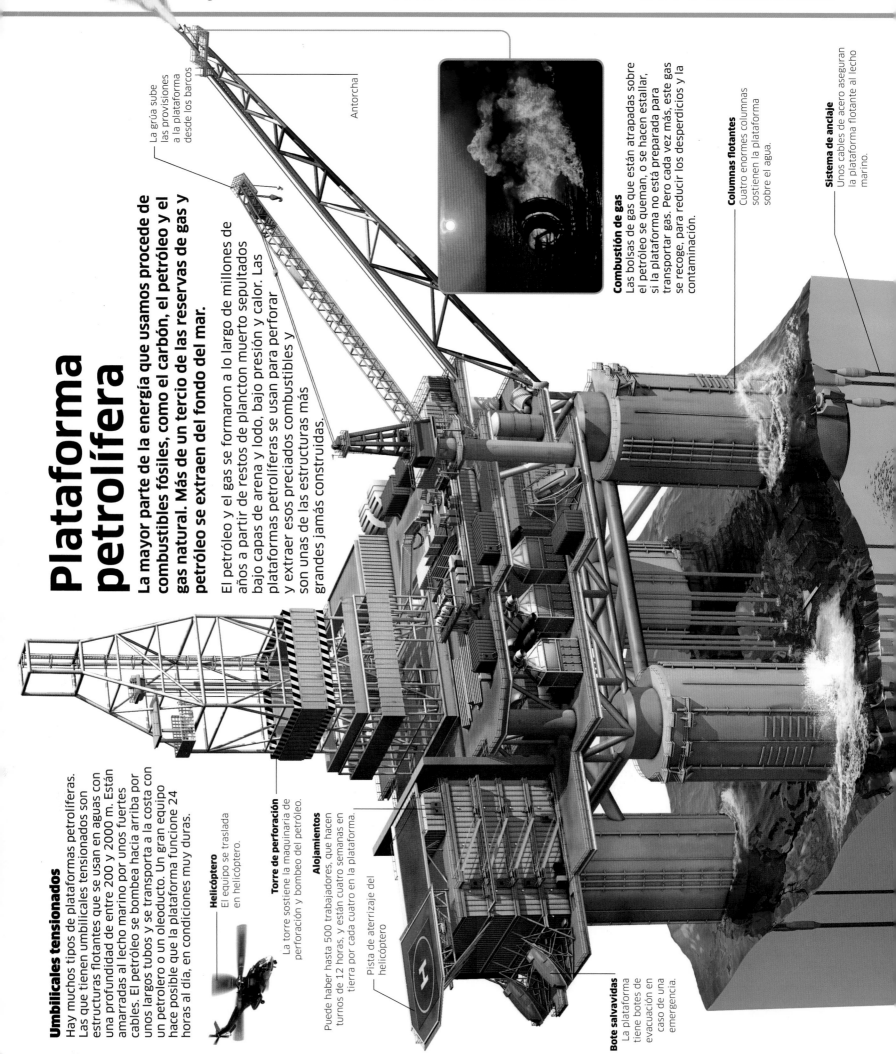

Antorcha

Combustión de gas

Las bolsas de gas que están atrapadas sobre el petróleo se queman, o se hacen estallar, si la plataforma no está preparada para transportar gas. Pero cada vez más, este gas se recoge, para reducir los desperdicios y la contaminación.

La grúa sube las provisiones a la plataforma desde los barcos

Columnas flotantes

Cuatro enormes columnas sostienen la plataforma sobre el agua.

Sistema de anclaje

Unos cables de acero aseguran la plataforma flotante al lecho marino.

Umbilicales tensionados

Hay muchos tipos de plataformas petrolíferas. Las que tienen umbilicales tensionados son estructuras flotantes que se usan en aguas con una profundidad de entre 200 y 2000 m. Están amarradas al lecho marino por unos fuertes cables. El petróleo se bombea hacia arriba por unos largos tubos y se transporta a la costa con un petrolero o un oleoducto. Un gran equipo hace posible que la plataforma funcione 24 horas al día, en condiciones muy duras.

Helicóptero
El equipo se traslada en helicóptero.

Torre de perforación
La torre sostiene la maquinaria de perforación y bombeo del petróleo.

Alojamientos
Puede haber hasta 500 trabajadores, que hacen turnos de 12 horas, y están cuatro semanas en tierra por cada cuatro en la plataforma.

Pista de aterrizaje del helicóptero

Bote salvavidas
La plataforma tiene botes de evacuación en caso de una emergencia.

1 mes es lo **máximo** que está un trabajador en una plataforma sin bajar a tierra.

500 millones de **barriles de petróleo** da como mínimo un **yacimiento supergigante**.

10-20 millones de años **tardan en formarse el petróleo o el gas**.

167

Vida marina

Los peces y otros animales marinos suelen refugiarse bajo la plataforma, aunque la perforación y la extracción de petróleo puede alterar la vida de las criaturas y el entorno.

Perforación de la roca

Para encontrar petróleo, se estudian las rocas bajo el lecho marino para identificar su posible ubicación y luego se coloca una torre de perforación móvil. Unos tubos diseñados para perforar la roca hasta llegar al petróleo, conocidos como barra de perforación, se bajan hasta el lecho marino. Si hay petróleo, el lugar se transforma para empezar a producir. Algunas plataformas perforan hasta más de 7000 m por debajo del lecho marino.

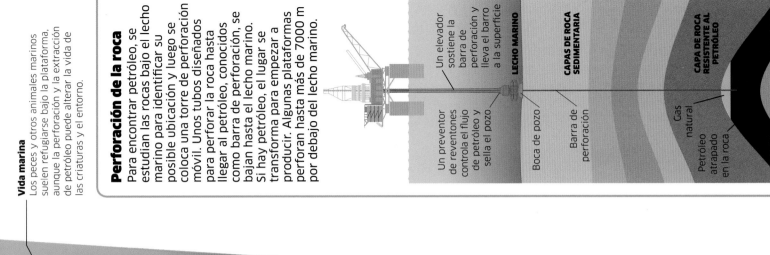

Un elevador sostiene la barra de perforación y lleva el barro a la superficie

LECHO MARINO

CAPAS DE ROCA SEDIMENTARIA

CAPA DE ROCA RESISTENTE AL PETRÓLEO

Un preventor de reventones controla el flujo de petróleo y sella el pozo

Boca de pozo

Barra de perforación

Gas natural

Petróleo atrapado en la roca

Agua

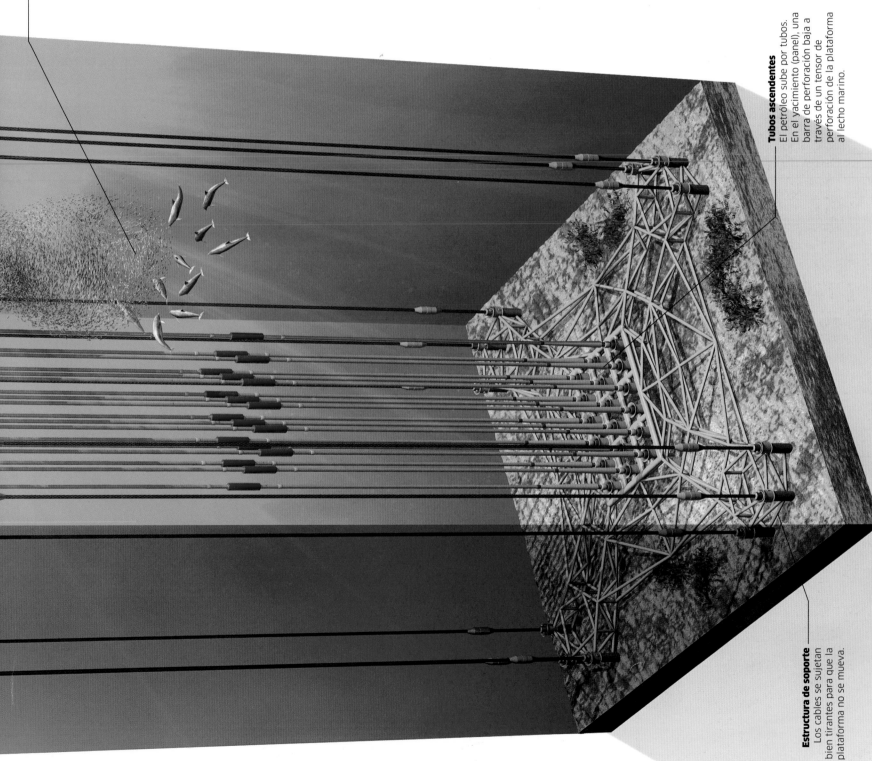

Tubos ascendentes

El petróleo sube por tubos. En el yacimiento (panel), una barra de perforación baja a través de un tensor de perforación de la plataforma al lecho marino.

Estructura de soporte

Los cables se sujetan bien tirantes para que la plataforma no se mueva.

Energía eólica

Una alternativa más limpia, segura y sostenible a los combustibles fósiles, es aprovechar la energía de los vientos que soplan sobre los océanos.

Un parque eólico está formado por un grupo de torres de acero rematadas con unas aspas giratorias parecidas a las de un molino. El viento hace girar las aspas y estas a su vez hacen girar un generador, que transforma la energía mecánica en electricidad. Los parques marinos son más eficaces que los terrestres, ya que los vientos marinos son más fuertes y constantes que los vientos en tierra firme.

Parque eólico

Los parques eólicos marinos, como el que se muestra aquí, se ubican en aguas relativamente poco profundas, a no más de 30 km de la costa. Los más grandes cuentan con más de cien turbinas, cuyas bases se hunden en el lecho marino. Una subestación eléctrica marina transfiere la energía hasta la red de tierra firme.

Buque de instalación de turbinas

Estos barcos especializados en la instalación de turbinas disponen de unas patas metálicas que se bajan y se fijan al lecho marino. Los ingenieros que van a bordo tardan menos de dos días en instalar una turbina. Luego, las patas vuelven a subirse y el barco se desplaza para colocar la siguiente turbina.

Góndola
Se encuentra en lo alto de la torre y aloja el generador que transforma el movimiento de las aspas en electricidad.

Grúa
Una enorme grúa transportada por el barco instalador de turbinas eleva las piezas de la turbina y las coloca en su sitio.

Aspas giratorias
Cada aspa, de hasta 81 m de largo, tiene la misma envergadura de un Airbus A380, el avión de pasajeros más grande del mundo.

Torres listas para ser instaladas

Torre principal
La torre está hecha de acero tubular y se levanta a 100 m de altura.

Escalera de acceso
Permite el acceso a los trabajadores que llegan en barco para su inspección y mantenimiento.

Cable de alimentación
Un cable lleva la energía eléctrica que generan las turbinas hasta la subestación del parque.

Base sumergida
Una base de acero monopilar se lleva hasta el lecho marino y se encaja en hormigón para asegurar la turbina.

Una sola **turbina eólica de las más grandes** puede producir suficiente electricidad como para abastecer a **600 hogares**.

Algunos expertos creen que para el 2050 **un tercio** de la **electricidad mundial** será **generada por parques eólicos**.

169

Energía mareomotriz

El agua en movimiento se utiliza para generar electricidad. Las mareas son una enorme fuente potencial de energía renovable. Unos diques grandes y bajos, llamados barreras de marea (en la imagen), generan electricidad a partir de la fuerza de las mareas. Sin embargo, aún son más utilizadas las turbinas que se colocan en una masa de agua que fluye rápido, o corriente de marea.

Energía undimotriz

El aprovechamiento de la energía de las olas para generar electricidad sigue estando infrautilizado. En 2000, se puso en marcha el primer proyecto a pequeña escala frente a la costa de Escocia. Este usa unos cilindros flotantes (imagen) que contienen motores que se activan por el movimiento de las olas. Los motores accionan un generador que produce energía eléctrica.

Subestación
Esta estructura recoge la energía eléctrica generada por las turbinas y la dirige directamente a una estación de conversión.

Estación de conversión
La estación convierte la corriente eléctrica de la manera más eficiente para poder transmitirla a una estación terrestre.

Unas aspas gigantes hacen girar este eje

El generador transforma el movimiento del eje en energía eléctrica

Dentro de la góndola
La góndola es el núcleo de la turbina, donde se aprovecha el viento para generar electricidad. Esta estructura contiene el mecanismo que las aspas giratorias ponen en marcha. La góndola puede ser lo bastante grande para que quepa un helipuerto encima.

Un mecanismo mueve las aspas para que estén encaradas al viento

170 nosotros y el mar ∘ **PISCIFACTORÍA**

28,7 millones de toneladas de pescado **producen cada año** **las piscifactorías marinas** para consumo humano.

Piscifactoría

Cada vez se come más pescado en todo el mundo. Casi la mitad del que comemos se cría en piscifactorías.

La piscicultura, también conocida como acuicultura, es una de las industrias alimentarias que más rápidamente está creciendo en el mundo. Muchas piscifactorías están ubicadas tierra adentro y crían especies de agua dulce, pero alrededor del 35 por ciento se crían en instalaciones costeras o marinas. Además de peces, se cultivan grandes cantidades de moluscos, como las ostras y los mejillones, y de algas para el consumo humano.

Pescado de piscifactoría
Los peces de esta piscifactoría son lubinas. Otros peces que suelen criarse en piscifactorías marinas son el pez limón y el seriola. Estos peces, que se alimentan de gránulos ricos en nutrientes, crecen bien en las piscifactorías.

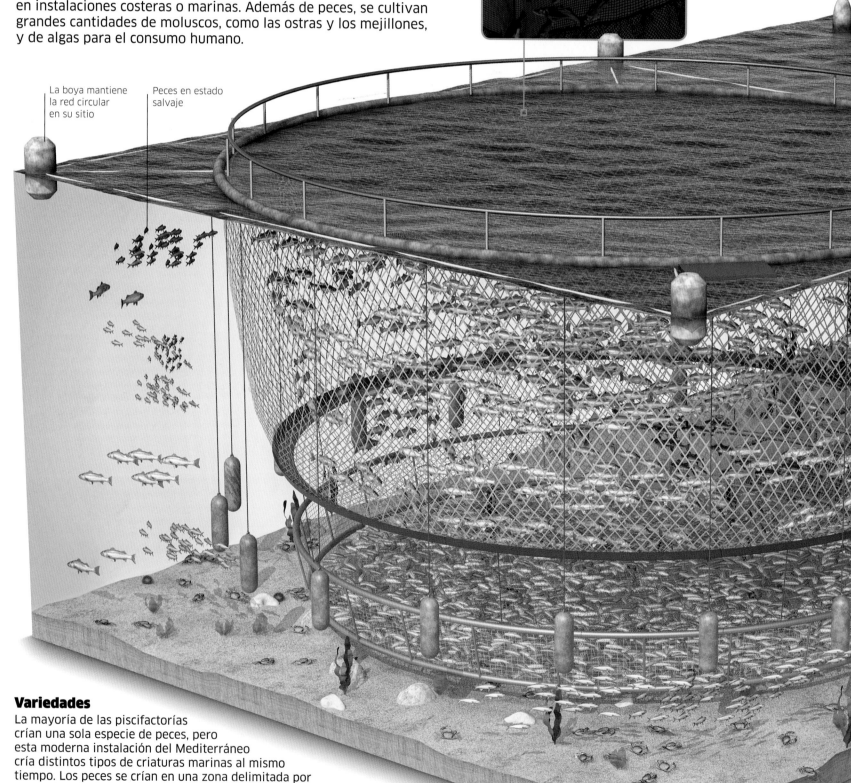

La boya mantiene la red circular en su sitio

Peces en estado salvaje

Variedades
La mayoría de las piscifactorías crían una sola especie de peces, pero esta moderna instalación del Mediterráneo cría distintos tipos de criaturas marinas al mismo tiempo. Los peces se crían en una zona delimitada por una red cerca de la costa y los desperdicios que producen proporcionan nutrientes a los erizos de mar y a los mejillones cercanos. Las ristras de algas ayudan a mantener el agua en buen estado y con una cantidad adecuada de oxígeno.

1000 millones de personas tienen el **pescado** como **principal fuente de proteínas**.

30 millones de toneladas de **algas** se cultivan cada año como alimento y como **aditivos** en productos como la **pasta dentífrica o las pinturas**.

171

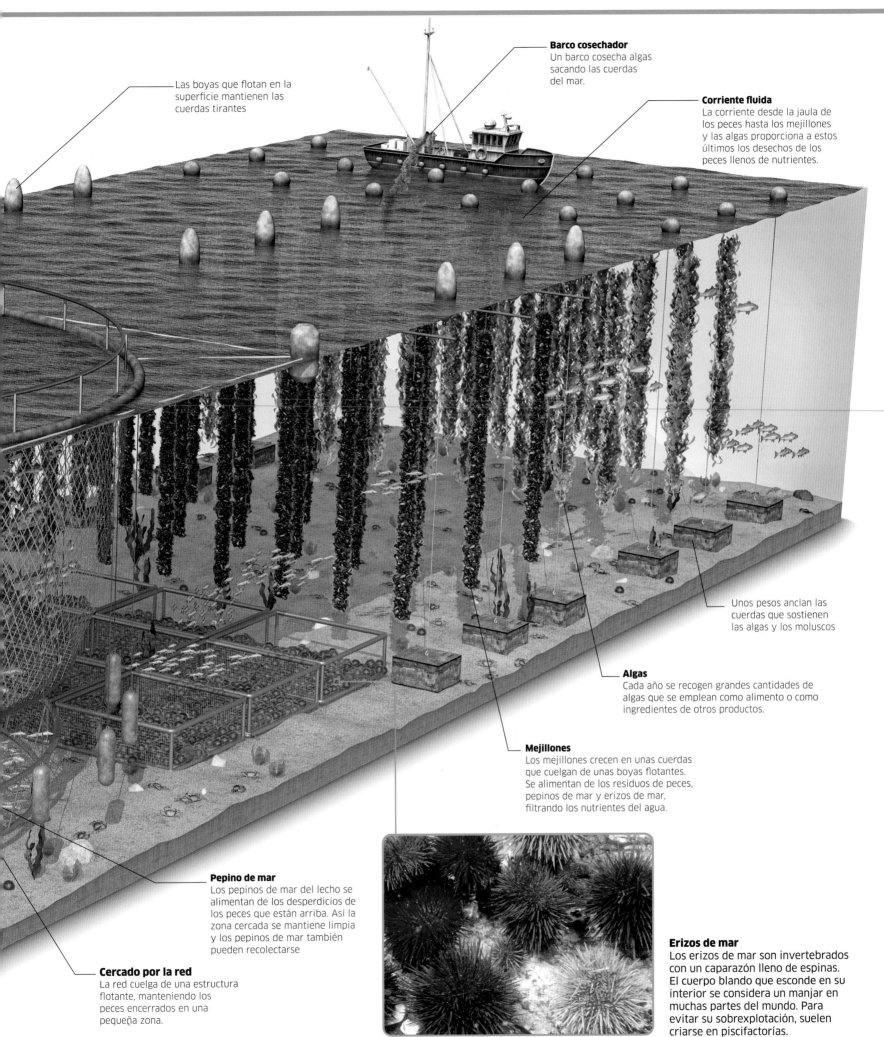

Barco cosechador
Un barco cosecha algas sacando las cuerdas del mar.

Corriente fluida
La corriente desde la jaula de los peces hasta los mejillones y las algas proporciona a estos últimos los desechos de los peces llenos de nutrientes.

Las boyas que flotan en la superficie mantienen las cuerdas tirantes

Unos pesos anclan las cuerdas que sostienen las algas y los moluscos

Algas
Cada año se recogen grandes cantidades de algas que se emplean como alimento o como ingredientes de otros productos.

Mejillones
Los mejillones crecen en unas cuerdas que cuelgan de unas boyas flotantes. Se alimentan de los residuos de peces, pepinos de mar y erizos de mar, filtrando los nutrientes del agua.

Pepino de mar
Los pepinos de mar del lecho se alimentan de los desperdicios de los peces que están arriba. Así la zona cercada se mantiene limpia y los pepinos de mar también pueden recolectarse

Cercado por la red
La red cuelga de una estructura flotante, manteniendo los peces encerrados en una pequeña zona.

Erizos de mar
Los erizos de mar son invertebrados con un caparazón lleno de espinas. El cuerpo blando que esconde en su interior se considera un manjar en muchas partes del mundo. Para evitar su sobrexplotación, suelen criarse en piscifactorías.

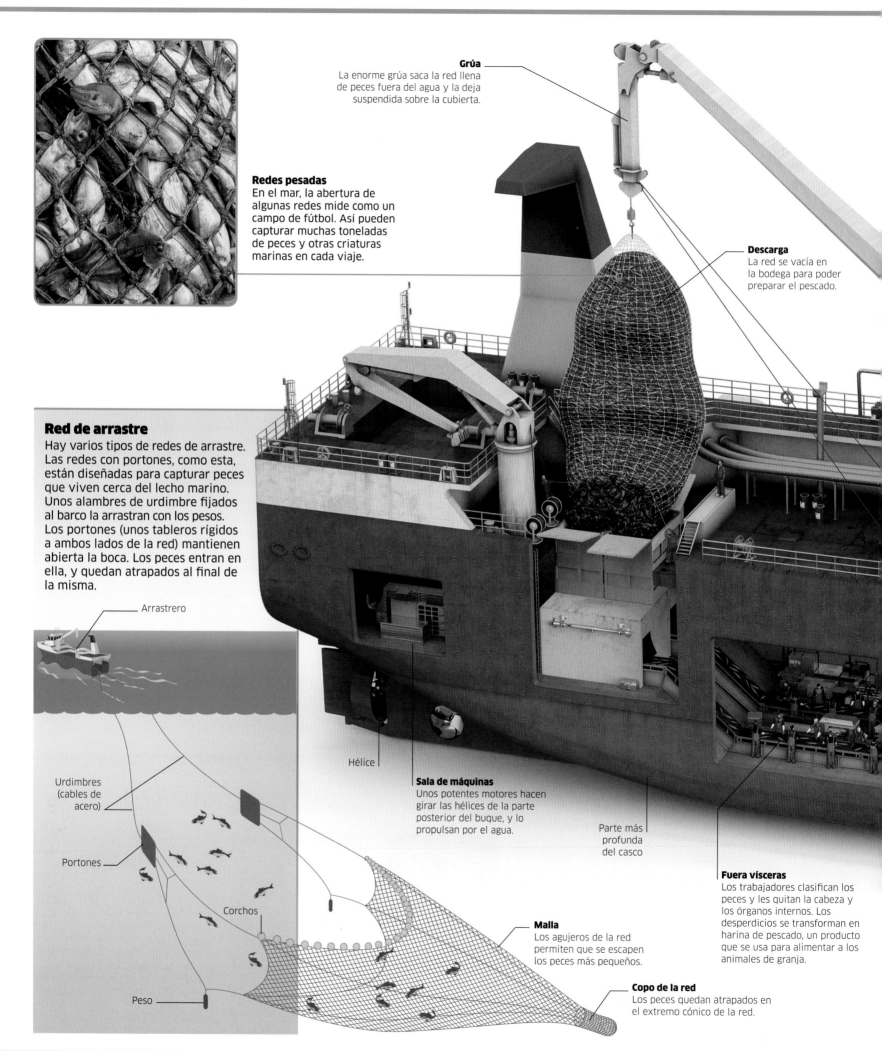

Grúa
La enorme grúa saca la red llena de peces fuera del agua y la deja suspendida sobre la cubierta.

Redes pesadas
En el mar, la abertura de algunas redes mide como un campo de fútbol. Así pueden capturar muchas toneladas de peces y otras criaturas marinas en cada viaje.

Descarga
La red se vacía en la bodega para poder preparar el pescado.

Red de arrastre
Hay varios tipos de redes de arrastre. Las redes con portones, como esta, están diseñadas para capturar peces que viven cerca del lecho marino. Unos alambres de urdimbre fijados al barco la arrastran con los pesos. Los portones (unos tableros rígidos a ambos lados de la red) mantienen abierta la boca. Los peces entran en ella, y quedan atrapados al final de la misma.

Arrastrero

Urdimbres
(cables de acero)

Portones

Corchos

Peso

Hélice

Sala de máquinas
Unos potentes motores hacen girar las hélices de la parte posterior del buque, y lo propulsan por el agua.

Parte más profunda del casco

Fuera vísceras
Los trabajadores clasifican los peces y les quitan la cabeza y los órganos internos. Los desperdicios se transforman en harina de pescado, un producto que se usa para alimentar a los animales de granja.

Malla
Los agujeros de la red permiten que se escapen los peces más pequeños.

Copo de la red
Los peces quedan atrapados en el extremo cónico de la red.

4,6 millones de **barcos de pesca** están operativos en el mundo. Más del **80 por ciento** son **barcos pequeños**, de menos de 12 m de eslora.

144 m de **longitud** tiene el barco de pesca **más grande del mundo**, el *Annelies Ilena*.

173

Buque arrastrero congelador

Este barco de arrastre de ultramar lleva una gran captura en la red y la descarga en su interior. Lleva redes de tamaños diversos que arrastra a distintas profundidades para capturar especies concretas de peces. Bajo cubierta, el pescado se corta, se prepara, se empaqueta y se congela, todo ello en alta mar.

Radar
El equipo de radar impide que el barco choque con otros cuando hay niebla.

Dependencias para dormir
Los 30-50 tripulantes tienen una cama y una taquilla para sus cosas, pues pueden estar en alta mar hasta seis semanas.

Pesca de arrastre

Los resistentes barcos de arrastre, que se enfrentan a mares revueltos y largos viajes oceánicos, remolcan grandes redes por el agua. Con un solo barrido, atrapan miles de peces.

En 2018, se capturaron 79,3 millones de toneladas de peces entre todos los océanos del mundo. Los barcos que ayudaron a conseguir dicha cifra van desde pequeñas embarcaciones sencillas a buques factoría de ultramar que preparan y congelan lo que capturan a bordo, de modo que pueden permanecer en el mar durante varias semanas.

Cabina
La cabina es el lugar desde el que la tripulación pilota y comprueba el estado del mar y las previsiones meteorológicas.

Sala de recreo
La tripulación come y se relaja en la sala de recreo.

Almacenaje del pescado
A las pocas horas de capturarlo, el pescado se almacena en los congeladores del buque. Así se conserva hasta que se regresa a puerto.

Despellejamiento y fileteo
Al pez se le quitan la piel y las espinas más grandes, dejando los filetes listos para vender. Algunas clases de pescado se conservan enteros y solo se les quita la cabeza.

Más de un tercio de las reservas de peces están sobrexplotadas y se pescan más rápido de lo que tardan en reproducirse, así que no se recuperan.

Pesca con zancos

Los pescadores de Sri Lanka, encaramados sobre unos inestables palos de madera unidos con cuerdas, se pasan horas sobre las aguas pescando con una simple caña.

Esta singular técnica de pesca se empezó a practicar tras la Segunda Guerra Mundial, cuando la escasez de alimento y la sobrepesca en las zonas más populares incitaron a algunos pescadores a buscar nuevos parajes. Primero usaron los barcos hundidos, pero más tarde construyeron zancos para quedar situados por encima del agua y no asustar a los arenques y las caballas que querían capturar.

176 nosotros y el mar ∘ **EMBARCACIONES**

121 km/h es el **récord de velocidad a vela**, que logró el velero de carreras *Vestas Sailrocket 2* en 2012.

Embarcaciones

El ser humano tal vez se aventuró por primera vez en el mar hace 60 000 años, en primitivas balsas. Hoy surcan los océanos todo tipo de embarcaciones, de submarinos y veleros a petroleros y remolcadores.

Más de la mitad de la flota mundial, de unos 100 000 barcos, son mercantes, y un 10 por ciento son buques militares. El resto son en su mayor parte cruceros y barcos de pesca. Embarcaciones como los petroleros y los portacontenedores, que son algunos de los barcos más grandes que existen, ofrecen la forma más eficaz de transportar grandes cantidades de combustible y mercancías pesadas alrededor del mundo.

El puente, o sala de mando, del barco, está siempre atendido por uno o más oficiales

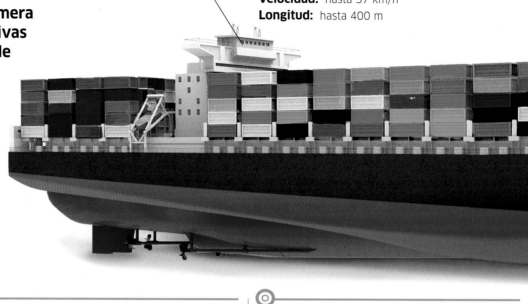

PORTACONTENEDORES
Velocidad: hasta 37 km/h
Longitud: hasta 400 m

LANCHA MOTORA
Velocidad: hasta 160 km/h
Longitud: hasta 15 m

Las lanchas motoras, pequeñas y rápidas, son muy populares para navegar y realizar actividades deportivas, como pescar y hacer carreras. El récord de velocidad en el agua lo batió en 1978 un barco llamado *Spirit of Australia*, que alcanzó 511,1 km/h propulsado por un turborreactor. Muchas lanchas motoras modernas alcanzan fácilmente los 160 km/h en aguas tranquilas.

Es propulsada por un motor fueraborda

VELERO DE CARRERAS
Velocidad: hasta 120 km/h
Longitud: hasta 15 m

Son veleros de tamaño medio con un casco muy ligero y un mástil alto, para poder llevar velas grandes. Participan tanto en regatas de fin de semana como en pruebas olímpicas. La vuelta al mundo a vela (The Ocean Race), que se disputa a lo largo de 72 000 km, es uno de los retos deportivos más grandes.

La gran vela globo (*spinnaker*) captura el viento

REMOLCADOR
Velocidad: hasta 27 km/h
Longitud: hasta 30 m

Los remolcadores, fuertes y resistentes, son las bestias de carga de los puertos y los estuarios. Ayudan a maniobrar a otras embarcaciones, empujándolas, tirando de ellas y arrastrándolas. A veces, si el barco es muy grande, varios de ellos trabajan en equipo.

Van equipados con sirgas y dispositivos de elevación

BARCO DE BÚSQUEDA Y RESCATE
Velocidad: hasta 74 km/h
Longitud: hasta 35 m

Los equipos marítimos de búsqueda y rescate trabajan con distintas embarcaciones y llevan a cabo misiones tanto en la costa como en aguas profundas. Los barcos son rápidos, robustos y fáciles de manejar, y pueden resistir en aguas muy revueltas. Algunos incluso se dan la vuelta solos si vuelcan a causa de las olas.

Reflector potente

AERODESLIZADOR
Velocidad: hasta 137 km/h
Longitud: hasta 58 m

Estas embarcaciones se deslizan por el agua, tierra firme, barrizales, playas y témpanos de hielo sobre un colchón de aire. Unos ventiladores que hay debajo de la embarcación producen las corrientes de aire que los levantan. Durante un tiempo, se usaron como transbordadores comerciales, pero actualmente se emplean sobre todo para fines militares y de recreo.

El faldón impide que se escape el aire

458,45 m de **longitud** tiene el petrolero *Jahre Viking*, el barco **más largo jamás construido**.

19 000 **contenedores** pueden transportar **los buques mercantes más grandes**.

177

Los portacontenedores, los verdaderos gigantes de los mares, transportan cargas enormes de productos a granel, como materiales de construcción y carbón, y también todo tipo de artículos no perecederos en enormes contenedores de acero. Estas embarcaciones precisan puertos especializados y tardan casi 10 km en bajar la velocidad y detenerse.

PORTAAVIONES
Velocidad: 72 km/h
Longitud: hasta 342 m

Es el buque de guerra más grande que existe y la embarcación principal de la flota. Es una base aérea flotante con una gran cubierta para que las aeronaves despeguen y aterricen. Puede llevar aviones de guerra, como bombarderos y aviones de combate, y helicópteros y aviones de reconocimiento.

La cubierta inclinada facilita el despegue

CRUCERO
Velocidad: hasta 56 km/h
Longitud: hasta 362 m

Los cruceros ofrecen vacaciones de lujo y llevan a los turistas a destinos exóticos como las islas del Caribe o del océano Índico, los fiordos noruegos o los mares helados de la Antártida. Algunos cruceros se encuentran entre los barcos más grandes jamás construidos y pueden llevar más de 6000 pasajeros y otros 2000 de tripulación.

VELERO DE MÁSTIL ALTO
Velocidad: hasta 27 km/h
Longitud: hasta 111 m

Los barcos de vela con un mástil alto y el casco de madera llevan surcando los mares más de cuatro siglos, para explorarlo, para comerciar, para guerrear y para realizar descubrimientos científicos. Poco a poco fueron sustituidos por los barcos de vapor con el casco de acero a mediados del siglo XIX.

Un velero de mástil alto lleva velas cuadradas en dos o tres mástiles

SUBMARINO
Velocidad: 37 km/h
Longitud: hasta 175 m

Un submarino puede patrullar bajo el agua durante meses, ajustando el nivel de aire o agua en sus tanques para sumergirse más o salir a la superficie. Han sido esenciales en las batallas navales desde la Primera Guerra Mundial. Actualmente, pueden llevar misiles nucleares.

Castillo
Aloja el equipo de navegación y comunicación.

BUQUE DE INVESTIGACIÓN
Velocidad: hasta 37 km/h
Longitud: hasta 210 m

Durante los últimos 250 años se han realizado muchas expediciones para estudiar el océano. Los modernos buques de investigación están equipados con laboratorios e instrumentos especializados, y algunos llevan una pequeña embarcación autotripulada para investigar bajo el agua.

Buque de investigación polar RSS *Sir David Attenborough*

PETROLERO
Velocidad: 37 km/h
Longitud: hasta 458 m

Hay petroleros de muchos tamaños, entre ellos los barcos más grandes jamás construidos. Algunos miden más de largo que el Empire State de Nueva York de alto: más o menos como cuatro campos de fútbol de punta a punta. Estos superpetroleros están diseñados para transportar líquidos y tienen capacidad para llevar más de cuatro millones de barriles de crudo.

178 nosotros y el mar ○ **CONTAMINACIÓN**

8 millones de toneladas de **plástico** terminan en **los océanos** cada año.

Contaminación

Cada año, la actividad humana expone a los océanos del planeta a una contaminación mayor. Materiales y sustancias dañinas llegan a las aguas, amenazan la vida marina y alteran el delicado equilibrio de los ecosistemas oceánicos

La contaminación puede ser de varios tipos: atmosférica, parte de la cual cae de nuevo sobre la Tierra, o en forma de residuos plásticos. Algunos contaminantes se dispersan más fácilmente que otros, pero en gran cantidad todos deterioran el océano. El petróleo es nocivo, pero las pequeñas filtraciones naturales se degradan más deprisa que los grandes vertidos. El agua residual y los residuos agrícolas liberan en el mar un exceso de nutrientes, que hacen crecer algas dañinas y gérmenes. Pesticidas y residuos industriales pueden entrar en la cadena alimentaria, ya que se acumulan en el cuerpo de las criaturas vivas.

Puntos críticos

En las costas pobladas, el impacto humano puede causar gran variedad de contaminantes marinos. Tanto si es vertida, llega arrastrada o por el aire, como si es fruto de un accidente, lo cierto es que la mayor parte de la contaminación que llega al mar se origina en tierra firme.

Aguas residuales

Las aguas residuales pueden hacer crecer algas dañinas, que dejan veneno en el agua.

Residuos arrastrados

Las olas suelen arrastrar los desperdicios y contaminantes oceánicos de vuelta a la costa, contaminando el litoral.

Fábricas

Los gases de efecto invernadero contribuyen al calentamiento global y a la acidificación del océano, mientras que las aguas residuales pueden contener sustancias químicas tóxicas.

Colectores de fecales

En algunos lugares, los conductos subterráneos bombean aguas fecales sin tratar directamente al mar, contaminando el agua y poniendo en peligro la vida.

Extracción de oro

Los compuestos tóxicos del cianuro y el arsénico, que se usan para extraer oro del mineral, pueden acabar en las fuentes de agua y llegar al mar.

Fumigación de los cultivos

Los dañinos pesticidas pueden ser arrastrados por los vientos hasta el mar, y los residuos de los fertilizantes pueden desencadenar la floración de algas dañinas.

Islas de basura

Los residuos plásticos y de otro tipo que tiramos en tierra firme y que son arrastrados a los ríos, pueden acabar en el mar. Una vez allí, las corrientes circulantes conocidas como giros pueden hacer que se concentren, y formen enormes islas flotantes de basura, como esta masa de residuos que envuelve la isla de Roatán, en el Caribe. Los residuos plásticos, que tardan 500 años en degradarse, son un gran problema para la vida oceánica. Atrapan y matan a los animales marinos, e impiden que la luz llegue al fitoplancton, que la necesita para fabricar su alimento. Además, estos restos de plástico se fragmentan en microplásticos –unas partículas diminutas de plástico– que pueden introducirse en la cadena alimentaria.

80

por ciento: **microplásticos** de los océanos que procede de los **residuos plásticos que tiramos al vertedero** y luego **van a parar al mar**.

179

Vertidos de petróleo
Si un petrolero se hunde, puede verter al mar cientos de miles de litros de petróleo.

Pesca fantasma
Todos los años, miles de redes de pesca se caen o se tiran al mar. Dichas redes atrapan, sofocan y matan a decenas de miles de tortugas, peces, focas y otras criaturas marinas.

Residuos nucleares
Se han tirado residuos radiactivos de baja intensidad en más de 50 puntos de los océanos Atlántico y Pacífico.

Avión siniestrado
El combustible de los aviones o los barcos que se hunden en el mar se dispersa rápidamente, y las embarcaciones hundidas pueden convertirse en arrecifes artificiales. Unos 2000 contenedores con distintos contaminantes caen por la borda todos los años.

Gaseoducto
Las tuberías submarinas llevan el gas de un lado a otro. Las conducciones dañadas u oxidadas pueden hacer que el gas natural licuado contamine el agua.

Ferris
La contaminación marina es peor en los mares que están parcialmente rodeados de tierra firme, como el Mediterráneo, y cerca de la costa, donde las transitadas vías de navegación y las rutas de los ferries están cubiertas de manchas de petróleo y diésel.

Pieles, plumas y petróleo
El petróleo hace que la piel y las plumas pierdan su capacidad de repeler el agua, algo indispensable para que los mamíferos marinos y las aves conserven el calor. También mata si se traga. Grandes cantidades de petróleo van a parar al mar cada año procedente de escapes, vertidos y filtraciones naturales. En 2010, el pozo de petróleo Deepwater Horizon vertió al mar más de 4 millones de barriles (unos 636 millones de litros) de petróleo.

Ingestión de residuos plásticos
Muchos residuos plásticos terminan en el mar y son arrastrados a las playas. Las aves piensan que los plásticos de colores son alimento y se los comen, lo que provoca su muerte. Un millón de aves marinas y unos 100 000 animales mueren así cada año.

Contaminación por plástico

En las aguas llenas de basura del Paso de Isla Verde, en Filipinas, un cangrejo lucha por intentar escapar de un vaso de plástico.

Esta extensión de agua es una de las zonas con más biodiversidad del mundo, en la que cada año se descubren docenas de especies nuevas. Por desgracia, muchas criaturas están amenazadas a causa de la avalancha creciente de residuos plásticos que son lanzados o arrastrados hasta el mar, y que atrapan, enredan o asfixian a los indefensos animales.

182 nosotros y el mar ∘ **CAMBIO CLIMÁTICO**

30 por ciento ha **aumentado la acidez** de **los océanos** en los **últimos 250 años**.

Cambio climático

A pesar de que los océanos son enormes, los cambios que los seres humanos están provocando en el planeta y en el clima están teniendo un impacto devastador bajo las olas.

Al talar bosques y quemar combustibles fósiles, aumenta el nivel de dióxido de carbono en la atmósfera. El dióxido de carbono es un gas de efecto invernadero, porque atrapa el calor del sol. Cuanto más hay, más calor atrapa, provocando el calentamiento del planea y sus mares, y haciendo que los océanos se vuelvan ácidos. El cambio climático puede provocar la inundación del litoral y modificar los patrones climáticos, pero además amenaza la supervivencia de muchas criaturas marinas, entre ellas los espectaculares corales constructores de arrecifes.

Cada día, los océanos de todo el mundo absorben
20 millones de toneladas
de dióxido de carbono.

Acidificación del océano
El agua del mar es mucho más ácida hoy que antes de la industrialización. Esto se debe a que el exceso de dióxido de carbono —a causa de la tala de bosques y la quema de combustibles fósiles— se disuelve en el agua y aumenta su acidez. El ácido de los océanos reacciona con los minerales de los caparazones de las criaturas marinas, liberando dichos minerales en el agua, y deja los caparazones más finos y frágiles, haciendo que a las criaturas les cueste más reconstruirlos.

Deforestación
La tala de árboles para dedicar el terreno a la agricultura, la industria y el crecimiento urbano hace que se absorba menos dióxido de carbono de la atmósfera.

Un mundo cubierto de bosques
Si hay muchos árboles, estos ayudan a absorber el dióxido de carbono, y disminuye la cantidad que entra en la atmósfera y llega a los océanos.

Corales de vivos colores
Los corales se desarrollan bien en aguas poco ácidas, donde pueden extraer los minerales que necesitan para fortalecer sus estructuras.

Arrecifes llenos de riqueza
Los arrecifes de coral son el sustento de muchas criaturas, entre ellas el pez payaso, el pez damisela y el pez mariposa.

Minerales para construir
Los cangrejos y los erizos de mar extraen del agua los minerales que necesitan para construir su caparazón, o exoesqueleto.

1 Mares saludables
Antes de la quema generalizada de carbón, gas y petróleo, el nivel de dióxido de carbono del aire era más bajo y el agua del mar, mucho menos ácida. En ese entorno, el coral y otras formas de vida marina podían construir y conservar sus esqueletos y otras estructuras duras, y los peces abundaban.

Beneficio mutuo
Los corales protegen y se nutren de las algas que viven en ellos, que, como los árboles, usan la energía del sol para fabricar su alimento a partir del dióxido de carbono.

2 Actualmente
El calentamiento del océano disminuye la cantidad de oxígeno y hace que a algunos animales les cueste más sobrevivir. Los hábitos migratorios pueden verse afectados, pues los cambios de temperatura modifican las corrientes oceánicas. La mayor acidez del agua debilita los caparazones y los corales, e impide que los huevos de los peces se desarrollen correctamente.

475 000 millones de toneladas de **dióxido de carbono** ha absorbido **el océano** desde el inicio de la **Revolución Industrial**.

Una cuarta parte de las **especies marinas** dependen de los **arrecifes de coral** para vivir.

183

Alteración del clima

Los océanos ayudan a controlar el clima, pues absorben el dióxido de carbono y reducen su efecto invernadero. El calentamiento de las aguas provoca fenómenos atmosféricos devastadores, como el huracán Dorian (en la imagen de la derecha), y puede modificar el clima.

El nivel del mar

Muchas islas, localidades costeras y ciudades del mundo podrían quedar inhabitables si el nivel del mar sigue subiendo. Este ascenso se debe al deshielo de los glaciares y los casquetes polares, y a que, al calentarse, el agua se expande. En la imagen, un chico va en bicicleta por una zona inundada en la isla Tuvalu, en el Pacífico.

Fábricas

Las industrias, los hogares y el transporte queman combustibles fósiles para obtener energía. Cuando esto ocurre, el combustible reacciona con el oxígeno del aire y crea dióxido de carbono. El aumento de la población y la mayor demanda pueden hacer que las industrias mantengan o incluso aumenten las emisiones a pesar del peligro que entrañan.

Océanos más vacíos

Las poblaciones de plancton y peces pueden verse afectadas, mientras que la cantidad de determinados tipos de medusas que toleran las aguas más ácidas y calientes podrían aumentar.

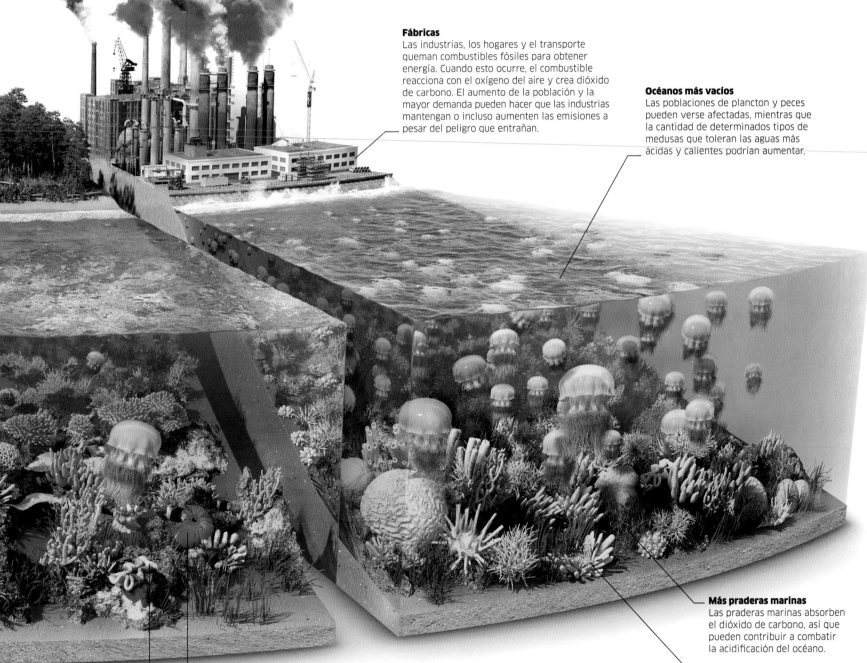

Más praderas marinas

Las praderas marinas absorben el dióxido de carbono, así que pueden contribuir a combatir la acidificación del océano.

Corales moribundos

El calentamiento del agua provoca el blanqueamiento de los corales, pues hace que expulsen las algas que viven en su interior y les dan color. Sin las algas, que les ayudan a alimentarse, pueden morir.

Caparazones debilitados

Los caparazones y los esqueletos de los erizos de mar y otras criaturas se debilitan y se vuelven más vulnerables a las heridas a causa de la mayor acidez del agua.

3 Situación futura

Si se siguen quemando combustibles fósiles y las emisiones de dióxido de carbono no se reducen, en 2100 los océanos podrían ser un 150 por ciento más ácidos. Los corales, los moluscos y otras especies marinas de caparazón duro podrían tener problemas para sobrevivir. En cambio, algunos animales de cuerpo blando, como las medusas, podrían salir adelante.

Arrecifes destrozados

Los arrecifes de coral pueden sufrir daños irreparables a causa del blanqueamiento y la acidificación. Eso hace que no puedan construir sus esqueletos, por lo que dejan de ser el sustento de esa rica abundancia de vida.

184 nosotros y el mar ○ OBSERVAR EL OCÉANO

3000 objetos de plástico se estima que pueden encontrarse en **cada kilómetro** de playa.

Observar el océano

Los océanos están amenazados a causa de la contaminación, el cambio climático y la sobrepesca. Una de las cosas que podemos hacer para conservarlos para las generaciones futuras es estudiarlos.

El principal reto para poder observar los océanos del planeta es su gran magnitud. Los océanos cubren el 71 por ciento de la superficie del planeta y pueden alcanzar profundidades de más de 10.900 m. Para poder abarcarlos, los investigadores recurren cada vez más a la tecnología. De este modo, los expertos pueden reunir grandes cantidades de datos de distintas zonas y profundidades oceánicas, y luego contrastarlos para ver qué cambios se están produciendo y por qué.

Monitorización de los océanos

Con el fin de proteger y conservar los océanos, los científicos utilizan una serie de dispositivos para reunir información vital sobre ellos, desde boyas ancladas y mareógrafos, hasta vehículos no tripulados que pueden recorrer miles de kilómetros en cada misión. Algunos instrumentos miden la composición química y la temperatura del agua, mientras que los robots submarinos monitorizan de cerca la vida marina.

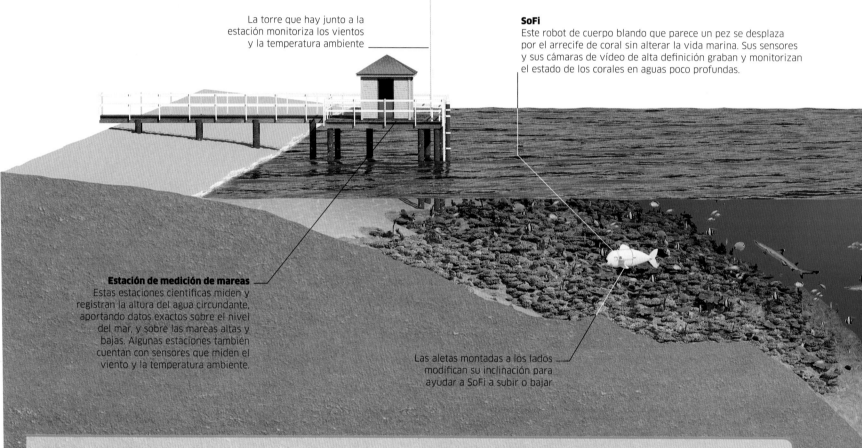

La torre que hay junto a la estación monitoriza los vientos y la temperatura ambiente

SoFi
Este robot de cuerpo blando que parece un pez se desplaza por el arrecife de coral sin alterar la vida marina. Sus sensores y sus cámaras de vídeo de alta definición graban y monitorizan el estado de los corales en aguas poco profundas.

Estación de medición de mareas
Estas estaciones científicas miden y registran la altura del agua circundante, aportando datos exactos sobre el nivel del mar, y sobre las mareas altas y bajas. Algunas estaciones también cuentan con sensores que miden el viento y la temperatura ambiente.

Las aletas montadas a los lados modifican su inclinación para ayudar a SoFi a subir o bajar

Limpieza de playas

Los científicos no son los únicos que monitorizan los océanos y las comunidades costeras. Se están realizando esfuerzos a nivel mundial para sanear las playas, como es el caso de estos estudiantes que están recogiendo la basura, en su mayor parte botellas y bolsas de la compra de plástico, de una playa en la localidad indonesia de Ujong Blang.

Marcado de tiburones

Los ejemplares, como esta cría de tiburón punta negra, pueden monitorizarse colocándoles una marca en el cuerpo. Las marcas se comunican vía satélite y permiten conocer la ubicación, la dirección y la profundidad a la que se encuentra el tiburón. Así, los investigadores descubren más cosas sobre sus migraciones, su alimentación y su reproducción.

Marca colocada en la primera aleta dorsal

4078 flotadores Argo instalados en el mar en marzo de 2020.

80 por ciento: **parte de los océanos** que aún no ha sido **explorada a fondo ni cartografiada**.

185

Satélite de observación

Se usan satélites para monitorizar la superficie del océano. Estos miden la energía térmica emitida desde el océano y esos datos se reúnen para confeccionar mapas globales con la temperatura de la superficie del mar, que pueden usarse en las investigaciones sobre el cambio climático.

Flotador Argo

Miles de estos artilugios, que miden la temperatura y la salinidad (sal) del agua, forman una red global. En un ciclo de 10 días, cada flotador desciende a una profundidad de hasta 2000 m. Cuando vuelve a la superficie, transmite los datos vía satélite a los investigadores que están en tierra.

Barcos de investigación

Estas embarcaciones pueden instalar boyas, flotadores y robots submarinos. También cuentan con una estructura circular, llamada roseta, que contiene unas botellas Nansen (en la imagen, debajo de la superficie del agua) con las que pueden tomar muestras de agua de distintas profundidades.

Boya inteligente

Esta boya, que funciona con paneles solares, dispone de una serie de sensores que miden el viento y otras condiciones climáticas sobre la superficie. Los sensores sumergidos pueden medir la composición química del océano, como por ejemplo su acidez y los niveles de oxígeno.

Echo Voyager

Guiado por sensores de movimiento y usando el sonar para detectar los posibles obstáculos, el *Echo Voyager* de Boeing es un vehículo submarino no tripulado (UUV). Los científicos lo usan para controlar y monitorizar el estado del lecho marino en aguas profundas.

La roseta suele contener 12 o 24 botellas Nansen

Cada flotador tarda unas seis horas en descender desde la superficie hasta los 1000 m

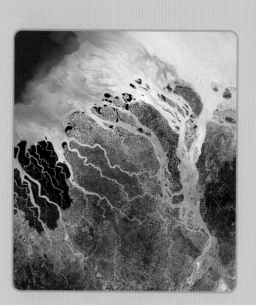

MAPAS OCEÁNICOS

Llevamos tiempo explorando y cartografiando los océanos de todo el mundo, y los avances tecnológicos nos han permitido comprenderlos como nunca antes. Desde las aguas tropicales del Pacífico hasta el gélido Ártico, cada océano tiene hábitats, criaturas y características geográficas únicos.

OCÉANO GLOBAL

Los océanos del mundo son una vasta extensión de agua que se extiende por todo el globo. Se divide en cinco zonas básicas: el Ártico, el Atlántico, el Índico, el Pacífico y el Antártico. Cerca de las costas, partes de los mismos pueden agruparse en mares más pequeños, es decir, en masas de agua que suelen estar rodeadas parcialmente de tierra firme.

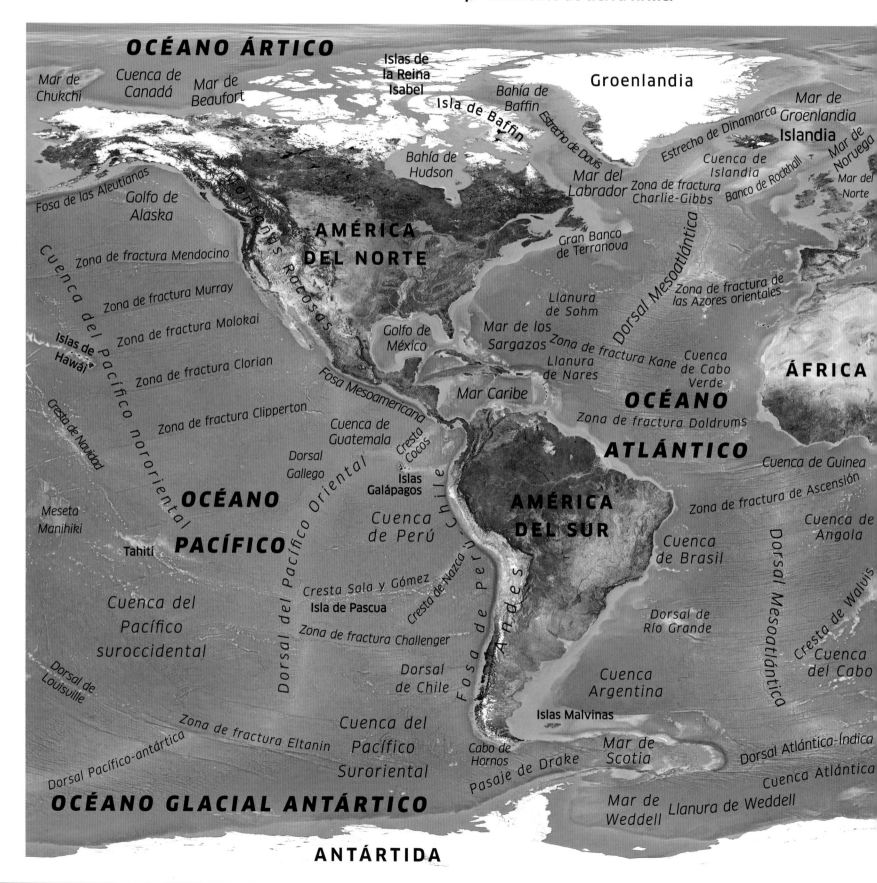

OCÉANO ÁRTICO

Mar de Chukchi

Cuenca de Canadá

Mar de Beaufort

Islas de la Reina Isabel

Groenlandia

Bahía de Baffin

Isla de Baffin

Estrecho de Davis

Estrecho de Dinamarca

Mar de Groenlandia

Islandia

Mar de Noruega

Mar del Norte

Cuenca de Islandia

Banco de Rockhall

Fosa de las Aleutianas

Golfo de Alaska

Montañas Rocosas

Bahía de Hudson

Mar del Labrador

Zona de fractura Charlie-Gibbs

AMÉRICA DEL NORTE

Gran Banco de Terranova

Zona de fractura Mendocino

Dorsal Mesoatlántica

Zona de fractura de las Azores orientales

Zona de fractura Murray

Cuenca del Pacífico nororiental

Zona de fractura Molokai

Llanura de Sohm

Islas de Hawái

Golfo de México

Mar de los Sargazos

Zona de fractura Kane

Cuenca de Cabo Verde

ÁFRICA

Zona de fractura Clorian

Llanura de Nares

Zona de fractura Clipperton

Fosa Mesoamericana

Mar Caribe

OCÉANO

Zona de fractura Doldrums

Cresta de Navidad

Cuenca de Guatemala

Cresta Cocos

ATLÁNTICO

Cuenca de Guinea

Dorsal Gallego

Islas Galápagos

Zona de fractura de Ascensión

Meseta Manihiki

OCÉANO

Cuenca de Perú

AMÉRICA DEL SUR

Cuenca de Angola

Tahití

PACÍFICO

Dorsal del Pacífico Oriental

Cuenca de Brasil

Dorsal Mesoatlántica

Cresta Sala y Gómez

Cresta de Nazca

Dorsal de Río Grande

Cresta de Walvis

Cuenca del Pacífico suroccidental

Isla de Pascua

Fosa de Perú y Chile

Cuenca del Cabo

Zona de fractura Challenger

Andes

Dorsal de Louisville

Dorsal de Chile

Cuenca Argentina

Zona de fractura Eltanin

Cuenca del Pacífico Suroriental

Islas Malvinas

Cabo de Hornos

Mar de Scotia

Dorsal Atlántica-Índica

Dorsal Pacífico-antártica

Pasaje de Drake

Cuenca Atlántica

OCÉANO GLACIAL ANTÁRTICO

Mar de Weddell

Llanura de Weddell

ANTÁRTIDA

EL OCÉANO PACÍFICO
ES EL MÁS GRANDE
Y PROFUNDO DE TODOS LOS OCÉANOS.
TAMBIÉN ES EL QUE TIENE
EL LITORAL MÁS EXTENSO,
CON 135 665 KM DE COSTA.

Zonas oceánicas

El océano Pacífico, que se extiende del este de Asia a la costa oeste de América, ocupa la mayor parte de la superficie oceánica. El resto de los océanos ocupan áreas más pequeñas.

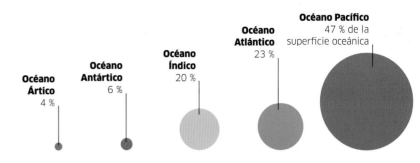

Océano Ártico 4 %

Océano Antártico 6 %

Océano Índico 20 %

Océano Atlántico 23 %

Océano Pacífico 47 % de la superficie oceánica

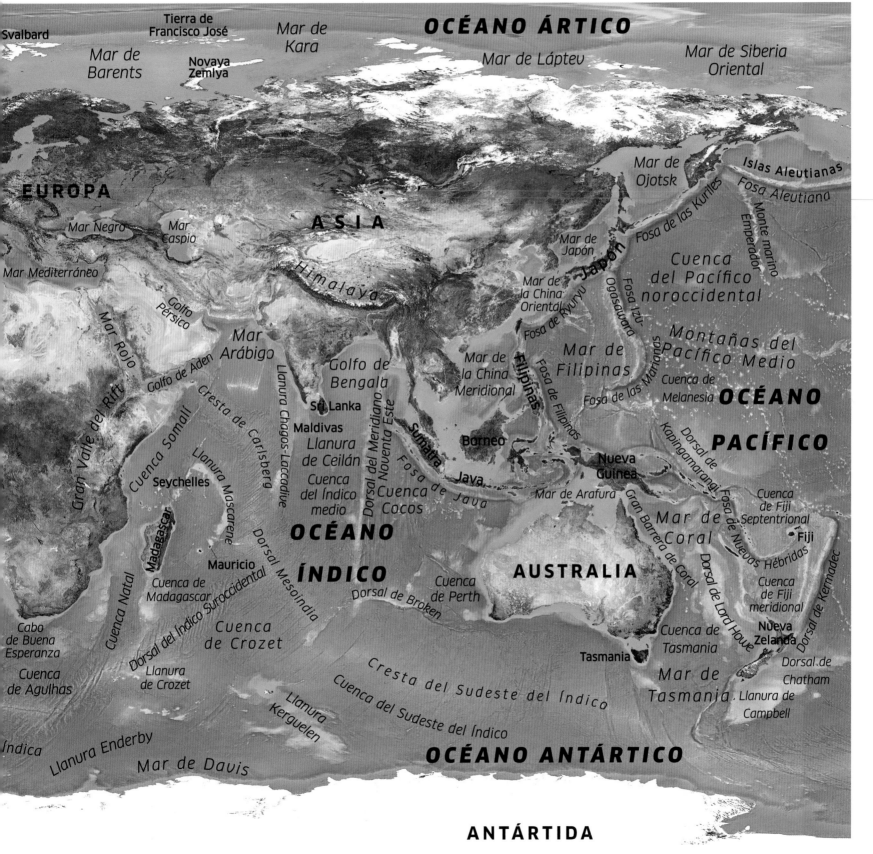

190 mapas oceánicos • **OCÉANO ÁRTICO**

15 millones de km² están **cubiertos** por el **hielo marino** ártico en invierno.

DATOS

OCÉANO ÁRTICO

Área: 12 173 000 km²

Profundidad media: 990 m

Punto más profundo: 5608 m

Congelación invernal
En invierno, el hielo marino flotante cubre la mayor parte del océano Ártico.

Ballenas migradoras
La belugas pasan el invierno cazando en alta mar, más allá del hielo compacto. Al derretirse el hielo, migran hacia aguas costeras menos profundas alrededor del Ártico.

Estrecho de Bering
Hace unos 15 000 años, en la última glaciación, este estrecho era tierra firme, lo que permitió a los seres humanos llegar a Norteamérica desde Eurasia.

Aguas heladas
Las islas de la Reina Isabel fueron cartografiadas por primera vez por exploradores que buscaban una ruta marítima para ir del Atlántico al Pacífico por el Ártico. Durante siglos, los navegantes buscaron una ruta por las traicioneras aguas heladas. El explorador noruego Roald Amundsen hizo la ruta completa por primera vez en 1906.

Map labels:

Himalaya
ASIA
Siberia
Mar de Filipinas
Montañas del Pacífico Medio
Cuenca del Pacífico Noroccidental
Fosa de las Kuriles
Mar de Ojost
Montes marinos Emperador
Dorsal Emperor
Cuenca Aleutiana
Fosa Aleutiana
OCÉANO PACÍFICO
Mar de Bering
Estrecho de Bering
Mar de Chukchi
Llanura de Chukchi
Mar de Siberia Oriental
Mar de Láptev
Mar de Kara
Novaya Zemlya
Cuenca de Nansen
Dorsal de Gakkel
Tierra de Francisco José
Mar de Barents
Svalbard
Mar Báltico
Cuenca de Amundsen
Dorsal de Lomonosov
Cuenca de Makarov
Dorsal de Mendeléyev
OCÉANO ÁRTICO
+ Polo norte
Mar de Wandel
Mar de Groenlandia
Mar de Noruega
Cuenca de Noruega
Estrecho de Dinamarca
Cuenca de Canadá
Mar de Beaufort
Islas Hawái
Zona de fractura Mendocino
Zona de fractura Murray
Golfo de Alaska
Islas de la Reina Isabel
Bahía de Baffin
Groenlandia
Estrecho de Davis
Islandia
Dorsal de Reykjanes
Isla de Baffin
Bahía de Hudson
Mar del Labrador
Cuenca del Labrador
Cuenca de Terranova
AMÉRICA DEL NORTE
OCÉANO

13 por ciento es el **ritmo** al que el **hielo marino de verano** del océano Ártico **retrocede** cada década.

1500 **vidas se perdieron** al naufragar el transatlántico **RMS** *Titanic* cuando este chocó con un **iceberg** desprendido de la **bahía de Baffin** en 1912.

191

Océano Ártico

El océano Ártico, que envuelve el polo norte y está rodeado literalmente por los continentes de América del Norte y Eurasia, es el más pequeño de los océanos del planeta. En invierno se congela y se crea una vasta capa de hielo flotante.

El suelo oceánico se expande por la dorsal de Gakkel, cerca del polo norte, donde las placas tectónicas se están separando. La dorsal está flanqueada por el profundo océano, rodeado por plataformas poco profundas que se extienden desde los continentes, salpicadas de islas. En invierno, la mayoría de estas quedan unidas por el hielo, pero en verano el hielo se derrite, dejando solo una superficie de hielo más reducida alrededor del polo norte.

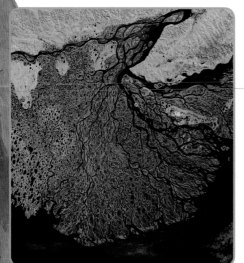

Delta del Lena
Seis ríos enormes vierten su agua dulce en el océano Ártico: el Yukon, el Mackenzie, el Ob, el Yenisei, el Kolyma y el Lena (visto aquí desde el espacio cuando desemboca en el mar de Láptev). Estos ríos hacen que el Ártico sea el océano menos salado del planeta.

Islas árticas
El océano está salpicado de islas, como la Novaya Zemlya, la Svalbard, las islas de la Reina Isabel, la isla de Baffin y Groenlandia (izquierda). Rocosas y ligadas al hielo, en ellas la vegetación es escasa.

Icebergs
Frente a la costa de Groenlandia se forman icebergs procedentes de los glaciares que se han desplazado desde el continente hasta sus costas. En la bahía de Baffin, los icebergs se desplazan hacia el sur gracias a la corriente del Labrador, atraviesan el estrecho de Davis y llegan al Atlántico norte, donde son un peligro para las embarcaciones.

Hielo menguante

El cambio climático ha hecho que la temperatura media anual sobre el océano Ártico suba 3 °C desde 1970. Como consecuencia, el hielo marino es más fino y le cuesta más formarse. En verano se derrite más rápido y deja solo una pequeña zona de hielo en la parte más al norte. Puede que dentro de poco todo el hielo marino del Ártico se derrita en verano, dejando aguas abiertas en el polo norte.

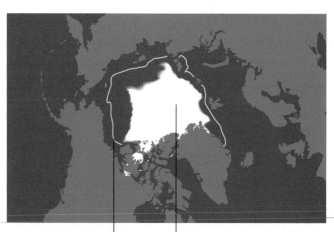

Pasado más frío
Antiguamente, el hielo marino ocupaba toda esta área en verano.

Cada vez menos
La zona blanca muestra la cantidad de hielo marino en septiembre de 2019.

El punto más septentrional

En 1958, el submarino nuclear americano *Nautilus* hizo el primer viaje por el polo norte, bajo el hielo compacto. Más recientemente, otros submarinos nucleares parecidos han podido salir a la superficie a través del hielo del polo.

Aguas en movimiento

Los vientos polares del este crean una corriente oceánica alrededor del océano Ártico central, y la fría corriente de deriva transpolar, que se desvía alrededor de Groenlandia. Las corrientes también circulan en sentido contrario a lo largo de la costa. Las corrientes arrastran hielo marino por el polo norte y al sur, a aguas más cálidas donde se funde.

Corriente fría

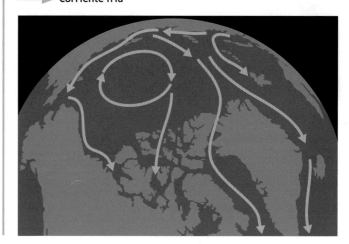

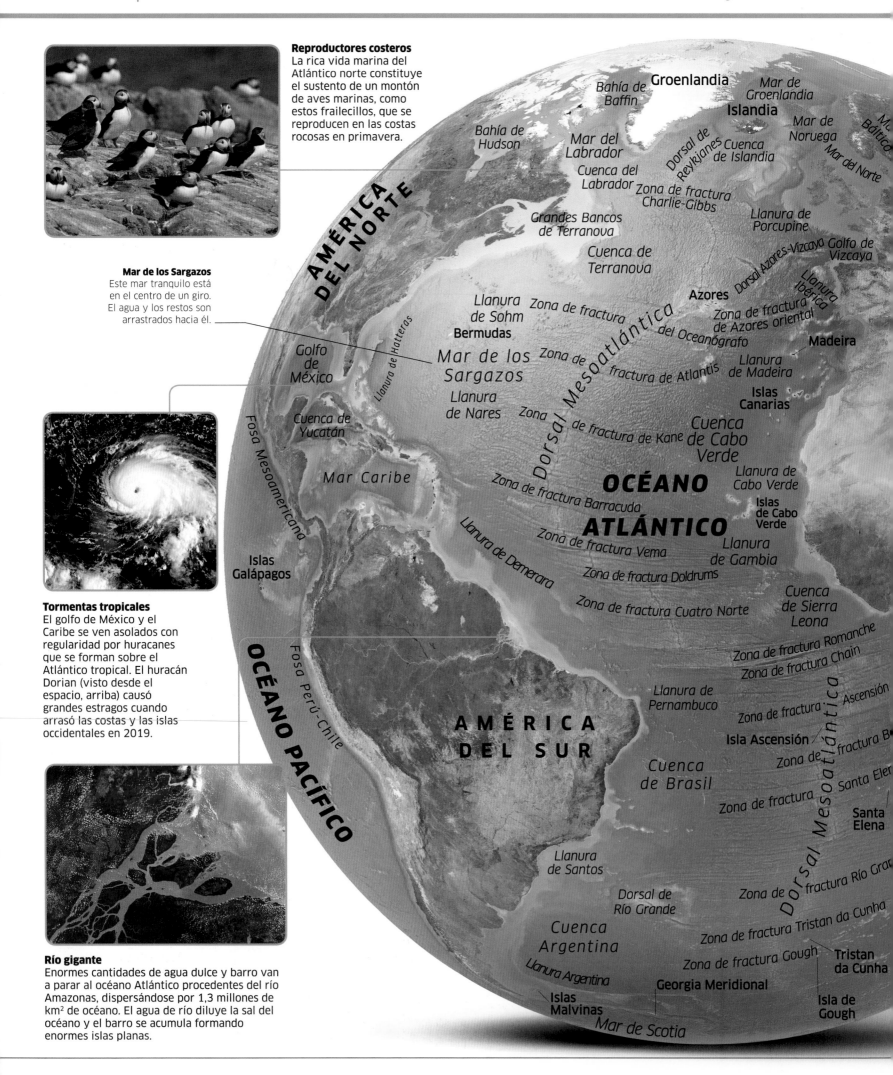

Reproductores costeros
La rica vida marina del Atlántico norte constituye el sustento de un montón de aves marinas, como estos frailecillos, que se reproducen en las costas rocosas en primavera.

Mar de los Sargazos
Este mar tranquilo está en el centro de un giro. El agua y los restos son arrastrados hacia él.

Tormentas tropicales
El golfo de México y el Caribe se ven asolados con regularidad por huracanes que se forman sobre el Atlántico tropical. El huracán Dorian (visto desde el espacio, arriba) causó grandes estragos cuando arrasó las costas y las islas occidentales en 2019.

Río gigante
Enormes cantidades de agua dulce y barro van a parar al océano Atlántico procedentes del río Amazonas, dispersándose por 1,3 millones de km² de océano. El agua de río diluye la sal del océano y el barro se acumula formando enormes islas planas.

Groenlandia
Bahía de Baffin
Mar de Groenlandia
Islandia
Mar de Noruega
Mar Báltico
Bahía de Hudson
Mar del Labrador
Dorsal de Reykjanes
Cuenca de Islandia
Mar del Norte
AMÉRICA DEL NORTE
Cuenca del Labrador
Zona de fractura Charlie-Gibbs
Llanura de Porcupine
Grandes Bancos de Terranova
Dorsal Azores-Vizcaya
Golfo de Vizcaya
Cuenca de Terranova
Llanura Ibérica
Llanura de Sohm
Zona de fractura
Azores
Zona de fractura de Azores oriental
Bermudas
Dorsal Mesoatlántica
del Oceanógrafo
Madeira
Llanura de Hatteras
Zona de fractura de Atlantis
Llanura de Madeira
Golfo de México
Mar de los Sargazos
Islas Canarias
Llanura de Nares
Zona de fractura de Kane
Cuenca de Cabo Verde
Cuenca de Yucatán
Llanura de Cabo Verde
Mar Caribe
OCÉANO ATLÁNTICO
Islas de Cabo Verde
Zona de fractura Barracuda
Fosa Mesoamericana
Llanura de Gambia
Zona de fractura Vema
Islas Galápagos
Llanura de Demerara
Zona de fractura Doldrums
Cuenca de Sierra Leona
Zona de fractura Cuatro Norte
Zona de fractura Romanche
Zona de fractura Chain
Llanura de Pernambuco
Dorsal Mesoatlántica
Ascensión
OCÉANO PACÍFICO
Fosa Perú-Chile
Zona de fractura
Isla Ascensión
fractura B
AMÉRICA DEL SUR
Cuenca de Brasil
Zona de fractura Santa Elena
Zona de fractura
Santa Elena
Llanura de Santos
Dorsal de Río Grande
Dorsal Mesoatlántica
Zona de fractura Río Gra
Cuenca Argentina
Zona de fractura Tristan da Cunha
Llanura Argentina
Zona de fractura Gough
Tristan da Cunha
Georgia Meridional
Islas Malvinas
Isla de Gough
Mar de Scotia

2,5 cm por año es el **promedio** al que el océano Atlántico se va **ensanchando**.

305 km/h es la **velocidad máxima** del **huracán atlántico más potente** del que se tiene constancia.

193

OCÉANO ATLÁNTICO

Área: 106 400 000 km²

Profundidad media: 3300 m

Punto más profundo: 8605 m

EUROPA

Mar Negro

Mar Mediterráneo

ÁFRICA

Golfo de Guinea

Cuenca de Angola

Dorsal Walvis

Cuenca del Cabo

Mar Mediterráneo
El Mediterráneo, uno de los seis mares unidos al Atlántico, está rodeado casi por completo de tierra firme.

Golfo de Guinea
La forma del golfo es parecida al litoral correspondiente de Sudamérica, una prueba de la existencia de la antigua escisión continental.

Océano Atlántico

El enorme Atlántico, que se extiende desde los márgenes helados del Ártico hasta el Antártico alrededor de la Antártida, es el segundo océano más grande del mundo, y cada año es un poco más grande.

El océano Atlántico se originó a partir de una fisura que se fue abriendo camino a través de un antiguo supercontinente, hace unos 180 millones de años, en la edad de los dinosaurios. El lecho marino sigue expandiéndose, alejando el continente americano cada vez más de Europa y África. La roca fundida procedente de debajo de la corteza terrestre se ha elevado a través de la grieta y ha formado la dorsal Mesoatlántica.

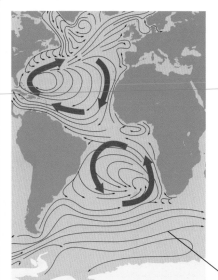

Giros arremolinados
El agua oceánica se arremolina en el norte y el sur del Atlántico, formando enormes sistemas de corrientes llamados giros, que fluyen en la dirección de las agujas del reloj en el norte, y la contraria en el sur. Originan corrientes que se desplazan al oeste llevándose las aguas cálidas de los trópicos. Las partes frías de los giros (en azul) ayudan a enfriar los trópicos, y las partes cálidas (rojo) llevan el calor a las regiones frías. El agua y los restos flotantes son empujados hacia los centros en calma de los giros.

Las flechas finas indican la dirección de las distintas corrientes

Fosa de Puerto Rico
Tan solo hay unas pocas zonas en las que el lecho marino del Atlántico esté siendo destruido por profundas fosas oceánicas. La principal es la fosa de Puerto Rico, donde el suelo oceánico bajo el borde de la placa del Caribe se está colapsando. Esta actividad ha desencadenado la erupción de los volcanes, que han formado las islas de las Antillas Menores, como la de Montserrat (a la derecha).

Costa de los esqueletos
En el Atlántico, la corriente fría de Benguela circula hacia el norte pasando por África suroccidental y enfriando el aire sobre el océano. Esto produce densas nieblas que absorben la humedad del aire, creando el desierto de Namib a lo largo de la costa y las playas inhóspitas de lo que se conoce como la costa de los Esqueletos. Los restos de barcos que se han estrellado contra las rocas a causa de la niebla pueden verse a lo largo del litoral.

Islandia oceánica
La dorsal Mesoatlántica está formada por una cadena de volcanes sumergidos. En la parte más septentrional, una sección inusualmente activa llamada dorsal Reykjanes, asoma por la superficie del océano formando Islandia. La cresta atraviesa Islandia, salpicando el paisaje de volcanes activos. Como consecuencia, buena parte del paisaje de la isla (izquierda) está formado por basalto oscuro, un tipo de roca volcánica.

194 mapas oceánicos ○ **OCÉANO ÍNDICO**

1 millón de km² es el área del **lecho oceánico** cubierto por el gigantesco abanico de Bengala, al sur del delta del Ganges.

Canal de Suez

El mar Rojo es una ruta marítima importante gracias al canal de Suez, que une su extremo noroccidental con el Mediterráneo. El canal mide 19 km de largo y es lo suficientemente ancho como para que pasen por él barcos de hasta 50 m de ancho.

Islas coralinas

Las más de mil islas coralinas de las Maldivas están en la cresta rocosa de la meseta de Chagos-Laccadive. La mayoría solo miden uno o dos metros de alto, por lo que son vulnerables ante la subida del nivel del mar provocado por el cambio climático.

Fósil viviente

El celacanto es un tipo de pez que se creía que llevaba 70 millones de años extinto, hasta que en 1938 se descubrió un ejemplar vivo y coleando en el canal de Mozambique. Los peces de este tipo fueron los ancestros de todos los vertebrados terrestres.

Corriente de las Agujas

La corriente de las Agujas, que circula hacia el sur, se topa con olas tormentosas frente a las costas de Sudáfrica, creando olas gigantes muy peligrosas de hasta 20 m de alto.

DATOS

OCÉANO ÍNDICO

Área: 73 600 000 km²

Profundidad media: 3890 m

Punto más profundo: 7450 m

ASIA · Himalaya · Golfo Pérsico · Golfo de Omán · Dorsal de Murray · Arabia Saudí · Mar Arábigo · Zona de fractura de Queen · Golfo de Bengala · Islas Andamán · Mar de Andamán · Sri Lanka · Golfo de Tailandia · Mar Rojo · Golfo de Adén · Cuenca Arábiga · Llanura de Chagos-Laccadive · Maldivas · Dorsal de Carlsberg · ÁFRICA · Gran Valle del Rift · Dorsal de Somalí · Fosa de Chagos · Llanura de Ceilán · Dorsal del Meridiano Noventa Este · Cuenca de Cocos · Sumatra · Cuenca Somalí · Seychelles · Llanura de Mascarene · Cuenca del Índico Medio · Dorsal Investigator · Comoras · Cuenca de Mascarene · OCÉANO ÍNDICO · Isla Navidad · Canal de Mozambique · Madagascar · Llanura de Mascarene · Mauricio · Reunión · Dorsal Mesoindia · Dorsal de East Indiaman · Cuenca de Perth · Cuenca de Madagascar · Dorsal del Índico Suroccidental · Dorsal de Broken · Zona de fractura Diamantina · Llanura de Mozambique · Cuenca de Natal · Llanura de Madagascar · Cuenca de Crozet · Dorsal del Índico Suroriental · Sudáfrica · Cuenca del Cabo · Llanura de Crozet · Islas Kerguelen · Llanura de Kerguelen · Cuenca del Índico Suroriental · Llanura de Agulhas · Cuenca de Agulhas · Cresta de Conrad · Océano Antártico · Llanura de Enderby · ANTÁRTIDA

110 volcanes activos hay en Java, Sumatra y las islas cercanas, creados por la **actividad tectónica** de la **fosa de Java**.

1192 islas de coral pueden encontrarse en las **Maldivas**.

195

Océano Índico

El océano Índico, al sur de Asia, es el más cálido de los cinco océanos del planeta. Su temperatura tiene un efecto drástico sobre los países cercanos.

En las aguas abiertas de los océanos tropicales suele haber poca vida marina, porque el agua cálida de la superficie no se mezcla con el agua rica en nutrientes de más abajo. Pero los fuertes vientos de los monzones que soplan en el océano Índico norte originan corrientes que arrastran los nutrientes hasta la superficie, estimulando el crecimiento del plancton, que es el sustento de un montón de peces y otras criaturas. Asimismo, el agua de los ríos asiáticos que desembocan en el océano transporta grandes cantidades de sedimento rico en minerales hasta la bahía de Bengala, creando un rico ecosistema marino.

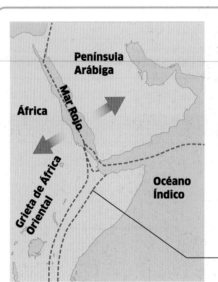

Delta del Ganges
El río Ganges arrastra sedimento erosionado del Himalaya y lo vierte en el océano, donde forma el delta del Ganges (arriba). El delta, que se sitúa por encima del nivel del mar, es la parte superior de un abanico submarino, el Abanico de Bengala, una vasta acumulación de cieno que pesa tanto que deforma la corteza de la Tierra.

Fosa de Java
El extremo nororiental del suelo oceánico se está hundiendo debajo de Asia, creando la profunda fosa de Java. Es una de las zonas donde más volcanes y terremotos se producen. En ella se originan volcanes como el Krakatoa (en la imagen superior) y en ella también se desencadenó el catastrófico tsunami asiático de 2004.

Frontera fría
Las frías aguas de la corriente Circumpolar Antártica, la corriente más grande que circula alrededor de la Antártida, marcan el límite meridional del océano Índico.

Mares en expansión
El suelo del océano Índico se expande allí donde las placas tectónicas de la corteza terrestre se están separando. A lo largo de la brecha se ha formado una dorsal oceánica. Esta dorsal se extiende hacia el norte hasta el mar Rojo, empujando la región de Arabia y alejándola de África. Además, hace que el mar Rojo se vuelva cada año un poco más amplio. La grieta del mar Rojo está unida a la grieta de África Oriental, que está separando África.

La línea de puntos muestra la ubicación de las grietas

Lluvia monzónica
En verano, el aire seco y caliente de las tierras de Asia atrae el aire húmedo del océano Índico, formando enormes nubes tormentosas que dejan caer una lluvia torrencial que a menudo provoca inundaciones (imagen de la derecha). En invierno, el aire frío se instala sobre Asia, desplazando el aire seco hacia el sur, lo que invierte el sistema de viento y provoca sequías.

Caos ciclónico
El delta del Ganges es vulnerable a las marejadas originadas por los ciclones tropicales que barren el norte hacia la bahía de Bengala, que tiene forma de embudo. En 2008, el ciclón Nargis causó una inundación catastrófica de este modo.

196 mapas oceánicos ○ **OCÉANO PACÍFICO**

1,6 millones de km² mide la **isla de basura o continente de plástico**, una gran área de **basura flotante** que es casi el **triple de grande que Francia**.

Tifones tropicales
El Pacífico tropical es barrido con regularidad por enormes tormentas giratorias. Estas, que se conocen como tifones o ciclones tropicales, son el equivalente de los huracanes del Atlántico, y resultan igual de devastadores. El más fuerte jamás registrado fue el tifón Tip, que se produjo en octubre de 1979, con vientos de hasta 305 km/h.

Fosa de las Aleutianas
Esta profunda fosa marca el lugar en el que el suelo del océano se hunde bajo Alaska.

Fosa de las Marianas
Aquí, el suelo oceánico se encuentra a casi 11 km por debajo de las olas.

Arrecifes de coral
Las costas del sur del Pacífico están bordeadas por hermosos arrecifes de coral (ver pp. 98-99). La Gran Barrera de Coral, famosa por su rica diversidad de vida animal, se extiende por la costa nororiental de Australia, a lo largo de 2300 km.

DATOS

OCÉANO PACÍFICO

Área: 141 120 000 km²

Profundidad media: 4317 m

Punto más profundo: 10 977 m

Océano Pacífico

El Pacífico, el océano más grande y más profundo, cubre una tercera parte de la superficie total del planeta y se extiende por la mitad del globo.

El Pacífico, más grande que todos los continentes juntos, ocupa casi la mitad de la superficie del conjunto de los océanos y mares del mundo. Es realmente enorme, aunque en el pasado fue aún más grande. Sin embargo, mientras que otros océanos, como el Atlántico, se expanden, el Pacífico poco a poco se va haciendo más pequeño, porque América se va acercando a Australia, Japón y China.

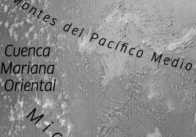

Mar de Bering

Fosa de las Kuriles

Fosa de las Aleutianas · Golfo de Alaska

Montes Emperador

Canal de Chinook

Zona de fractu. de Mendocino

Zona de fractu

Cuenca Pacífica Noroccidental

Dorsal Hawaiana

Zona

Montes del Pacífico Medio

Islas Hawái

Zona de fractu

Fosa de las Marianas

Cuenca Mariana Oriental

OCÉANO

PACÍFICO

Micronesia

Islas Carolinas

Cuenca Melanesia

Cuenca del Pacífico Central

Melanesia

Papúa Nueva Guinea

Islas de la Línea

Islas Salomón

Samoa

Polinesia

Mar del Coral

Fiji

Tahití

Australia

Cuenca de Fiji Meridional

Dorsal de Lord Howe

Fosa de Kermadec

Dorsal de Louisville

Cuenca del Pacífico Suroccidental

Zona de fractu

Mar de Tasmania

Nueva Zelanda

Zona de fractura de Elta

Zona

Llanura de Campbell

ANTÁRTIDA

25 000 islas en el sur del Pacífico
tropical forman Oceanía.

714 millones de km³ de agua es el **volumen aproximado del Pacífico**, la mitad del agua total de los océanos del mundo.

197

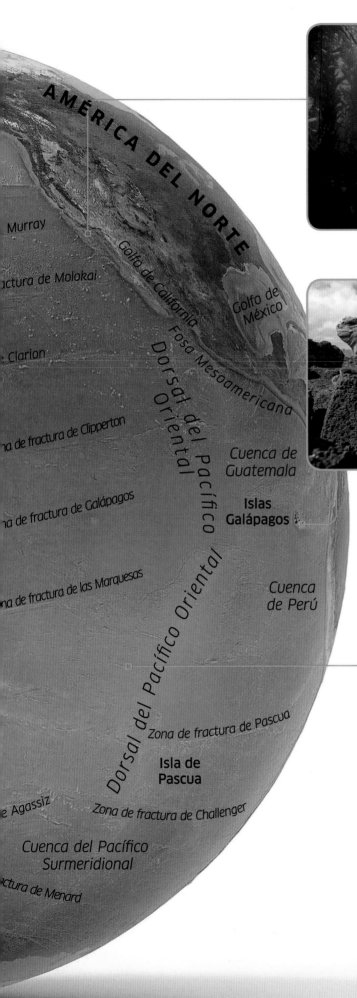

AMÉRICA DEL NORTE

Murray

Golfo de California

Fractura de Molokai

Golfo de México

Clarion

Fosa Mesoamericana

Dorsal del Pacífico Oriental

Zona de fractura de Clipperton

Cuenca de Guatemala

Zona de fractura de Galápagos

Islas Galápagos

Zona de fractura de las Marquesas

Cuenca de Perú

Dorsal del Pacífico Oriental

Zona de fractura de Pascua

Isla de Pascua

Agassiz

Zona de fractura de Challenger

Cuenca del Pacífico Surmeridional

Fractura de Menard

Bosques de algas

Extensos bosques sumergidos de kelp gigante, un tipo de alga marina (ver pp. 74-75), pueblan las aguas de América del Norte y del Sur, que son ricas en nutrientes. Sus frondas pueden crecer hasta 5 m desde el lecho marino hasta la superficie. En estos bosques vive una gran variedad de animales, entre ellos peces, leones marinos y nutrias de mar.

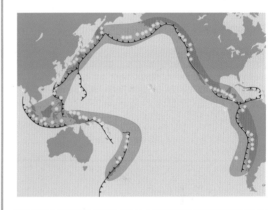

Islas Galápagos

Estas islas volcánicas se encuentran en el Ecuador, pero son bañadas por las frías aguas de la corriente de Humboldt. Estas aguas son ricas en nutrientes, que son el sustento del plancton, los peces, las aves marinas y otras criaturas, como esta iguana marina que se alimenta de algas.

Fuentes hidrotermales

La dorsal del Pacífico oriental es una dorsal oceánica salpicada de fuentes hidrotermales, llamadas fumarolas negras (ver pp. 64-65), que vierten agua muy caliente y rica en minerales en las profundidades frías y oscuras del océano. En las fumarolas viven increíbles comunidades de organismos que obtienen la energía de las sustancias químicas que hay en el agua, y no de la luz del sol.

Cinturón de Fuego del Pacífico

El Pacífico se encoge porque el suelo oceánico se está colapsando por los extremos, donde se desliza bajo otras placas de la corteza de la Tierra. Este proceso de subducción ha creado un anillo de profundas fosas oceánicas alrededor de los bordes exteriores del Pacífico, desde Nueva Zelanda hasta Chile. A lo largo de estas zonas de subducción hay al menos 450 volcanes que forman el Cinturón de Fuego del Pacífico.

Volcanes sobre puntos calientes

La mayoría de los volcanes aparecen cerca de los bordes de las placas tectónicas. Sin embargo, el Pacífico también está salpicado de volcanes aislados que se han formado sobre los puntos calientes bajo la corteza de la Tierra. Son puntos concretos del manto en los que el magma está especialmente caliente sobre los que se forman cadenas de islas volcánicas y montes marinos. La más larga es la Cadena de Montes Submarinos Hawái-Emperador, que incluye las islas Hawái y se extiende a lo largo de 6000 km.

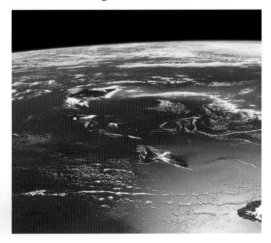

Islas volcánicas

El punto más profundo del océano Antártico es la fosa de las Sándwich del Sur. Aquí, una placa del suelo oceánico se está rompiendo bajo el peso de otra. La colisión ha originado una cadena de islas volcánicas.

Refugio rocoso

El extremo más septentrional de la Antártida, que se conoce como península Antártica, se deshiela en verano. Eso permite que se instalen en ella colonias de aves que acuden para reproducirse, como estos pingüinos de Adelia, que no pueden anidar en el hielo.

Barrera de hielo de Ross

Las capas de hielo continental de la Antártida se extienden por los mares costeros formando gruesas plataformas de hielo. La vasta barrera de hielo de Ross ocupa 500 809 km² de superficie, la misma superficie que Francia.

DATOS

OCÉANO ANTÁRTICO

Área: 35 000 000 km²

Profundidad media: 3350 m

Punto más profundo: 7235 m

OCÉANO ATLÁNTICO

OCÉANO ANTÁRTICO

ANTÁRTIDA

+ Polo sur

OCÉANO PACÍFICO

OCÉANO ANTÁRTICO

AMÉRICA DEL SUR

ÁF

Dorsal de Walvis

Cuenca del Cabo

Meseta de Discovery

Dorsal del Cabo

Llanura Agulha

Cuenca Agulhas

Dorsal Mesoatlántica

Dorsal Atlántica-Indica

Islas Prínc Eduar

Cuenca Argentina

Fosa de Sándwich Meridional

Georgia Meridional

Mar de Scotia

Dorsal de Scotia

Islas Malvinas

Llanura de Weddell

Cresta de Maud

Llanura

Mar de Weddell

Barrera de hielo de Ronne

Barrera de hielo de Filchner

Isla Berkner

Barrera de hielo Amer

Barrera de hielo de Larsen

Pasaje de Drake

Islas Juan Fernández

Cresta de Chile

Cuenca del Pacífico Suroriental

Zona de fractura de Menard

Mar de Bellingshausen

Dorsal de Amundsen

Mar de Amundsen

Barrera de hielo de Ross

Mar de Ross

Dorsal del Pacífico Oriental

Zona de fractura de Eltanin

Zona de fractura de Udintsev

Dorsal Pacífica-Antártica

Dorsal Índic

Cuenca

Cuenca del Pacífico Suroccidental

Dorsal de Louisville

Dorsal de Chatham

Llanura de Campbell

Dorsal de Macquarie

Llanura Tasmar

Tasma

Cuenca Tasmania

Dorsal de Lord Howe

Nueva Zelanda

16 000 km pueden **volar** algunos **albatros** en un solo viaje.

Los mares costeros antárticos suelen ser **profundos** porque la **corteza terrestre** se ha **deformado** bajo el colosal **peso** de la **capa de hielo**.

199

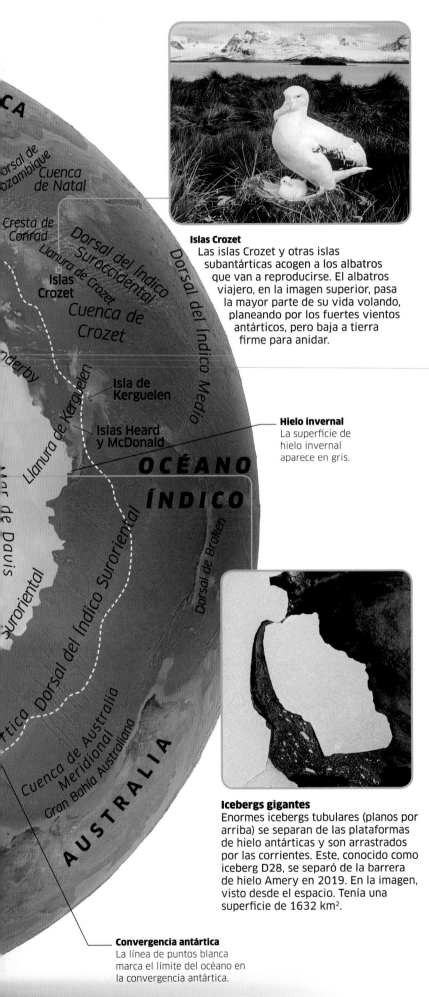

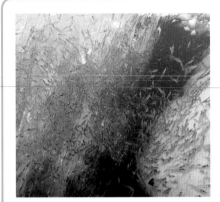

Océano Antártico

El océano Antártico rodea el continente helado de la Antártida y es el océano más tormentoso, gélido y hostil de la Tierra. Sin embargo, está repleto de vida.

Salvo las costas de la Antártida, no tiene fronteras visibles. Al norte limita con la convergencia antártica, donde la corriente Circumpolar Antártica se hunde bajo las aguas más cálidas del Pacífico sur, el Atlántico sur y el Índico sur. La frontera no se ve, pero es evidente para cualquiera que vaya al sur en barco, ya que la temperatura desciende de golpe de unos 6 °C a cerca del punto de congelación.

Islas Crozet
Las islas Crozet y otras islas subantárticas acogen a los albatros que van a reproducirse. El albatros viajero, en la imagen superior, pasa la mayor parte de su vida volando, planeando por los fuertes vientos antárticos, pero baja a tierra firme para anidar.

Hielo invernal
La superficie de hielo invernal aparece en gris.

Aguas ricas en alimentos
La corriente Circumpolar Antártica circula hacia el este alrededor del continente. Por su límite interior, cerca de la Antártida, el agua profunda rica en nutrientes sube a la superficie desde el lecho marino. Los nutrientes hacen crecer las algas microscópicas, y estas alimentan los enjambres rosados de krill, el principal alimento de los pingüinos, las focas cangrejeras y las ballenas barbadas.

Océano congelado
Cuando el aire sobre el océano Antártico se enfría con la llegada del invierno, el océano empieza a congelarse. En septiembre, el hielo marino cubre unos 18 millones de km^2, más de lo que ocupa la propia Antártida. En primavera, el hielo marino empieza a derretirse, y en febrero quedan solo unos 2,6 millones de km^2.

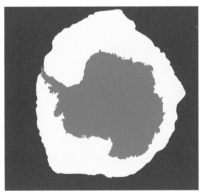

Extensión del hielo marino en septiembre

Extensión del hielo marino en febrero

Icebergs gigantes
Enormes icebergs tubulares (planos por arriba) se separan de las plataformas de hielo antárticas y son arrastrados por las corrientes. Este, conocido como iceberg D28, se separó de la barrera de hielo Amery en 2019. En la imagen, visto desde el espacio. Tenía una superficie de 1632 km^2.

Convergencia antártica
La línea de puntos blanca marca el límite del océano en la convergencia antártica.

Continente sumergido
El continente de la Antártida está bajo grandes capas de hielo, de hasta 4 km de grosor. Estas capas de hielo continental están compuestas de agua dulce. De hecho, contienen alrededor de un 70 por ciento de toda el agua dulce de la Tierra. La mayor parte del lecho de roca se encuentra bajo el nivel del mar, así que, si no hubiera hielo, buena parte del continente estaría sumergido, tal y como muestra este mapa.

Glosario

ABDOMEN
En crustáceos e insectos, parte trasera del cuerpo.

ACUICULTURA
Cría de peces y otras especies marinas.

ADAPTACIÓN
Forma en que un organismo se vuelve más apropiado para un entorno a través de la evolución.

AERODINÁMICO
Con una forma que le hace fácil desplazarse por el agua o el aire.

ALETA ANAL
Aleta del abdomen de un pez, justo antes de la cola, que usa para mantener el equilibrio mientras nada.

ALETA CAUDAL
Aleta que conforma la cola de un pez.

ALETA DORSAL
Aleta en el lomo de un animal marino.

ALETAS PECTORALES
Pareja de aletas delanteras, a ambos lados del cuerpo de un pez, que usa para virar.

ALEVÍN
Pez joven.

ALGAS
Organismos que parecen plantas. Suelen vivir en el agua y usan la energía del sol para fabricar su propio alimento. Las más grandes son las algas marinas y las más pequeñas forman parte del plancton.

ANTENAS
Pareja de órganos sensoriales que pueden detectar movimientos y sustancias químicas en el agua.

ARRECIFE
Cresta rocosa bajo el mar hecha de coral, que suele encontrarse en aguas soleadas cercanas a la costa.

ARTRÓPODO
Animal invertebrado con un esqueleto externo y patas articuladas.

ATMÓSFERA
Aire que rodea la Tierra; contiene gases como el oxígeno y el dióxido de carbono.

ATOLÓN
Arrecife de coral en forma de anillo que rodea una laguna.

BACTERIA
Organismos microscópicos que están compuestos por una única célula.

BANCO
Conjunto de peces que nadan de un modo coordinado. Grupo de delfines o marsopas.

BARBAS
Láminas córneas que tienen en la boca algunas ballenas, y que usan para filtrar el alimento del agua de mar.

BIODIVERSIDAD
Variedad de todos los seres vivos que viven en la Tierra o en una zona, medida por el número de especies distintas.

BIOLUMINISCENCIA
Luz natural que emiten animales de las zonas más profundas y oscuras del océano, a las que no llega la luz del sol.

BIVALVO
Molusco, como la ostra o el mejillón, con dos valvas unidas por una articulación.

BOLA DE CEBO
Esfera formada por pececillos que nadan muy cerca unos de otros para defenderse de los depredadores.

BOYA
Señal flotante anclada al lecho marino por una cadena o cable.

BRANQUIAS
Órganos que usan el pez y otros animales para respirar bajo el agua.

BRANQUIOESPINAS
Proyecciones que salen de las branquias de un pez, que usa para atrapar partículas de alimento.

CACHORRO
Cría de ballena, delfín o manatí. La de la ballena también se llama ballenato.

CADENA ALIMENTARIA
Orden en el que los organismos, desde formas de vida microscópicas hasta los grandes depredadores, se pasan unos a otros la energía del alimento.

CAMBIO CLIMÁTICO
Cambio gradual del clima de la Tierra debido a la actividad humana.

CAMPANA
Cuerpo musculoso en forma de bolsa de una medusa.

CAMUFLAJE
Habilidad de un organismo para confundirse con el entorno.

CAPA DE HIELO
Masa muy grande de hielo permanente que cubre el suelo.

CAPARAZÓN
Parte dura superior de una tortuga o un crustáceo como el cangrejo.

CAPTURA ACCIDENTAL
Peces y otras criaturas marinas que se capturan accidentalmente en las redes de pesca que se lanzan para capturar otras especies. Suelen devolverse al mar muertas o moribundas.

CARDUMEN
Conjunto de peces.

CARNÍVORO
Animal que se alimenta de otros animales.

CARROÑERO
Animal que se alimenta de los restos de animales muertos o de otros residuos orgánicos (residuos procedentes de organismos vivos).

CARTÍLAGO
Material resistente y elástico del que está compuesto el esqueleto de algunos peces, como los tiburones, en lugar de hueso. Estos peces se conocen como peces cartilaginosos.

CAYO
Isla baja formada por la acumulación de arena coralina.

CEFALÓPODO
Animal que pertenece al grupo de los moluscos marinos, que incluye a los calamares, los pulpos y las sepias.

CÉLULA
Unidad viva más pequeña. Algunos organismos, como las bacterias, están formados por una sola célula. Otros organismos más grandes se componen de miles de millones de células que desempeñan distintas funciones.

CETÁCEO
Ballena, delfín o marsopa.

CICLÓN
También conocido como huracán o tifón, fenómeno meteorológico que se da sobre los océanos en el que los vientos huracanados giran y producen lluvia copiosa.

CLIMA
Condiciones climatológicas habituales en una zona a lo largo del tiempo.

COLONIA
Grupo de organismos que viven juntos. Una colonia de organismos diminutos pueden trabajar juntos y desempeñar las funciones de una criatura, como una salpa o un sifonóforo. Estos se conocen como animales coloniales.

COMBUSTIBLE FÓSIL
Sustancia (como el carbón, el petróleo y el gas) formada a partir de los restos de organismos antiguos que arde fácilmente liberando energía.

CONSUMIDOR
Animal que consume otros organismos para obtener energía, al contrario que el que produce su propia energía.

CONTRASOMBRA
Combinación de colores por la que un animal es más oscuro por la parte de arriba y más claro por la parte de abajo. Visto desde arriba, el animal se confunde con el agua oscura que tiene debajo; desde abajo, en cambio, se confunde con la superficie bañada por el sol.

COPÉPODO
Especies de pequeños crustáceos, muchas de las cuales forman parte del plancton oceánico.

CORRIENTE
Flujo de agua continuo, normalmente generado por el viento.

CORROSIÓN
Desgaste de un objeto por sustancias que reaccionan químicamente.

CORTEZA
Capa rocosa más externa de la Tierra.

CRESTA
Sección de corteza elevada que se forma cuando dos placas tectónicas de la Tierra se alejan una de la otra.

CRUSTÁCEO
Animal dotado de un esqueleto externo duro y patas articuladas y emparejadas, como el cangrejo o la gamba.

CUENCA OCEÁNICA
Región situada bajo la superficie del océano, que puede incluir dorsales oceánicas y fosas abisales.

DELTA
Zona en forma de abanico que aparece en la desembocadura de un río, allí donde se encuentra con el mar. Su forma se debe a los sedimentos arrastrados y depositados por el río.

DENTÍCULOS
Escamas diminutas en forma de diente que cubren la piel del tiburón. Reducen la resistencia del agua y le permiten nadar más rápido y sin hacer ruido.

DEPREDADOR
Animal que caza a otros animales para alimentarse.

DESGASTE
Cuando el viento, el agua o el aire fragmentan la roca en trozos pequeños.

DESOVAR
Mezcla de óvulos y esperma que liberan los animales acuáticos como los peces cuando se aparean.

DIATOMEA
Tipo de algas unicelulares que forman parte del fitoplancton.

DIÓXIDO DE CARBONO
Gas que constituye una pequeña parte de la atmósfera y se encuentra disuelto en el agua. Algunos seres vivos, como las algas y las plantas, pueden usarlo para fabricar su alimento.

DORSAL OCEÁNICA
Una gran cadena de montañas submarinas que se extiende alrededor del globo. Es más larga que cualquier cordillera montañosa terrestre.

ECOLOCALIZACIÓN
Forma de localizar objetos cercanos emitiendo sonidos y recibiendo el eco. Lo usan los delfines y otros animales marinos, y también los murciélagos.

ECOSISTEMA
Comunidad de organismos vivos que interactúan unos con otros y con el entorno.

ECUADOR
Círculo imaginario que rodea la Tierra por el centro y divide el planeta en dos mitades: el hemisferio norte y el hemisferio sur.

ENERGÍA
Lo que todos los seres vivos necesitan para vivir y crecer. La mayoría la obtienen comiendo otros organismos o de una fuente como la luz del Sol.

EROSIÓN
Cuando las partículas de los sedimentos producidos por las rocas erosionadas son arrastradas lejos, por ejemplo por el agua o el viento.

ESPECIE
Conjunto de organismos parecidos que se reproducen y tienen descendencia.

ESPERMATOZOIDES
Células masculinas de los animales que fertilizan los óvulos femeninos, formando un nuevo organismo.

ESPIRÁCULO
Orificio nasal que los cetáceos tienen en la parte superior de la cabeza, por el que respiran aire en la superficie del océano.

ESTUARIO
Lugar donde el río desemboca en el mar.

EVOLUCIÓN
Proceso gradual de cambio en los seres vivos entre distintas generaciones a lo largo de millones de años.

EXOESQUELETO
Esqueleto duro externo de un insecto o crustáceo.

EXTINCIÓN
Desaparición de la Tierra del último representante vivo de una especie.

FALLA
Grieta en la Tierra en la que las rocas de ambos lados se desplazan entre ellas. Puede provocar terremotos.

FALLA TRANSFORMANTE
Zona sobre el lecho marino donde dos placas rocosas limítrofes pasan rozándose la una a la otra horizontalmente.

FILTRACIÓN
Método de alimentación usado por algunas ballenas, que filtran el agua de mar a través de las barbas de su boca para atrapar pequeñas presas.

FITOPLANCTON
Organismos diminutos, como bacterias y algas, que van a la deriva cerca de la superficie de los océanos y producen su propio alimento con la fotosíntesis.

FLORACIÓN DE ALGAS
Concentración grande de algas en una zona determinada. Puede ser perjudicial para otras formas de vida.

FLOTABILIDAD
Capacidad para flotar.

FÓSIL
Restos o huellas de plantas o animales que vivieron en otro tiempo. Los más comunes son los huesos que han estado sepultados y se transforman en piedra con el paso de millones de años.

FOTOSÍNTESIS
Proceso por el que las plantas, las algas y algunas bacterias usan el dióxido de carbono, el agua y la energía del sol para fabricar su propio alimento.

FUENTE HIDROTERMAL
Grieta en el lecho marino de la que sale un agua extremadamente caliente y rica en sustancias químicas.

GASTERÓPODO
Grupo de moluscos que incluye a los caracoles y las babosas.

GENERADOR
Máquina que transforma el movimiento en energía eléctrica.

GEOLOGÍA
Estudio de las rocas y su historia.

GIRO
Movimiento circular de las corrientes oceánicas.

GLACIAR
Masa de hielo en movimiento, que se forma a partir de nieve acumulada. Algunos glaciares se desplazan como ríos. Otros son vastas capas de hielo, como los que cubren la Antártida.

GRASA
Capa gruesa de grasa que tienen bajo la piel algunos mamíferos marinos, entre ellos las ballenas y las focas, que los aísla en los gélidos océanos.

GRAVEDAD
Fuerza que atrae un objeto hacia otro y evita que las cosas floten libremente en el espacio.

GRIETA
Lugar donde dos placas tectónicas se separan creando una hendidura en la corteza de la Tierra.

HÁBITAT
Zona en la que un organismo establece su hogar por naturaleza.

HEMOGLOBINA
Sustancia que está en los glóbulos rojos y transporta el oxígeno.

HERBÍVORO
Animal que se alimenta de plantas.

HIDRÁULICO
Accionado por la presión del agua.

HIELO COMPACTO
Grandes masas de hielo marino flotante que no están unidas a la costa.

HIELO FIJO
Hielo marino unido a la costa.

HUEVO
Embrión de los pájaros, los peces y los insectos.

ICEBERG
Fragmento grande flotante de hielo procedente de un glaciar o de una plataforma de hielo.

INVERTEBRADO
Animal sin columna vertebral.

KRILL
Diminutos crustáceos parecidos a las gambas que van a la deriva por el océano en grandes cantidades. Son el alimento de muchos animales marinos.

LAGUNA
Extensión de agua separada del mar. Agua poco profunda de un atolón.

LARVA
Forma inmadura de los animales que eclosionan de huevos.

LAVA
Roca fundida procedente del interior de la Tierra, que sale a la superficie durante una erupción volcánica.

LÍNEA LATERAL
Hilera de órganos sensoriales a lo largo de la cabeza y los laterales de un pez, con que detecta movimiento en el agua.

LITOSFERA
Capa de la Tierra, formada por la parte superior del manto, que es sólida, y la frágil corteza exterior.

MAGMA
Roca líquida y caliente que está bajo la superficie de la Tierra.

MAMÍFERO
Vertebrado de sangre caliente, cuya hembra amamanta a sus crías.

MANTO
Capa de la Tierra entre el núcleo central y la corteza, la capa superior. También funda musculosa que protege los órganos internos de un molusco.

MICROPLÁSTICOS
Trozos muy pequeños de plástico que resultan de la fragmentación de los residuos de plástico. Estas partículas diminutas pueden ser muy dañinas para la vida marina.

MIGRACIÓN
Viaje, normalmente anual, que hace un animal entre dos regiones para alimentarse y reproducirse.

MINERAL
Material sólido que se da de forma natural en la Tierra. La mayoría de las rocas están compuestas de minerales.

Los minerales pueden encontrarse también disueltos en el agua de mar.

MOLUSCO
Grupo de animales que incluye a los caracoles y las babosas, los bivalvos, y a los pulpos y sus parientes.

MONTE SUBMARINO
Volcán que se origina en el lecho marino y que no es lo suficientemente alto como para formar una isla.

MUDA
Forma en la que un animal cambia parte de su piel, su pelaje, o su exoesqueleto. En los crustáceos, el cambio regular del esqueleto exterior duro (exoesqueleto) es necesario para que el animal pueda crecer.

NÚCLEO
Parte más recóndita de un planeta. La Tierra tiene un núcleo exterior líquido y un núcleo interior sólido, compuesto de hierro y níquel.

NUTRIENTE
Sustancia esencial para la vida, para existir y para crecer.

OCÉANO TEMPLADO
Zona del océano que se extiende entre los gélidos mares polares y los cálidos trópicos.

OCÉANO TROPICAL
Zona del océano que rodea el ecuador. Las aguas de los océanos tropicales son cálidas.

OCÉANOS POLARES
Océanos helados de las gélidas regiones polares de la Tierra.

OJO COMPUESTO
Tipo de ojo de algunos crustáceos y la mayoría de los insectos, formado por muchas unidades separadas, cada una de ellas con su propio cristalino.

ORGANISMO
Un ser vivo, como una planta, un animal, un hongo o una bacteria.

ÓRGANO
Conjunto de tejidos corporales vivos que desempeñan una función específica. El estómago y el corazón son ejemplos.

ÓVULO
Célula reproductora femenina.

OXÍGENO
Gas presente en la atmósfera de la Tierra, esencial para la vida.

PARÁSITO
Organismo que se alimenta de otro, llamado huésped, al que debilita y, a veces, llega a matarlo.

PECES
Grupo de animales que respiran por branquias y suelen tener un cuerpo diseñado para nadar. Existen tres tipos básicos de peces: peces óseos, peces cartilaginosos (tiburones y rayas) y peces sin mandíbula (lampreas).

PEZ ÓSEO
Pez con un esqueleto de hueso, y no de cartílago. El 90 por ciento de los peces del océano son de este grupo.

PLACA TECTÓNICA
Una de las secciones móviles de la capa superior de la Tierra, la litosfera.

PLANCTON
Organismos que se desplazan a la deriva por los océanos, en vez de nadar a contracorriente. La mayoría del plancton es diminuto, pero existe en grandes cantidades. Constituye una importante fuente de alimento para animales más grandes.

PLATAFORMA CONTINENTAL
Borde sumergido de un continente que está bajo un mar costero poco profundo.

PLATAFORMA DE HIELO
Parte de una capa de hielo que se extiende sobre el océano.

PÓLIPO
Animal diminuto en forma de tubo coronado con un anillo de tentáculos. Muchos tipos de pólipos se unen en colonias y crean arrecifes de coral.

PRESA
Animal que es cazado por otros animales para comérselo.

PRESIÓN
Fuerza ejercida sobre una zona determinada. En los océanos, el peso

del agua ejerce una fuerte presión, que aumenta con la profundidad.

PRODUCTOR
Organismo que produce su propio alimento usando una fuente de energía como la luz del sol.

PROPULSIÓN
Acción de empujar o impulsarse hacia delante.

PUENTE
En un barco, zona en la parte delantera desde la que el barco es dirigido.

PUNTO CALIENTE
Lugar concreto bajo la superficie de la Tierra donde el manto está especialmente caliente.

QUERATINA
Material duro del que están hechas algunas partes del cuerpo, como las barbas de algunas ballenas y el pelo y las uñas de los seres humanos.

RANGO DE MAREAS
Diferencia en el nivel del mar entre la marea alta y la marea baja.

REBALAJE
Movimiento del agua que se extiende por la playa cuando rompen las olas. El movimiento por el que el agua regresa hacia el mar se llama resaca.

REPRODUCCIÓN
Proceso por el que los organismos tienen descendencia.

RESPIRACIÓN CELULAR
Proceso químico que tiene lugar dentro de las células vivas por el que se libera energía de las moléculas alimenticias almacenadas. En la mayoría de los casos se usa oxígeno, pero algunos organismos, como algunas bacterias, pueden hacerlo sin él.

RETINA
Capa de células sensibles a la luz que hay en la parte posterior del ojo.

SEDIMENTO
Pequeñas partículas de roca que son depositadas por el agua.

SEÑUELO
Parte del cuerpo de un animal que usa para atraer a las presas, como la «caña de pescar» luminosa de un rape abisal.

SIFÓN
Tubo carnoso a través del cual un molusco puede absorber o bombear agua de mar. Puede usarse para respirar o para propulsar al animal.

SIFONÓFORO
Clase de animal parecido a una medusa, pero formado por colonias flotantes que trabajan conjuntamente. Un ejemplo sería la carabela portuguesa.

SOLAR
Relativo al sol.

SONAR
Acrónimo de «sound navigation and ranging» (navegación por sonido). Método que usa las ondas sonoras para detectar objetos y medir las distancias bajo el agua.

SUBDUCCIÓN
Cuando una placa tectónica se desplaza debajo de otra. En las zonas donde tiene lugar, la corteza se destruye.

TÉMPANO DE HIELO
Bloque de hielo flotante.

TENTÁCULO
En los animales marinos como las medusas y las anémonas de mar, prolongación flexible del cuerpo. Los tentáculos se usan para sentir y agarrar, y pueden contener células urticantes para aturdir o matar a las presas.

TERREMOTO
Sacudida violenta de la Tierra producida por las placas tectónicas que chocan entre sí en una falla.

TOXINA
Sustancia venenosa.

TSUNAMI
Ola enorme que se forma rápidamente originada por un terremoto o por la actividad volcánica bajo el agua. Los tsunamis se desplazan muy rápido y son capaces de provocar una gran devastación al llegar a la costa.

TURBINA
Máquina que gira gracias a la fuerza del viento o del agua para generar energía, como la electricidad.

VAINA
Grupo de ballenas o delfines.

VAPOR DE AGUA
Agua en forma de gas que se origina durante el ciclo natural de la evaporación. El vapor se eleva desde los océanos y otras fuentes de agua como los ríos, ascendiendo a la atmósfera, donde se enfría y forma nubes, para luego caer de nuevo en forma de lluvia.

VERTEBRADO
Animal con columna vertebral.

VIENTO PREDOMINANTE
Viento que sopla en una zona determinada desde una dirección predecible.

VOLCÁN
Orificio en la corteza de la Tierra por el que puede salir el magma (roca caliente y fundida) cuando sube a la superficie.

ZARCILLO
Estructura parecida a una raíz que las algas usan para poder sujetarse a una roca o al lecho marino.

ZONA DE AFLORAMIENTO
Zona del mar donde las fuertes corrientes arrastran agua fría de las profundidades del océano hacia la superficie.

ZONA DE FRACTURA
Largo valle situado en el lecho marino que corta a través de una cadena montañosa submarina donde las rocas están a distintas profundidades.

ZONA INTERMAREAL
Zona de la playa que queda entre el punto alcanzado por la marea más alta y el alcanzado por la marea más baja.

ZOOPLANCTON
Animales diminutos que junto con organismos microscópicos parecidos a plantas forman las masas de plancton que flotan por los océanos.

ZOOXANTELAS
Algas que viven dentro de los tejidos de los corales y otros organismos marinos.

Índice

Los números en **negrita** remiten a las entradas principales.